DE LA

DÉTENTION PRÉVENTIVE

ET DE LA

MISE EN LIBERTÉ PROVISOIRE

SOUS CAUTION

ÉTUDE COMPARÉE DES QUATRE LÉGISLATIONS

AMÉRICAINE, ANGLAISE, BELGE ET FRANÇAISE

SUIVIE

DE LA PRÉSENTATION D'UN NOUVEAU PROJET DE LOI

PAR

ÉMILE CLOLUS

DOCTEUR EN DROIT

SUBSTITUT DU PROCUREUR IMPÉRIAL A CASTELNAUDARY (AUDE)

> Quand vous défendez la vérité, ne vous
> lassez point de parler, l'erreur ne se lasse
> point d'agir.
>
> GŒTHE.

PARIS

AUGUSTE DURAND, ÉDITEUR

RUE DES GRÈS, 7

1865

DE LA
DÉTENTION PRÉVENTIVE
ET DE
MISE EN LIBERTE PROVISOIRE
SOUS CAUTION

DE LA
DÉTENTION PRÉVENTIVE

ET DE LA
MISE EN LIBERTÉ PROVISOIRE
SOUS CAUTION

ÉTUDE COMPARÉE DES QUATRE LÉGISLATIONS
AMÉRICAINE, ANGLAISE, BELGE ET FRANÇAISE
SUIVIE
DE LA PRÉSENTATION D'UN NOUVEAU PROJET DE LOI

PAR

ÉMILE CLOLUS

DOCTEUR EN DROIT
SUBSTITUT DU PROCUREUR IMPÉRIAL A CASTELNAUDARY (AUDE)

> Quand vous défendez la vérité, ne vous
> lassez point de parler, l'erreur ne se lasse
> point d'agir.
>
> GŒTHE.

⟶⊷◯⊶⟶

PARIS
AUGUSTE DURAND, ÉDITEUR
RUE DES GRÈS, 7
1865

AVANT-PROPOS

LES PEINES PÉCUNIAIRES ET LES PEINES CORPORELLES

La révision du Code de 1808 devient chaque jour plus nécessaire: notre instruction criminelle n'est plus en rapport avec les mœurs de la société moderne. Il en est de même du Code de 1810, qui s'est montré trop avare de peines exclusivement pécuniaires, trop prodigue de peines corporelles, et qui prononce des châtiments trop rigoureux contre les infractions d'une gravité secondaire.

La réforme du Code pénal viendra après celle du Code d'instruction criminelle: dans l'ordre judiciaire, la procédure passe toujours au premier rang, et c'est en commençant par elle que seront opérées les modifications profondes qu'un avenir encore éloigné, mais certain, nous réserve.

La révision du Code de 1808 portera principalement sur trois points d'une égale importance:

1° L'abolition ou tout au moins la restriction de l'emprisonnement préventif;

2° L'usage des cautionnements étendu jusqu'à certaines matières criminelles et formant le droit commun en matière correctionnelle;

3° La publicité de l'instruction préliminaire et la consécration d'une égalité plus complète entre l'accusation et la défense, au seuil comme à l'issue de la procédure, dans le cabinet du juge comme à l'audience des cours et des tribunaux.

Nous sommes partisan des restrictions de l'emprisonnement préventif et des développements de la mise en liberté provisoire sous caution; mais nous considérons comme bien délicate et bien périlleuse la publicité des procédures.

La révision du Code de 1810 portera principalement sur la substitution, dans un très-grand nombre de cas, des pénalités pécuniaires aux pénalités corporelles.

Il existe une intime relation entre l'extension des cautionnements et celle des pénalités pécuniaires. La mise en liberté provisoire sous caution a pour effet de diminuer les mesures préventives de coactions corporelles; les pénalités pécuniaires auront pour effet d'adoucir les mesures répressives.

C'est pourquoi il nous a paru que la démonstration de la légitimité de cette substitution des peines pécuniaires aux peines corporelles, pour tous les délits secondaires, devait servir de frontispice naturel à un ouvrage qui traitait de la détention préventive et de la mise en liberté provisoire sous caution.

L'amende réunit toutes les conditions de la pénalité la plus efficace et la plus équitable.

Elle est la plus libérale de toutes les peines. Bentham l'appelle avec raison *la peine par excellence.*

Son nom seul l'indique. Amende signifie correction dans un but d'amendement et de moralisation. Amende vient du latin *emendatio ;* amender, c'est corriger pour rendre meilleur.

M. Bonneville de Marsangy lui reconnaît quatre caractères qui établissent sa supériorité à la fois matérielle et morale sur toutes les peines corporelles.

Elle est essentiellement divisible: elle s'applique mathématiquement à toutes les inculpations; faible pour les délits légers, forte pour les délits importants, elle varie avec chaque nature de faits, elle atteint le riche comme le pauvre.

Elle est essentiellement économique. « A la différence des peines d'incarcération, qui sont une charge énorme pour la société, l'amende est toute conversible en profit réel[1]. » L'entretien des prisons est très-

[1] Bentham, *des Peines et des Récompenses*, chap. IV.

onéreux pour l'État; il exige un nombreux personnel d'administration et la construction de bâtiments qui imposent de grands sacrifices aux départements. Il faut joindre encore à ces frais, déjà considérables, ceux de la nourriture et de l'habillement des prisonniers: le budget des maisons d'arrêt, de justice et de correction, prélève sur la fortune publique des capitaux qui pourraient être mieux utilisés. L'amende, au contraire, au lieu d'être une charge, est un bénéfice pour la société. — Le mot *bénéfice* ne doit être pris ici que dans une acception restreinte. La société n'a pas le droit de profiter des résultats pécuniaires de la pénalité; il lui est interdit de spéculer sur les châtiments qu'elle édicte pour le maintien de sa sécurité et de sa conservation; mais les peines pécuniaires peuvent devenir pour elle la compensation des dépenses que lui occasionne l'administration de la justice.

L'amende est une peine libérale, équitable, divisible, économique; elle est aussi essentiellement rémissible. Il est impossible à la société de racheter une erreur judiciaire, lorsque l'innocent qu'elle a frappé a subi la peine de l'incarcération, si abrégée qu'elle ait été. Il n'en est pas de même de la peine pécuniaire: la restitution de la somme versée au Trésor par le citoyen condamné injustement est une réparation satisfaisante, qui complète pleinement sa réhabilitation.

Elle est, enfin, presque toujours analogue au délit.

M. Bonneville de Marsangy insiste surtout sur ce
caractère, qui la recommande particulièrement à la
sollicitude du législateur plus encore que tous les
autres.

L'appropriation du bien d'autrui est l'inculpation
la plus fréquente qui soit déférée aux tribunaux correctionnels et aux cours d'assises.

L'amende n'est-elle pas la pénalité qui s'adapte le
mieux à cette inculpation?

« Théoriquement parlant, le bien le plus précieux
de l'homme semble devoir être tout d'abord la vie,
puis l'honneur, puis la liberté, puis la fortune. Mais,
trop souvent, dans la réalité des choses, cette grada-
tion normale est renversée. Beaucoup n'hésitent pas
à sacrifier au soin de leur honneur leur vie et leur
liberté; d'autres font journellement le sacrifice de leur
vie, de leur liberté et de leur honneur, en vue d'acquérir la richesse, avec cette seule différence que les
uns y tendent par le travail et les entreprises honorables; les autres, par les machinations frauduleuses
et le crime. Toujours est-il que la richesse semble
être redevenue, comme dans les temps primitifs, un
des biens les plus vivement recherchés et appréciés.
C'est là un des rapports par lesquels l'extrême civilisation touche à l'extrême barbarie.

» Or, plus la richesse s'élève dans l'ordre des prédilections humaines, plus il semble rationnel d'en

faire un des leviers ordinaires et principaux de la pénalité. Et puis, n'est-on pas généralement d'accord que, chez une nation libre et chrétienne, le mode et la nature des peines doivent être combinés de façon à ménager, autant que possible, la vie, l'honneur et la liberté des coupables¹ ?.... »

L'amende est presque toujours analogue au délit; car la convoitise des richesses et la cupidité sont les mobiles ordinaires des infractions à la loi pénale. Les attaques contre la propriété l'emportent, dans la proportion de 1 à 3, sur les attaques contre les personnes et les divers méfaits qui sont réprimés par notre législation criminelle. Le vol, l'escroquerie, l'abus de confiance, les larcins ou filouteries, et tous les expédients de la ruse, de la fraude ou de la violence, qui ont pour objet l'appropriation du bien d'autrui, enlèvent, chaque année, une valeur approximative de 20 millions à l'épargne des honnêtes gens.

Pendant l'année 1862, 3,715 accusés de vols qualifiés, c'est-à-dire accomplis avec le concours de circonstances aggravantes, ont été traduits devant les cours d'assises de l'Empire. D'après le tableau LX du Compte général de l'administration de la justice criminelle, la valeur seule de ces objets volés se porte au chiffre de 3,282,180 francs.

¹ *De l'Amélioration de la loi criminelle*, par M. Bonneville de Marsangy, t. II, p. 251.

Le tableau LX ne comprend que les vols qualifiés; tous les vols simples, les escroqueries, les abus de confiance, les tromperies sur la nature et la quantité de la chose vendue, les détentions de poids et de mesures faux, sont en dehors.

Le chiffre approximatif de 20 millions n'est donc pas invraisemblable.

Depuis vingt ans, la fièvre des jeux de bourse et les fureurs de l'agiotage se sont emparées de la plupart des Français, du plus humble au plus grand; elles ont engendré des abus déplorables. Il ne faut pas en conclure pourtant, avec un fougueux polémiste, « que l'improbité règne constamment dans les mœurs et la piraterie dans les affaires. »

Le fléau de l'agiotage n'est que la corruption de la spéculation : *corruptio optimi pessima.*

Gardons-nous bien de médire de la spéculation industrielle et commerciale; c'est elle qui a fait de Paris la métropole financière de l'Europe, au détriment de Londres, et de la France l'égale de l'Angleterre, jusqu'au jour prochain où elle la dépassera, ne se contentant plus d'être sa rivale ou son émule.

L'Espagne, l'Italie, l'Autriche, la Turquie et la Russie, sont tributaires de nos capitaux. A Madrid, à Turin, à Rome, à Vienne, à Constantinople, à Saint-Pétersbourg, ce sont des Français qui sont à la tête des compagnies de chemins de fer et de toutes les grandes entreprises commerciales ou industrielles dont les Anglais avaient autrefois le monopole : ce sont nos ingénieurs qui dirigent tous les travaux, ce sont nos banquiers et c'est l'argent français qui sont appelés partout et qui vont porter aux nations épuisées par de longues crises, comme l'Autriche et la Turquie, ou inhabiles à tirer de leur propre sol tous les trésors qu'il renferme, comme l'Espagne, le prestige de leur crédit, l'appui de leur expérience, l'énergie et la fécondité de leurs ressources.

On peut regretter et critiquer, sous plusieurs points de vue, l'exagération même de cette exportation de notre numéraire, qui, s'il s'appliquait tout entier au développement de notre industrie nationale, de notre marine marchande, de nos paquebots transatlantiques, et à la régénération de notre agriculture, si arriérée dans certaines provinces, accomplirait, en peu de temps, bien des prodiges et bien des merveilles.

Que si, toutefois, les forces matérielles de la France se répandent un peu trop au dehors, au préjudice de sa prospérité intérieure, cette prospérité a fait, elle aussi, de merveilleux progrès.

Il fut une époque, qui n'est pas bien loin de nous, où l'esprit de spéculation était le privilège de quelques-uns : le commerce et l'industrie, redoutant les périls du hasard, les aventures et les mystères de l'inconnu, n'osaient pas s'affranchir des plus vieilles traditions de la routine et de l'ignorance. Les idées nouvelles du libre échange et de tant d'autres améliorations les trouvèrent bien longtemps incrédules et hostiles. Aujourd'hui, ils ont pris leur essor, et ils soutiennent fièrement sur les marchés européens une concurrence qui leur est avantageuse.

L'affranchissement du capital a précédé l'affranchissement du commerce et de l'industrie. A l'aide de l'accroissement et de la diffusion des valeurs mobilières, toutes les classes de la société se sont enrichies : toutes ont été conviées au partage commun du bien-être, de l'aisance et du luxe, qui n'étaient jadis attachés qu'aux revenus de la propriété foncière.

La diffusion des valeurs mobilières a été la cause directe d'une révolution aussi subite et aussi heureuse. En Angleterre, par exemple, la moyenne des actions est de 2,500 francs; en France, elle est de 500 francs, et il y en a fort peu qui s'élèvent au delà de ce chiffre, tandis qu'il en est une quantité infinie qui se tiennent au-dessous. En Angleterre, l'ouvrier et le petit rentier sont forcément exclus de la possession de ces valeurs; en France, ils y sont, au contraire, sollicités par le gouvernement, qui, pour leur permettre de les aborder, a fixé à dix francs les coupures de rentes les plus basses [1].

[1] Montesquieu disait : « Je ne me consolerais point de n'avoir pas fait fortune, si j'étais né en Angleterre; je ne suis pas fâché

x

Le paupérisme n'a pas cessé d'être la honte de l'Angleterre et de l'Irlande; la misère y fait descendre l'homme jusqu'au dernier terme de l'avilissement et de la dégradation la plus affligeante.

La balance n'est pas égale, l'équilibre n'existe pas entre les différentes classes de la société : il y a trop d'un côté et pas assez de l'autre.

Chez nous, le paupérisme disparaît peu à peu, et l'équilibre s'établit par une incontestable et prudente répartition des biens, que le Code Napoléon a fondée.

Dans le royaume de la Grande-Bretagne, l'accumulation d'immenses capitaux dans les mêmes mains n'est qu'une funeste contre-partie du paupérisme.

On cite, à Londres, beaucoup de familles qui possèdent des fortunes colossales. En France, les capitaux commencent actuellement aussi à s'accumuler dans les mêmes mains, et l'on pourrait citer quelques maisons, indépendamment des sommités de la finance, dont les fortunes princières ne se comptent pas par moins de 30 millions. Bien que le nombre s'en soit singulièrement accru de 1852 à 1864, la meilleure situation

de ne l'avoir pas faite en France. » — Aujourd'hui, il faut faire sa fortune en France comme en Angleterre; bien plus, il est peut-être plus facile maintenant de la faire vite à Paris qu'à Londres, lorsque l'on part de bas. — Du temps de Montesquieu, on naissait avec de la fortune; c'était déroger que de se livrer au commerce. Le vrai commerce n'existait qu'à Londres ou à Amsterdam.

économique de notre pays n'est point là , et son avenir ne résidera jamais, suivant nous, que dans la dissémination , dans la dispersion et non dans la concentration des richesses.

Nous répétons que toutes les classes de la société, en vertu de la diffusion des valeurs mobilières, sont conviées au partage commun du bien-être et de l'aisance. Mais, tout en fondant la prospérité générale, la diffusion des valeurs mobilières a développé outre mesure l'amour du luxe, et, par suite, les instincts de la cupidité ou la soif des jouissances; en multipliant la matière, elle a multiplié les occasions du vol; en un mot, elle a surexcité la convoitise.

Chacun veut faire sa fortune promptement, et, parfois, on ne se montre pas assez scrupuleux dans le choix des moyens que l'on emploie pour l'acquérir.

Les uns acquièrent la richesse lentement et laborieusement : elle est la récompense d'une pénible vie de travaux et d'efforts géminés; elle est le digne prix de leur intelligence , de leur persévérance et de leur probité.

Les autres, animés de l'ardeur du gain, ne songent qu'à réaliser immédiatement de gros bénéfices; ils se lancent à perte de vue dans la poursuite extravagante d'un idéal illicite; ils oublient, au milieu de leur course insensée, et ils foulent aux pieds toutes les règles les plus saintes de la délicatesse et de l'honneur, pour ne considérer que d'un œil sec et avide le but de leurs fiévreux désirs.

La richesse étant la plus vive et la plus irritante des prédilections de l'homme, pourquoi ne deviendrait-elle pas, dans notre législation criminelle, l'un des plus importants leviers de la pénalité?

On connaît le mot de Napoléon Ier: « C'est par l'argent qu'il faut tenir les hommes à argent. »

L'escroquerie, l'abus de confiance, le vol, les tromperies sur la quantité, la nature et la valeur de la chose vendue, les banqueroutes simples, les détentions de faux poids ou de fausses mesures, et tous les délits qui aboutissent à un enrichissement illégitime, ne devraient-ils pas être réprimés par des peines pécuniaires seulement, ou par des peines pécuniaires sagement combinées avec des peines corporelles?

La théorie des amendes, en droit romain, était bien mieux raisonnée que celle de notre Code pénal. Les amendes étaient, suivant la gravité des faits, doubles, triples ou quadruples du dommage causé.

Notre législation antérieure à 1789 et le Code de 1791 avaient conservé les mêmes principes.

Poussés par la violente réaction qui sévissait contre les odieuses confiscations de l'ancien régime, les rédacteurs du Code de 1810 ont adopté la peine corporelle comme unité de châtiment, et ils n'ont, en général,

employé la peine pécuniaire que comme un faible
appoint.

Quant aux crimes, il est rare qu'une amende soit
ajoutée à la peine corporelle; quant aux délits, la
plupart ne donnent lieu à aucune amende, et, lorsqu'une amende est jointe à la peine privative de la
liberté, elle n'est guère en rapport avec le dommage
causé ou le gain résultant de l'infraction; enfin, quant
aux contraventions, elles peuvent entraîner des peines
corporelles accessoirement aux peines pécuniaires,
tandis qu'il serait plus équitable, en cette matière,
d'élever le taux des peines pécuniaires et de supprimer
les peines corporelles.

Le Code de 1810 a adopté l'évaluation du droit
romain dans les articles 135 et 177.

Ainsi, d'après l'article 135, révisé par la loi du
18 avril 1863, l'usage fait sciemment et la remise en
circulation des pièces de monnaie contrefaites, altérées
ou colorées, quand l'auteur en a vérifié ou fait vérifier
les vices, est puni d'une amende triple au moins, et
sextuple au plus, de la somme représentée par les pièces
qu'il a rendues à la circulation [1].

---

[1] L'article 135 est ainsi conçu: La participation aux précédents
articles ne s'applique point à ceux qui, ayant reçu pour bonnes
des pièces de monnaie contrefaites, altérées ou colorées, les
ont remises en circulation. Toutefois, celui qui aura fait usage
desdites pièces, après en avoir vérifié ou fait vérifier les vices,
sera puni d'une amende triple au moins, et sextuple au plus, de

Le nouvel article 177 est ainsi conçu: « Tout fonctionnaire de l'ordre administratif ou judiciaire, tout agent ou préposé d'une administration publique qui aura agréé des offres ou promesses, ou reçu des dons ou présents pour faire un acte de sa fonction ou de son emploi, même juste, mais non sujet à salaire, sera puni de la dégradation civique et condamné à une amende double de la valeur des promesses agréées ou des choses reçues, sans que ladite amende puisse être inférieure à deux cents francs. — La présente disposition est applicable à tout fonctionnaire, agent ou préposé de la qualité ci-dessus exprimée, qui, par offres ou promesses agréées, dons ou présents reçus, se sera abstenu de faire un acte qui entrait dans l'ordre de ses devoirs. — Sera puni de la même peine tout arbitre ou expert nommé soit par le tribunal, soit par les parties, qui aura agréé des offres ou promesses, ou reçu des dons ou présents, pour rendre une décision ou donner une opinion favorable à l'une des parties. »

Cet article prévoit trois hypothèses: 1° le fonction-

la somme représentée par les pièces qu'il aura rendues à la circulation, sans que cette amende puisse, en aucun cas, être inférieure à seize francs.

La loi du 18 avril 1803 n'a inséré dans l'ancien texte que le mot *colorées*, qui rattache l'article 135 au nouvel article 134 ainsi qu'aux articles 133 et 132. — Les articles 132 et 133 prononcent les peines des travaux forcés à perpétuité et à temps; l'article 134 prononce la peine d'emprisonnement de six mois à trois ans: aucun d'eux ne parle d'amende!

naire, le préposé ou l'agent, s'est laissé corrompre pour faire un acte de sa fonction ou de son emploi, même juste, mais non sujet à salaire; 2° il s'est laissé corrompre, non pour agir, mais pour s'abstenir; 3° la corruption s'est exercée sur un expert ou un arbitre.

Dans ces trois hypothèses, l'amende est double de la valeur de la chose proposée, agréée ou reçue.

L'innovation de la loi de 1863 est relative aux experts et aux arbitres, qui n'étaient pas compris dans l'article 177[1].

Voilà, par conséquent, en y joignant celui de l'article 135, quatre méfaits auxquels on applique le système des amendes du droit romain.

L'individu qui aura fait sciemment usage ou qui aura remis en circulation une pièce colorée, contrefaite ou altérée, représentant une valeur de 20 francs, pourra être puni d'une amende de 60 à 120 francs; si la pièce a une valeur de 100 francs, l'amende sera de 500 à 600 francs : il espérait faire un bénéfice

[1] « Un arbitre rend de véritables décisions judiciaires, un expert les prépare par l'opinion qu'il consigne dans ses rapports. S'ils mentent à leur conscience, s'ils trahissent, à prix d'argent, les intérêts sacrés qui leur sont confiés, il est juste qu'ils soient punis, et que le châtiment qui les atteindra atteigne également ceux qui les auront corrompus ou qui auront tenté de les corrompre. » — Voir le rapport de la loi, p. 33. — Les incertitudes de la jurisprudence et de la doctrine au sujet de la forfaiture des experts et des arbitres ont pris fin avec la nouvelle rédaction de l'article 177.

illicite de 20 ou de 100 francs, il éprouve une perte de 60 ou de 600 francs, et son châtiment est bien réellement en rapport avec l'infraction dont il s'est rendu coupable.

De même le fonctionnaire de l'ordre administratif ou judiciaire, l'agent ou le préposé d'une administration publique, l'expert ou l'arbitre, qui, mentant à leur conscience, ont trahi leurs devoirs au prix d'une somme de 1,000 francs, par exemple, seront punis d'une amende de 2,000 francs : ils espéraient faire un bénéfice de 1,000 francs ; ils éprouvent une perte de 2,000 francs, et leur châtiment aussi est bien réellement en rapport avec l'infraction dont ils se sont rendus coupables. Remarquons, toutefois, une bizarre anomalie entre le taux de l'amende qui frappe le fonctionnaire ayant reçu des présents et celui de l'amende qui frappe le même fonctionnaire lorsqu'il s'est borné à agréer des offres. Pour celui qui a reçu des présents, la perte n'est, en définitive, que de la valeur du montant du présent accepté : il avait pris 1, il restitue 2 ; pour celui qui s'est borné à agréer des offres, elle est double, de sorte que le fonctionnaire coupable aura toujours un plus grand intérêt à recevoir un don qu'à agréer une promesse. Il y a là une fâcheuse antithèse.

Dans plusieurs autres textes, le Code pénal s'est conformé partiellement à la théorie du droit romain sur le dommage causé et le gain obtenu, mais en réduisant l'amende au quart, au lieu de l'élever au double, au triple ou au quadruple.

En matière de faux, l'art. 164 dispose qu'il sera prononcé contre les coupables une amende dont le minimum sera de 100 francs et le maximum de 5,000 francs; il ajoute que l'amende pourra être portée jusqu'au quart du bénéfice illégitime que le faux aura procuré ou était destiné à procurer aux auteurs du crime ou délit, à leurs complices ou à ceux qui ont fait usage de la pièce fausse.

L'ancien article 164 ne faisait pas mention du maximum de 5,000 francs, qui y a été inséré [1]. Le minimum seul était fixé à 100 francs, et le maximum n'était déterminé que par l'évaluation du quart des bénéfices illégitimes. Mais il arrive parfois que le faux ne cause qu'un préjudice moral, ou bien que le préjudice matériel ne peut être que très-difficilement évalué. Dans le but de pourvoir à ces deux situations, la loi de 1863 a prescrit d'office le chiffre de 5,000 francs.

Les articles 169, 170, 171 et 172, relatifs aux soustractions commises par les fonctionnaires publics,

[1] Texte de l'ancien article 164 : Il sera prononcé contre les coupables une amende dont le maximum pourra être porté jusqu'au quart du bénéfice illégitime que le faux aura procuré ou était destiné à procurer aux auteurs du crime, à leurs complices ou à ceux qui ont fait usage de la pièce fausse. Le minimum de cette amende ne pourra être inférieur à 100 francs.

donnent lieu à la même pénalité[1]. Indépendamment des peines corporelles des travaux forcés à temps et de l'emprisonnement de deux ans au moins et de cinq ans au plus, le maximum de l'amende est du quart des restitutions et indemnités, le minimum est du douzième.

L'article 174, relatif aux concussions commises par des fonctionnaires publics, et l'article 175, relatif aux

---

[1] Art. 169. — Tout percepteur, tout commis à une perception, dépositaire ou comptable public, qui aura détourné ou soustrait des deniers publics ou privés, ou effets actifs en tenant lieu, ou des pièces, titres, actes, effets mobiliers, qui étaient entre ses mains en vertu de ses fonctions, sera puni des travaux forcés à temps, si les choses détournées ou soustraites sont d'une valeur au-dessus de 3,000 francs.

Art. 170. — La peine des travaux forcés à temps aura lieu également, quelle que soit la valeur des deniers ou des effets détournés ou soustraits, si cette valeur égale ou excède soit le tiers de la recette ou du dépôt, s'il s'agit de deniers ou effets une fois reçus ou déposés; soit le cautionnement, s'il s'agit d'une recette ou d'un dépôt attaché à une place sujette à cautionnement; soit enfin le tiers du produit commun de la recette pendant un mois, s'il s'agit d'une recette composée de rentrées successives et non sujette à cautionnement.

Art. 171. — Si les valeurs détournées ou soustraites sont au-dessous de 3,000 francs, et en outre inférieures aux mesures exprimées en l'article précédent, la peine sera un emprisonnement de deux ans au moins et de cinq ans au plus, et le condamné sera de plus déclaré à jamais incapable d'exercer aucune fonction publique.

Art. 172. — Dans les cas exprimés aux trois articles précédents, il sera toujours prononcé contre le condamné une amende dont le maximum sera le quart des restitutions et indemnités, et le minimum le douzième.

délits des fonctionnaires qui se sont ingérés dans des affaires ou commerces incompatibles avec leur qualité, édictent également, comme appoint des peines corporelles de la réclusion et de l'emprisonnement, des peines pécuniaires dont le taux ne peut excéder le quart des restitutions, indemnités et dommages-intérêts, ni être au-dessous du douzième. La base décroissante du douzième reparaît ici pour la seconde fois.

D'après l'article 406, quiconque aura abusé des besoins, des faiblesses ou des passions d'un mineur, pour lui faire souscrire, à son préjudice, des obligations, quittances ou décharges, pour prêt d'argent ou de choses mobilières, ou d'effets de commerce, ou de tous autres effets obligatoires, sous quelque forme que cette négociation ait été faite ou déguisée, sera puni d'un emprisonnement de deux mois au moins, de deux ans au plus, et d'une amende dont le maximum sera du quart des restitutions et des dommages-intérêts qui seront dus aux parties lésées, et le minimum de 25 francs.

L'amende maximum du quart des restitutions et dommages-intérêts se trouve encore dans l'article 423, concernant les tromperies sur le titre des matières d'or ou d'argent, sur la qualité d'une pierre fausse vendue pour fine, sur la quantité des choses vendues à l'aide de faux poids et de fausses mesures, et dans les articles 430, 431 et 433, qui concernent les individus

chargés, comme membres de compagnies ou indivi-
duellement, de fournitures, d'entreprises ou régies
pour le compte des armées de terre et de mer.

Une pénalité pécuniaire qui varie entre le quart et
le douzième de la valeur des indemnités, dommages-
intérêts et restitutions dus à la partie civile, est-elle
suffisante? Pourquoi le quart? Pourquoi le douzième?
Quelle est la raison d'une telle limitation?

Admettons, cependant, que ces amendes soient
équitablement pondérées à l'égard du faussaire (ce qui
est douteux), à l'égard des fonctionnaires publics qui
ont détourné les fonds de l'État, de ceux qui se sont
rendus coupables de concussion ou qui se sont ingérés
dans des commerces incompatibles avec leur qualité,
à l'égard des fournisseurs des armées de terre et de
mer qui sont accusés de prévarication, et, enfin, à
l'égard des individus qui ont abusé des passions des
mineurs pour les spolier (ce qui est encore bien
douteux), on nous accordera facilement que, pour les
tromperies sur la qualité et la quantité des choses
vendues, l'amende n'est pas en rapport avec l'infraction.

La loi du 1er avril 1851, tendant à la répression
plus efficace de certaines fraudes dans la vente des
marchandises, a été, sans contredit, un progrès sur
l'article 423.

Lorsqu'il s'agit d'une marchandise contenant des

mixtions nuisibles à la santé, l'article 2 de cette loi prononce, avec un emprisonnement de trois mois à deux ans, une amende de 50 à 500 francs, à moins que le quart des restitutions et des dommages-intérêts n'excède 500 francs lui-même.

L'article 3 punit d'une amende de 16 francs à 25 francs, et d'un emprisonnement de six à dix jours, ou de l'une de ces deux peines seulement, suivant les circonstances, ceux qui, sans motifs légitimes, détiennent dans leurs magasins, boutiques, ateliers, maisons de commerce, ou dans les halles, foires, marchés, soit des faux poids, des fausses mesures, des appareils inexacts servant au pesage ou au mesurage, soit des substances alimentaires ou médicamenteuses qu'ils savent être falsifiées ou corrompues. Lorsque la substance falsifiée est nuisible à la santé, l'amende peut être portée à 50 francs, et l'emprisonnement à quinze jours.

En cas de récidive dans les cinq années qui ont précédé le délit, l'article 4 permet aux tribunaux de porter la peine de l'emprisonnement jusqu'au double du maximum et celle de l'amende jusqu'à 1,000 francs, si la moitié des restitutions et dommages-intérêts n'excède pas cette somme.

Ici, la quotité de l'amende est changée. Son maximum est de 1,000 francs, toutes les fois qu'il n'y a pas lieu à restitutions et à dommages-intérêts. S'il y a lieu, au contraire, d'ordonner des restitutions, ce n'est plus le quart, mais la moitié de leur chiffre qui détermine le montant de l'amende.

On sait aussi qu'accessoirement à la double peine de l'emprisonnement et de l'amende, les tribunaux ont le droit de prescrire l'affiche du jugement dans certains lieux et une insertion intégrale ou par extrait dans les journaux qu'ils désignent, le tout aux frais des condamnés.

Mais l'application de l'article 463 du Code pénal contrarie et atténue souvent les sévères dispositions de la loi de 1851.

On peut adresser un reproche à cette loi, qui a pourtant rendu d'éminents services aux acheteurs, aux consommateurs, en les préservant de la fraude, et aux commerçants eux-mêmes, en les astreignant à suivre, dans la crainte de châtiments rigoureux, les plus stricts préceptes de la loyauté et de la probité: c'est qu'elle a fait une part un peu trop large aux peines corporelles et pas assez étendue aux peines pécuniaires.

Nous ne voulons pas enseigner que les peines corporelles devraient être entièrement proscrites; nous pensons seulement que le principal châtiment qu'il serait utile d'infliger au négociant infidèle, qui abuse de la confiance publique, consisterait avec avantage dans l'élévation de peines pécuniaires plus analogues au délit.

La condamnation à quelques jours, à quelques mois d'emprisonnement et à une légère amende (le maximum est si rarement prononcé, et il est si difficile à la partie civile, lorsque le délit successif a été consommé au détriment de toute une ville, de réclamer des dommages-intérêts!) ne réprime pas efficacement toutes les fraudes qui ont enrichi le négociant déloyal. Pendant qu'il subira sa peine dans la maison de correction, son commerce, à peine arrêté un moment, continuera à être exploité par sa femme, par son fils, par un gérant quelconque, et la faible amende qu'il aura versée entre les mains du receveur de l'enregistrement et des domaines ne compensera point tous les bénéfices illégitimes que lui ont produits ses opérations dolosives. Une fois l'emprisonnement subi et l'amende payée, les gains passés subsistent : la répression et la réparation n'ont été ni vraiment salutaires, ni vraiment appropriées à la nature ou à l'importance des longues spoliations et des profits illicites dont sa fortune s'est accrue.

Passons aux délits les plus usuels : au vol, à l'escroquerie, à l'abus de confiance, au chantage.

L'article 400 du Code pénal, révisé par la loi de 1863, dispose, dans son deuxième paragraphe, que quiconque, à l'aide de la menace écrite ou verbale, de révélations ou d'imputations diffamatoires, aura extorqué ou tenté d'extorquer soit la remise de fonds ou valeurs, soit la signature ou remise d'un écrit, d'un titre, d'une pièce quelconque contenant ou opérant obligation, disposition ou décharge, sera puni d'un emprisonnement d'un an à cinq ans et d'une amende de 50 à 3,000 francs.

L'article 401 punit les vols, les larcins et filouteries, ainsi que les tentatives de ces mêmes délits, d'un emprisonnement d'un an à cinq ans et d'une amende de 16 francs au moins et de 500 francs au plus.

L'article 405 punit l'escroquerie et la tentative d'escroquerie d'un emprisonnement d'un an à cinq ans et d'une amende de 50 à 3,000 francs.

Enfin, l'article 408 édicte les mêmes peines contre l'abus de confiance.

Pour les vols, l'amende de 16 francs au moins et de 500 francs au plus n'est-elle pas en disproportion manifeste avec l'emprisonnement d'un an à cinq ans et avec la nature du méfait?

Que signifie une pareille amende en face d'une peine corporelle aussi forte et des énormes gains obtenus par le malfaiteur? C'est un appoint ridicule; ou bien il faut l'augmenter, ou bien il faut le supprimer.

Pour le chantage, l'escroquerie et l'abus de confiance, l'amende de 50 à 3,000 francs est encore en disproportion avec l'emprisonnement d'un an à cinq ans; néanmoins, elle se rapproche un peu plus de la vérité, et la latitude qui est accordée aux magistrats est plus rationnelle.

Mais combien de fois cette amende n'est-elle pas inférieure aux profits qui résultent, pour le condamné, de l'escroquerie et de l'abus de confiance, et qu'il conserve impunément ?

Nous nous arrêtons à ces exemples; il nous serait trop facile de les multiplier et de prouver que, après les articles 400, 401, 405 et 408, il en est bien d'autres plus imparfaits encore qui viennent à l'appui de la critique que nous dirigeons contre le système des peines pécuniaires du Code de 1810. Nous constaterons seulement que les magistrats, un peu trop préoccupés de suivre à la lettre la théorie de ce Code et d'en exécuter les dispositions *stricto sensu*, ne prononcent la peine d'amende qu'avec une sorte de répugnance ou tout au moins de parcimonie regrettable.

Que l'on veuille bien nous permettre de le démontrer par des chiffres que nous extrayons du Compte général de l'administration de la justice criminelle pour l'année 1862, dont tous les documents éclairent et confirment nos observations.

Le tableau LXXXVIII[1] nous apprend que, sur 35,686 individus qui ont été condamnés pour vol simple, 35,637 ont été frappés de peines d'emprison-

---

[1] Page 142.

nement; il n'y en a eu que 2,049 qui n'ont été frappés que d'une simple amende.

Pour l'escroquerie, qui figure au tableau XC, sur 5,970 condamnés, la peine unique de l'amende n'a été appliquée qu'à 94 individus.

Pour l'abus de confiance, qui figure au tableau XCI, sur 2,708 condamnés, il n'y a eu que 66 condamnations à l'amende.

Quant aux tromperies sur la nature, la valeur et la quantité de la chose vendue, et à la détention de poids et mesures faux — lois des 1er avril 1851 et 5 mai 1855 — l'amende l'a emporté de beaucoup sur les peines corporelles: le nombre des condamnés a été de 4,872; 5,696 l'ont été à l'amende seule; 5 à l'emprisonnement de plus d'un an; 1,173 à l'emprisonnement de moins d'un an[1]. Ces résultats seraient excellents si les amendes eussent été plus fortes. La principale objection que l'on soulève contre les peines pécuniaires est tirée de l'insolvabilité ordinaire des condamnés; il n'en saurait être ainsi dans les condamnations de ce genre qui atteignent des commerçants: leur insolvabilité est l'exception et non la règle.

Il est des délits, tels que l'infraction au ban de surveillance, le vagabondage et la mendicité, qui ne peuvent donner lieu nécessairement qu'à des peines

[1] Tableau XCII.

corporelles; mais ce sont les moins nombreux. Presque tous les autres sont susceptibles d'être traités par une combinaison plus équitable des peines pécuniaires avec les peines corporelles.

L'un des premiers avantages des peines pécuniaires est de frapper dans leur cupidité même les inculpés de délits qui ont pour objet l'appropriation du bien d'autrui.

La Bruyère a écrit quelque part: « Il y a des âmes sales, pétries de boue et d'ordure, éprises du gain et de l'intérêt, comme les belles âmes le sont de la gloire et de la vertu. »

Le moraliste se borne à flétrir les âmes éprises du gain et de l'intérêt.

Le génie transcendant de Napoléon I⁰⁰, qui touchait au cœur de tous les problèmes de la législation, ne s'en tenait point là; il signalait, par un mot profond, le remède au criminaliste: « Tenez par l'argent les hommes d'argent! »

La paraphrase de ce mot ne peut que l'affaiblir. Faites que le vol n'enrichisse pas le voleur!

Mettez l'escroc aux prises avec les conséquences à la fois corporelles, afflictives, infamantes et pécuniaires, de l'acte qu'il va commettre; qu'il sache bien que, au lieu de lui donner un profit quelconque, ses spoliations se convertiront pour lui en préjudice et en ruine. Quand il verra que les tribunaux n'hésitent

plus à lui infliger de lourdes amendes et à attribuer
à la partie plaignante, sans fausse prodigalité, mais
aussi sans fausse parcimonie, tous les dommages-
intérêts qu'elle réclame, il comprendra mieux que son
véritable intérêt n'est jamais dans les machinations
de la ruse, de l'intrigue, de la fourberie et de la dépré-
dation.

C'est ce qu'enseigne un éminent jurisconsulte allemand, Feuerbach : « Toutes les infractions ont leur
cause psychologique dans la sensibilité, puisque les
appétits de l'homme sont dirigés par le plaisir qu'il
trouve dans ses actes ou qui résultent pour lui desdits
actes. Cette impulsion sensible peut être empêchée,
si chacun est prévenu que son action sera inévitable-
ment suivie d'un mal plus grand que le déplaisir causé
par la non-satisfaction de son désir. »

Comme le constate si judicieusement M. Bonneville
de Marsangy, l'échelle normale des prédilections
humaines a quatre degrés : la vie d'abord, la liberté
ensuite, puis l'honneur, et enfin la fortune. Par malheur, le déchaînement des passions, la surexcitation de la convoitise, la soif des jouissances immédiates et tous les mauvais calculs de la perversité
bouleversent l'ordre que la nature, autant que la
philosophie, a créé. Sans doute, l'instinct irrésistible
de la conservation de l'existence reste toujours au
sommet de l'échelle ; mais les trois autres degrés sont

journellement confondus dans l'esprit de la plupart des malfaiteurs, qui font beaucoup moins de cas de l'honneur surtout et de la liberté elle-même que de la fortune.

Ce n'est donc pas assez que de les châtier dans leur honneur et leur liberté, il faut aussi les châtier dans leur fortune ; mais, pour y parvenir sérieusement, il sera nécessaire de modifier le tarif ordinaire des amendes et d'en déterminer le taux d'après deux bases d'évaluation qui seront bien simples : la gravité de l'inculpation et la situation pécuniaire du délinquant. Le législateur devra, pour chaque inculpation, fixer un minimum ; quant au maximum, il serait arbitré *ex œquo et bono* par les magistrats. Tel est le système qui a été adopté en Belgique, et qui y fonctionne parfaitement.

En Belgique, le système des pénalités pécuniaires est complet. Il a été introduit dans l'instruction préparatoire sous la forme des cautionnements, par lesquels il garantit la liberté individuelle et soustrait les prévenus aux souffrances, au supplice de la détention préalable ; il occupe un rang considérable dans la nomenclature des peines définitives, et il soustrait les condamnés aux rigueurs inutiles de l'emprisonnement toutes les fois qu'elles peuvent leur être épargnées sans péril. Il joue un double rôle : dans l'instruction des procès correctionnels, il sauvegarde tous les droits de l'innocent, qu'il maintient en liberté, et, quoiqu'il confère le même privilége au coupable, il l'enchaîne dans les liens puissants du cautionnement, qu'il substitue à ceux de la détention préventive, de telle sorte que, tout en sauvegardant les droits de l'innocent, il sauvegarde aussi ceux de la société ; dans l'application des peines, il autorise le juge à adoucir le sort des condamnés, en substituant la correction pécuniaire à la correction corporelle.

Dans la recherche comme dans la punition du coupable, il s'attaque aux biens toutes les fois qu'il peut éviter de s'attaquer à la personne.

Mais un pareil système ne nous ramènerait-il pas aux déplorables abus de l'ancienne jurisprudence? Ne détruit-il pas la sainte règle de l'égalité du riche et du pauvre devant la loi, l'une des plus belles conquêtes de la révolution de 1789 et de la philosophie du xviiie siècle? N'est-il pas insensé d'oser exhumer du passé et remettre en vigueur l'odieux principe qui réservait tous les priviléges à la puissance, à la noblesse, à la fortune, et toutes les cruautés à la misère: *Cil qui ne povait payer l'amende était mulcté en son corps?*

C'est une question que nous examinerons plus tard dans tous ses détails, lorsque nous nous occuperons de la mise en liberté provisoire sous caution. Les rédacteurs du Code d'instruction criminelle de 1808 et du

Code pénal de 1810 l'ont résolue dans le sens contraire à celui de la législation qui a récemment prévalu en Belgique; ils ont subi l'influence dominante des idées de leur temps, et ils ont tout sacrifié au respect exagéré de l'égalité absolue. Ils sont tombés d'un excès dans un autre : de peur que les peines exclusivement pécuniaires ne fussent regardées comme des priviléges pour quelques-uns, ils ont édicté, comme droit commun, les peines corporelles pour tous; ils ont pris l'incarcération pour unité de châtiment, ainsi que nous l'avons fait déjà remarquer.

La réforme du Code pénal devra réparer cette erreur.

Pour les délits graves, les deux peines seront cumulées : l'incarcération et l'amende; l'incarcération moins dure et moins longue, l'amende adaptée dans chaque affaire à l'importance de l'infraction et aux facultés du délinquant.

Pour les délits secondaires, l'amende sera la règle, et l'incarcération deviendra l'exception.

Pour les crimes, les deux peines seront cumulées comme pour les délits graves; mais les amendes, quand elles seront prononcées, seront toujours très-élevées; leur taux suivra une progression bien légitime, et l'odieux principe de l'ancien droit sera remplacé par un principe vraiment moral : le crime ruine le criminel!

« ..... Qui n'aperçoit la pensée de haute moralité

sociale que recèle cette application générale et forcée
des mulctations pécuniaires? S'il est vrai que, dans
un État régulier, la vertu, le talent, le travail honnête, doivent être des causes nécessaires d'élévation et
de richesse, ne faut-il pas aussi que toujours le vice,
le désordre, l'infraction aux lois, soient des causes
inévitables d'abaissement et de pauvreté [1]?... »

Le plus zélé défenseur des pénalités pécuniaires,
M. Bonneville de Marsangy, présente, à l'appui d'élo-
quentes considérations sur la moralité de l'appauvrissement résultant du vice, de l'improbité et de la
désobéissance aux lois du pays, tout un système d'application qu'il nous est impossible d'exposer, parce qu'il
nous demanderait plus d'espace qu'il ne nous est
permis de lui en consacrer dans cette étude, et pour

[1] M. Bonneville de Marsangy, *de l'Amélioration de la loi criminelle*, t. II, chapitre des pénalités pécuniaires, p. 296. —
M. Bonneville complète ainsi sa pensée: « Alors seulement on verrait se produire deux ordres de faits corrélatifs, pleins de graves
enseignements pour le peuple. En regard de ces glorieuses récompenses pécuniaires, qu'au nom d'un illustre bienfaiteur de l'humanité nos savants aréopages décernent, chaque année, aux
hommes de talent et de vertu, l'on verrait les tribunaux infliger
aux résultats ordinaires du vice et de la paresse, de la violation
des lois sociales, des châtiments pécuniaires analogues! Il y
aurait, si je ne m'abuse, dans les proclamations journalières de
ces notions diverses, dans ce rapprochement légal de la vertu et
de la richesse, du vice et de l'appauvrissement, quelque chose qui
frapperait l'instinct clairvoyant des masses, et qui contribuerait
puissamment à raffermir parmi nous les idées d'ordre, de justice, d'obéissance aux lois du pays!... »   . . . . .

lequel nous renvoyons le lecteur à son ouvrage, si estimé de tous les criminalistes.

On y trouvera, notamment, une généreuse proposition qui tend à la restriction de la contrainte par corps contre les débiteurs de l'État, au moyen de prestations en nature et en travail, semblables à celles qui ont été introduites dans l'article 210 du Code forestier par la loi du 19 novembre 1859.

En vertu du nouvel article 210, en effet, l'administration forestière peut admettre les délinquants insolvables à se libérer des amendes, des restitutions, des réparations civiles et des frais, à l'aide de prestations en nature consistant en travaux d'entretien et d'amélioration dans les forêts et sur les chemins vicinaux. Le conseil général de chaque département fixe, par commune, la valeur de la journée de prestation.

Il y a là une mine heureuse et féconde à exploiter.

L'inégalité entre le riche et le pauvre ne serait plus qu'un vain mot; une législation sage, humaine, bienveillante, charitable et chrétienne, digne de la civilisation de notre époque, succéderait à la législation parfois si dure et si impitoyable de 1810.

Ne soyons donc pas effrayés par le fantôme de la confiscation, qui ne reparaîtra jamais parmi nous; les peines pécuniaires seront un adoucissement et non une aggravation des châtiments que la justice a le droit d'infliger aux coupables.

...

Que l'on ne prétende pas aussi que, en enlevant au condamné une partie de son patrimoine, on atteint illicitement ses enfants, ses héritiers, sa famille. Tous les châtiments afflictifs et infamants atteignent les enfants du condamné; ils attaquent l'honneur, ils souillent le nom, patrimoine commun de la famille et non d'un seul. Serait-il interdit, pour ce motif, de les appliquer?

L'avenir de la loi criminelle, soit comme procédure, soit comme pénalité, est dans la tolérance, la modération, la douceur.

L'illustre précurseur du régime bienfaisant, mais perfectible, dont nous jouissons, Beccaria, s'écriait, dans l'une de ses plus magnifiques inspirations : « Les pays et les siècles où les supplices les plus affreux ont été mis en usage sont aussi ceux où l'on a vu les crimes les plus horribles; le même esprit de férocité qui dictait des lois de sang au législateur mettait le poignard aux mains de l'assassin et du parricide. Du haut de son trône, le souverain dominait avec une verge de fer, et les esclaves n'immolaient leurs tyrans que pour s'en donner de nouveaux.

» A mesure que les supplices deviennent plus cruels, l'âme, semblable aux fluides qui se mettent toujours au niveau des objets qui les entourent, l'âme s'endurcit par le spectacle renouvelé de la barbarie. On s'habitue aux supplices horribles, et, après cent

ans de cruautés multipliées, les passions, toujours
actives, sont moins retenues par la roue et le gibet
qu'elles ne l'étaient auparavant par la prison. . . . . .

» . . . . La rigueur des peines doit être relative à
l'état actuel de la nation. Il faut des impressions fortes
et sensibles pour frapper l'esprit grossier d'un peuple
qui sort de l'état sauvage; il faut un coup de tonnerre
pour abattre un lion furieux, que le coup ne fait qu'ir-
riter. Mais, à mesure que les âmes s'adoucissent dans
l'état de société, l'homme devient plus sensible, et, si
l'on veut conserver les mêmes rapports entre l'objet
et la sensation, les peines doivent être moins rigou-
reuses [1]. »

La doctrine de Beccaria, sur la nécessité de la modération des peines chez les peuples civilisés, avait été
également professée par Montesquieu, qui déclare que
les peines cruelles usent le ressort des gouvernements,
et que tous les relâchements ne proviennent que de
l'impunité et non de la rigueur des supplices.

Nous plaçons notre thèse sous le double patronage
de Montesquieu et de Beccaria.

L'état des mœurs et de la civilisation du peuple
français nous autorise-t-il à le proclamer entièrement
mûr pour cet adoucissement des pénalités? Qui le
nierait? Sans doute, il se commet encore, chaque

---

[1] *Traité des délits et des peines*, chap. xv, p. 89 et 90, édition
de M. Faustin Hélie.

année, quelques crimes atroces qui impressionnent vivement l'opinion publique et qui sont de nature à confirmer les convictions des adversaires des mesures libérales, à les encourager dans leur incrédulité et dans leur méfiance, à donner raison, enfin, à l'opinion suivant laquelle l'humanité serait vouée éternellement à l'abaissement et à l'ignominie de la bestialité; mais, au risque d'être accusé de nous complaire dans les folles visions, nous répudions cette opinion si affligeante, et nous ne désespérons pas ainsi de la situation de notre pays. Les bienfaits de la religion, les lumières de la science, la vulgarisation de l'instruction gratuite, le développement de la prospérité publique et privée, la répartition des biens, la diffusion de l'aisance et du bien-être, la force de nos institutions, la pacification de tous les esprits, la puissance et la stabilité d'un gouvernement auquel la France reconnaissante doit une grandeur qu'elle n'avait jamais connue, voilà tous les motifs politiques qui rendent inébranlable notre foi à la légitimité de la révision de nos lois criminelles!

DE LA

DÉTENTION PRÉVENTIVE

ET DE LA

MISE EN LIBERTÉ PROVISOIRE SOUS CAUTION

———

ÉTUDE COMPARÉE

DES QUATRE LÉGISLATIONS AMÉRICAINE, ANGLAISE, BELGE ET FRANÇAISE

suivie

DE LA PRÉSENTATION D'UN NOUVEAU PROJET DE LOI

———

I

Observations préliminaires. — La liberté individuelle en Angleterre et
en France; supériorité de la loi française sur la loi anglaise. — La
liberté du foyer domestique est mieux garantie chez nous que chez
nos voisins. — Résultats, d'après des statistiques comparées, des
attributions de la police judiciaire des deux pays, au point de vue
du droit d'arrestation préalable. — Les arrestations sont illimitées et
excessives en Angleterre; elles sont opérées pour les délits les plus
insignifiants et les contraventions les plus minimes, tandis qu'en
France elles ne sont opérées que dans des circonstances assez graves
pour les motiver. — Il y a plus de liberté politique en Angleterre et
plus d'égalité civile en France. — Appréciation tirée des œuvres de
S. M. Napoléon III. — Urgence d'une réforme dans le sens de la mise
en liberté provisoire sous caution.

La prison préventive, telle qu'elle est actuellement
organisée, a été, dans ces derniers temps, très-énergi-
quement attaquée par un grand nombre de publicistes,

et, parmi les réformes capitales du Code d'instruction criminelle que l'on réclame depuis plusieurs années, si celle qui concerne la détention préalable n'a encore reçu qu'un bien faible commencement d'exécution dans la loi du 20 mai 1863, alors cependant qu'elle touche au bien le plus cher et le plus sacré de tous les citoyens, la liberté individuelle, ce n'est ni à la stérilité des vœux universels qui sont formés en sa faveur, ni à l'indifférence coupable ou à la résistance arbitraire du gouvernement, qu'il faut attribuer les longs retards que subit la solution d'une question aussi grave et aussi importante.

L'exposé des motifs de la loi du 20 mai 1863 nous rappelle que « la détention préventive a été l'objet constant des méditations du législateur. Reconnue inévitable par tous les peuples civilisés, même par ceux chez lesquels l'amour de la liberté a été porté jusqu'à l'abus, sa nécessité seule a pu être son excuse et faire sa légitimité. C'est un sacrifice demandé par l'intérêt général à l'intérêt privé... Le Code d'instruction criminelle de 1808, révisé en 1832, n'avait trouvé d'adoucissement à cette mesure que la mise en liberté provisoire sous caution... Le gouvernement provisoire de 1848, malgré l'excès de son libéralisme, consacra de nouveau l'utilité de la détention préventive... »

La véritable cause des retards que subit la solution définitive de cette question se trouve dans la difficulté de combiner et de concilier deux systèmes également absolus, qui ne tendent qu'à se renverser et à s'exclure l'un par l'autre, sans vouloir entrer dans la voie salutaire des concessions mutuelles, sur lesquelles on arriverait promptement peut-être à s'entendre, par lesquelles, au moins, on aboutirait à une heureuse transaction.

Le premier système est français. Son origine, il est vrai, remonte aux temps les plus tristes de la décadence romaine. Il ne s'imposa à la France du moyen âge que très-tard. Les décrétales des papes Innocent III et Boniface VIII le remirent en vigueur, pour la poursuite des crimes d'hérésie; il fut ensuite étendu à toutes les juridictions ecclésiastiques. Les légistes s'en emparèrent à leur tour vers la fin du treizième siècle; après l'avoir introduit à la hâte dans les juridictions séculières, où il fit la fortune du pouvoir royal, ils s'étudièrent peu à peu à le transformer et à le perfectionner. Il poussa des racines profondes sous notre sol, et survécut au moyen âge. Il se fit national; son origine fut complétement oubliée. Que les ordonnances de 1539 et de 1670 l'aient réglementé et amplifié, on n'en sera point surpris; mais, au sortir du moyen âge et de la renaissance, il est respecté par la législation intermédiaire de 1791, et de brumaire an IV, et de pluviose an IX; puis il reçoit une consécration suprême dans le Code d'instruction criminelle de 1808, dont les dispositions fondamentales reproduisent l'ordonnance de 1670, tout en l'épurant et en l'appropriant aux idées écloses en 1789. Non-seulement il a survécu au moyen âge, à la renaissance, à la première révolution : il subsiste encore aujourd'hui dans toute sa force, après un règne de six siècles bientôt accomplis. Ce système consiste dans l'application de l'instruction secrète, qui a pour conséquence immédiate, pour corollaire indispensable, la détention préventive. Il a été trop souvent mal compris et jugé par la passion, plutôt que par la bonne foi, la raison et l'impartialité.

Le second système est anglais. Son origine remonte aux coutumes germaines et saxonnes, qui ont été pratiquées par nos ancêtres avant le treizième siècle, et que les Anglais ont fidèlement conservées, tandis qu'elles disparaissaient de notre sol, vaincues par les principes dominateurs du droit romain. Ce système consiste dans l'application de l'instruction ou procédure publique, qui a pour conséquence immédiate, pour corollaire forcé, le respect de la liberté individuelle.

Un des admirateurs de ce système, M. Charles de Franqueville, l'apprécie de la manière suivante :

« Peu ou point de prison préventive, la liberté sous caution établie comme un droit pour le prévenu, si ce n'est dans les cas expressément prévus par la loi; point de ministère public, partout l'égalité la plus absolue entre l'accusation et la défense; point de mise au secret, point d'interrogatoire imposé aux accusés, point de déposition reçue en dehors de leur présence; aucune entrave au droit de communiquer dès le moment de leur arrestation avec des avocats, une liberté absolue d'interroger les témoins, le droit de répliquer aux attaques, de ne point répondre aux questions, de récuser un nombre considérable ou même la totalité des jurés; un juge qui cherche toujours un innocent, redoute de trouver un coupable, et met sans cesse l'accusé en garde contre lui-même; enfin l'unanimité du jury, nécessaire pour amener une condamnation : tels sont les traits principaux de cette législation si pleine d'humanité[1]. »

Quel est le meilleur de ces deux systèmes? Quel est celui qui mérite de prévaloir?

Le premier ne nous apparaît que sous des couleurs bien sombres. N'est-il pas trop chargé ?

Le second n'a-t-il pas été exalté outre mesure? Le tableau qui vient d'être placé sous nos yeux n'est-il pas trop brillant et trop flatteur?

Dans tous les cas, le second a manqué plusieurs occasions éminemment favorables, plusieurs occasions éclatantes et exceptionnelles, dont il aurait pu mieux profiter, pour se faire adopter dans notre pays. Les retrouvera-t-il jamais?

Le décret des 16 et 29 septembre 1791, le Code de brumaire an IV, le Code d'instruction criminelle de 1808, la révolution de 1830 et la révolution de 1848 l'ont rejeté.

Néanmoins, en 1791, en l'an IV, en 1808, en 1830, et enfin en 1848, le système anglais était connu : il avait été bien des fois vanté et célébré dans les ouvrages des publicistes et des criminalistes. Pourquoi a-t-il été repoussé?

Ne nous reportons qu'aux deux époques les plus critiques et les plus tourmentées de notre histoire contem-

[1] *Les Institutions politiques, judiciaires et administratives de l'Angleterre;* par Charles de Franqueville, auditeur au conseil d'État, avocat à la Cour impériale.

poraine. Quels ont été les fruits du décret des 16 et 29 septembre 1791 ? On a dit avec raison qu'il était la plus libérale de toutes nos lois sur la procédure criminelle. On y respire le souffle vivifiant de la philosophie du xviiiᵉ siècle. Mais combien son influence fut de courte durée ! Le 10 août arrive ; les tribunaux révolutionnaires sont établis, et la tribune de la Convention put retentir de ces amères paroles de Lanjuinais : « Plus de cinquante mille citoyens ont été enfermés dans toute la France par vos commissaires ; on a fait plus d'arrestations arbitraires en un mois que sous l'ancien régime en un siècle ! » La république de 1848 n'a pas été plus soucieuse de la liberté individuelle. Elle s'est bornée, dans le décret du 23 mars, à abroger le premier paragraphe de l'article 119 du Code d'instruction criminelle, portant la fixation d'un minimum de cautionnement pour la mise en liberté provisoire. Nous montrerons plus tard que sa réserve a été excessive et que sa timide sollicitude devait aller beaucoup plus loin [1].

Si, jusqu'à nos jours, de 1789 à 1864, pendant trois

---

[1] « Le gouvernement de 1830, fidèle à ses promesses, ne s'est armé d'aucune loi contre la liberté individuelle, qu'il avait garantie, et n'a légué que des exemples de modération à ceux qui l'ont renversé. La république de 1848 n'a pas toujours eu les mêmes scrupules, et l'on se rappelle qu'elle a fait de l'état de siège un usage inconnu jusqu'à cette époque, en mettant au secret, pendant plus d'une semaine, un publiciste bien connu auquel on n'imputait aucun délit formel. » — M. Lefèvre-Pontalis, de la Liberté individuelle; article publié par la Revue des Deux Mondes, dans son numéro du 15 août 1860.

quarts de siècle, on s'est opposé à l'importation du système anglais, ne faut-il pas en conclure que l'on a reconnu la supériorité de nos lois sur celles de nos voisins ? Faut-il, au contraire, en accuser l'ignorance, les idées rétrogrades et routinières, qui auraient constamment dominé et aveuglé nos législateurs ?

Telle est la question. Elle n'est pas nouvelle, puisqu'elle s'agitait, en France, antérieurement à 1789. Elle n'en est pas moins intéressante, et il est justement recommandé à chacun de l'examiner et de l'approfondir, puisque la lutte existe encore aussi ardente qu'autrefois entre les deux écoles, entre les partisans des deux doctrines.

« Si, par notre insouciance, l'époque du perfectionnement du système pénal se trouve reculée, sommes-nous innocents des excès, des erreurs d'une justice criminelle que nous aurions pu éclairer et contenir dans ses bornes légitimes [1] ? »

Alors même que nos méditations et nos travaux n'aboutiraient pas au perfectionnement de la justice criminelle, ils auraient encore un but honorable et un résultat utile.

Il importe à tout jurisconsulte, à l'avocat et au magistrat, appelés incessamment à interpréter et à appliquer la loi, d'asseoir leurs convictions sur des bases solides, de chasser les doutes qui envahissent leurs esprits, les perplexités et les défaillances qui assiégent leurs consciences.

[1] Rossi.

Le Code de 1808 a-t-il besoin d'être réformé et perfectionné? Avouons-le hardiment, et occupons-nous tout de suite de rechercher quelles peuvent être ces réformes; perfectionnons-le le plus tôt et le mieux possibles.

N'est-il pas besoin de réformes? Les aspirations bruyantes des novateurs ne sont-elles que rêves et chimères? Le Code de 1808 contient-il l'expression suprême, en tant qu'elle est réalisable, de la sagesse, humaine? Déclarons-le hautement et hardiment aussi, et mettons un terme à toutes les folles critiques qui lui sont adressées.

C'est le résumé de nos observations, des travaux et de l'expérience de nos devanciers, que nous offrons ici au lecteur. Puisse-t-il l'accueillir avec bienveillance! Nous ne lui apprendrons rien de nouveau, sans doute. C'est surtout dans les matières criminelles qu'il faut répéter, avec La Bruyère: « Tout est dit, et l'on vient trop tard, depuis sept mille ans qu'il y a des hommes qui lisent et qui pensent. » Mais nous serons amplement récompensé de nos efforts et de nos peines, si nous parvenons à lui communiquer le goût de ces études si attrayantes et si belles, qu'il poursuivra, qu'il complétera lui-même et qu'il saura rendre fécondes en enseignements de toutes sortes. Nous avons rassemblé pour lui les éléments du problème, toutes les pièces du procès. A l'aide de cette compilation minutieuse, qui abonde en citations de nombreux auteurs, il sera en mesure, nous l'espérons, de se prononcer en parfaite connaissance de cause.

A toutes les époques de son histoire, notre nation s'est signalée par sa fécondité législative: *Francia legifera,* disait déjà, do son temps, le poëte Ausone. On a calculé que nous possédions aujourd'hui plus de cinquante mille lois. En dresser le dénombrement et distinguer, dans ce formidable arsenal, celles qui sont en vigueur de toutes celles qui sont tombées en désuétude, les analyser, les étudier et les commenter, ne serait-ce pas une tâche pour laquelle la vie tout entière d'un homme serait insuffisante? C'est, en quelque sorte, un dédale inextricable, dans lequel vient se confondre celui des règlements, « dont la montagne, suivant l'expression pittoresque de M. Michel Chevalier, grossit sans cesse; elle atteindra quelque jour les proportions du mont Blanc[1]. » A côté de l'immense collection des lois et des règlements qui nous régissent, œuvres de la *raison écrite,* que le génie de plusieurs siècles a lentement amassées, il faut placer tous les volumineux documents de la jurisprudence, si ingénieuse, si prévoyante, si habile à mettre en lumière des textes quelquefois obscurs, et que M. Portalis nommait si bien un magnifique supplément à la législation.

Nos lois civiles et criminelles ont été codifiées. De l'aveu général, il n'en est pas de plus savantes. La plupart des peuples nous les empruntent; il semble qu'il n'y ait plus rien à y ajouter.

[1] *Journal des Débats,* n° du 10 décembre 1862.

Il n'en est pourtant pas ainsi. A chaque session de la Chambre, les anciennes sont remaniées, corrigées, complétées, et de nouvelles voient le jour. On s'est plaint quelquefois de cette fécondité législative, et l'on a accusé notre nation de ne pas se départir, même dans une matière aussi grave, de l'esprit de légèreté et de frivolité qu'on lui reproche en toutes choses.

« Enfants gâtés de la Providence, ces grandes lois, qui sont la sauvegarde des principes d'égalité et de liberté individuelle, que les nations étrangères admirent et copient, nous les rejetons comme des jouets qui ont pu amuser notre frivolité pendant quelque temps, mais qui doivent être remplacés par des jouets nouveaux, dont la faveur ne sera pas de longue durée.

» C'est ainsi que, depuis un demi-siècle, le *Bulletin des lois* a enrichi, chaque année, notre bagage législatif de plusieurs volumes. Cette abondance de lois atteste le besoin et la manie, non pas d'améliorer, mais de changer; nos lois n'ont pas plus d'importance pour nous que nos modes, et ce qui nous charme, dans les unes et les autres, c'est la nouveauté. Athéniens du XIXme siècle, tâchons au moins de profiter des enseignements de l'histoire grecque et de la nôtre; nous savons, aujourd'hui mieux que jamais, ce que nous coûtent notre mobilité, nos caprices législatifs, politiques et sociaux; si l'expérience ne nous profite pas; si, malgré les dures leçons que nous avons reçues, nous persévérons dans notre instabilité, cessons de nous plaindre d'être traités comme des enfants incorrigibles, et de réclamer des droits qui ne peuvent appartenir qu'à des hommes imperturbablement dévoués aux principes et aux lois qui les consacrent[1]. »

M. Bertin, le rédacteur en chef du journal *le Droit*, a publié, en 1863, une remarquable brochure sur les réformes de l'instruction criminelle, dont nous extrayons le passage qu'on vient de lire, et à laquelle nous aurons quelquefois recours, pour en appuyer ou pour en combattre les conclusions.

Suivant lui, cette abondance de lois n'atteste que le besoin et la manie, non pas d'améliorer, mais de changer; suivant lui également, nos lois n'ont pas plus d'importance pour nous que nos modes, et ce qui nous charme le plus, dans les unes et les autres, c'est la nouveauté.

Ce n'est là, évidemment, qu'une boutade spirituelle, un paradoxe agréablement soutenu; mais ce n'est pas sérieux, ou tout au moins ce n'est pas exact.

Il faut voir, dans cette fécondité législative, tout autre chose qu'une déplorable manie de changements arbitraires et que le caprice de modes dérisoires.

La science du droit constitue l'un des côtés les plus saillants et les plus remarquables du génie français, qui a toujours été, en vertu de sa clarté et de sa lucidité, le plus puissant vulgarisateur des découvertes de la pensée humaine dirigées et amoncelées dans tous les sens. Héritiers des jurisconsultes romains, nos jurisconsultes ont mené plus loin qu'eux les admirables entreprises de leurs déductions philosophiques et pratiques; ils ont

[1] Bertin, *des Réformes de l'instruction criminelle*, p. 2.

exploré, avec un succès merveilleux, des régions jusqu'alors inconnues; ils ont agrandi l'horizon politique, et fondé les assises inébranlables de la société moderne.

Pourquoi fixerait-on une limite fatale à leurs travaux? Ont-ils pu tout prévoir? Ne se sont-ils pas trompés quelquefois? Ne leur reste-t-il pas quelques lacunes à combler?

L'immutabilité de la législation serait un signe certain d'impuissance et de décadence. Le progrès est l'espoir de l'avenir. Le passé nous a légué ses fruits; le présent nous donne ce dont il lui est permis de disposer; il nous distribue ses richesses. Il nous est réservé d'en augmenter le nombre par nos recherches infatigables. En avant! Haine à l'inaction et à l'immobilité! C'est le cri moral qui retentit partout à nos oreilles.

Mais prenons garde de nous avancer trop loin sur des routes qui ne seraient pas bien frayées. Ne nous lançons pas étourdiment dans les aventures et les hasards de réformes conçues et exécutées à la hâte. Que l'imagination et le rêve s'effacent devant le calme de la raison. Point d'essais abandonnés à l'enthousiasme, au caprice, à la fantaisie. Le sujet est trop important pour qu'il soit permis de se livrer à des expériences téméraires, qui ne réuniraient pas d'avance et infailliblement, d'après les prévisions les plus sûres et les données les plus précises, toutes les conditions du succès le plus éclatant.

Méfions-nous un peu, notamment, de l'enthousiasme irréfléchi que le système anglais provoque parmi nous; redoutons un engouement qui est trop vif et ne se justifie pas toujours.

Depuis que Montesquieu et Voltaire ont placé les institutions anglaises sur un piédestal d'une hauteur un
peu exagérée, un peu démesurée (c'est notre opinion),
que de fois les imitations et les copies n'ont-elles pas été
conseillées!

En ce qui concerne la détention préventive, que de fois
la presse n'a-t-elle pas invité les gouvernements de notre
pays à prendre modèle sur ce qui se passe en Angleterre!
Que de fois ne les a-t-elle pas impérieusement sommés
de se conformer à ses impatients désirs!

Or nous devons affirmer tout d'abord que, si notre
Code d'instruction criminelle de 1808 a besoin de quelques modifications, s'il est urgent même de l'améliorer
sur plusieurs points, comme nous le démontrerons plus
tard, il n'en jouit pas moins, dès maintenant, d'une
incontestable supériorité sur la législation anglaise, supériorité méconnue, niée à Paris, et proclamée à Londres.

Les apologistes de la législation anglaise, au point de
vue de la détention préventive, ne se rendent pas compte
de la véritable situation des choses. En Angleterre, la
prison préventive est beaucoup plus fréquemment em-
ployée; elle est très-souvent aussi longue et aussi rigou-
reuse qu'en France.

Voilà une allégation propre à étonner les journalistes,
qui ont traité bien légèrement, quelquefois, une question qu'il leur était impossible de saisir sous toutes ses
faces. La presse n'a pas le temps de se livrer à des travaux de longue haleine. Ses productions sont brillantes,
mais superficielles. Ephémères, nées des besoins du mo-

ment, destinées à ne vivre que du matin au soir, avant tout préoccupées de plaire à la foule et de flatter ses sentiments, elles sont bien rarement revêtues du cachet de maturité qui s'imprime sur les ouvrages lentement élaborés dans les longues veilles et les patientes réflexions.

Tandis que nos journalistes veulent imprudemment copier la législation anglaise, les Anglais, au contraire, se rapprochent peu à peu des principes de notre Code d'instruction criminelle ; ils en louent la sagesse politique et pratique, et l'heure sonnera bientôt pour eux d'une réforme radicale, qui consistera dans l'adoption des règles fondamentales de notre procédure.

En 1858, le *Morning Chronicle* s'exprimait ainsi :

« Il n'y a rien de plus parfait que le système français, tant pour la recherche du coupable que pour la préparation de l'accusation, en un mot dans tout ce qui concerne les mesures précédant le jugement. En Angleterre, la police varie suivant les comtés ; elle existe ou n'existe pas, selon les caprices des magistrats. En France, la police judiciaire est un corps soumis à la direction du gouvernement et à son contrôle ; elle est établie dans tout le pays d'après des règles fixes et bien définies. Le prévenu, chez nos voisins, est immédiatement conduit devant un juge de paix, chaque canton en ayant un ; chez nous, il faut le conduire devant le magistrat du comté ; certaines paroisses n'en ont pas, tandis que d'autres en ont cinq ou six. Après le renvoi en jugement du prévenu, l'accusation est confiée au premier venu, souvent à l'avocat, qui s'en charge au prix le plus réduit. En France, chaque arrondissement possède un représentant du ministère public, qu'aide un état-major nombreux et capable, de sorte que l'affaire, au moment du jugement, se présente en état et ne court pas le risque d'être renvoyée, faute de quelque détail ou par suite de quelque omission. Bref, chez nos voisins tout est prévu du commencement à la fin, tandis que chez nous il y a une négligence et une incurie impardonnables, soit qu'il s'agisse de quelques shillings, soit que la question intéresse l'existence de toute une nation[1]. »

Opposer la presse anglaise à la presse française, c'est déjà beaucoup ; mais la presse anglaise n'exprime que des vœux : lorsque le moment sera venu, nous ferons connaître une réforme qui a été introduite dans la législation criminelle de nos voisins, en 1848, et à laquelle nous attachons une très-grande signification.

Le spectacle de ces contradictions est vraiment curieux. Blasés sur les perfections de leurs lois, les Français veulent s'assimiler celles de l'Angleterre, et les Anglais, reconnaissant que les leurs sont mauvaises ou insuffisantes, demandent à s'emparer de celles des Français.

Nous examinerons, dans la suite de cette étude, les motifs de cette double tendance, et nous nous efforcerons de prouver que, si un échange doit être fait entre les deux peuples, l'exportation sera beaucoup moins con-

---

[1] Cet extrait d'un article du *Morning Chronicle* est donné par M. Ernest Bertrand, dans son excellente brochure sur *la Détention préventive en France et en Angleterre*, page 50.

sidérable d'Angleterre en France que de France en
Angleterre.

Déclarons toutefois, dès maintenant, qu'une analyse
impartiale, une critique comparée, un examen approfondi des législations américaine et anglaise sont indispensables à tout jurisconsulte qui veut élargir le cercle de
ses observations et dégager la science de l'ornière dans
laquelle elle courrait le risque d'être ensevelie. La fusion
des races est imminente. L'humanité ne saurait être can-
tonnée sur les rives de la Seine. Hors de France, point
de salut : ce serait là une maxime de sot amour-propre.
Ne confondons pas le patriotisme bien entendu avec
une fausse vanité nationale, qui ne réputerait bonnes que
nos institutions, honnêtes que nos mœurs, et qui nous
ordonnerait le mépris ou l'indifférence pour les mœurs
et les institutions des autres peuples. Soyons moins ex-
clusifs et, par cela même, plus habiles. Sachons nous
assimiler ce qui est digne de nous, et ne repoussons que
ce qui est sans valeur. De même que les empires s'aggran-
dissent par des incorporations et des annexions de terri-
toires, dépouilles opimes de la conquête, tout de même
aussi, et plus sûrement encore, le niveau moral d'une
nation s'élève sous l'action bienfaisante des envahissements et des victoires de la science et de la civilisation.

Un examen comparé de la liberté individuelle en France
et en Angleterre amène à des résultats auxquels on est bien
loin de s'attendre.

La liberté individuelle est la base de la liberté politique
et de toutes les libertés sociales ; elle est le bien le plus

sacré de chaque citoyen. La liberté des cultes, le respect de la propriété privée et l'égalité civile, ne sont que des fictions sans elle ; elle est la mère du droit public de tous les peuples, qui tombent dans les chaînes et les ignominies de la servitude, quand ils en sont privés.

Que de fois n'avons-nous pas entendu proclamer bien haut que la liberté individuelle jouissait, en Angleterre, de priviléges illimités, et que, dans aucun autre pays, elle n'était entourée de garanties plus fermes et plus stables?

La France, au contraire, en aurait toujours été déshéritée! La liberté, individuelle ou politique, n'y germerait que sur une terre mouvante ; son sol serait condamné à une éternelle stérilité! La liberté ne peut se développer à son aise qu'en Angleterre ou en Amérique, au milieu des races anglo-saxonnes ; elle est frappée de mort dès qu'elle pose le pied sur une terre habitée par les races latines! Elle essaie vainement d'y vivre ; elle languit bientôt, elle s'étiole et meurt, comme meurt une plante étrangère sous un climat qui n'est pas le sien! Pour respirer l'air pur et vif des montagnes, il faut une poitrine jeune et robuste ; les faibles n'y résistent pas longtemps. La liberté se tient sur les cimes les plus rudes et les plus élevées : habitués à la température factice des serres chaudes de la centralisation et de l'administration, les Français seraient incapables de supporter les âpres morsures d'une atmosphère livrée à tous les vents les plus froids et à toutes les intempéries les plus violentes!

Laissons de côté, pour un moment, la liberté politique, qui n'est pas du domaine judiciaire, pour ne nous occuper que de la liberté individuelle, qui est de notre compétence.

Nous allons voir que, en cette matière, les louanges accordées à la Grande-Bretagne ont été bien injustes et peut-être bien passionnées.

D'après une statistique publiée en 1861 (*Miscellaneous statistics of the United-Kindom*), le nombre des arrestations, en Angleterre, s'est élevé au chiffre énorme de 434,492 pour l'année 1858, et de 419,029 pour l'année 1859. Pendant les mêmes années, le nombre des arrestations, en France, n'a été que de 66,680 d'une part, et 59,781 d'autre part. Dans la ville de Londres seule, en 1859, il y a eu 74,360 arrestations; pendant la même année, à Paris, il n'y en a eu que 13,106[1].

Ces chiffres sont bien remarquables. Dans le royaume de la Grande-Bretagne, les arrestations sont opérées pour les délits les plus insignifiants, pour les contraventions les plus légères, avec une brutalité et une rigueur excessives, qui ne seraient jamais tolérées chez nous. Le droit d'arrestation appartient non-seulement aux constables, aux agents de la police, mais encore à toute personne lésée. Celui qui, ayant été spectateur d'un flagrant délit, n'arrête pas le coupable, est puni d'une amende et d'un emprisonnement, alors cependant qu'il n'a pas été

[1] Ces chiffres sont tirés de la brochure déjà mentionnée de M. Ernest Bertrand, qui fait remarquer, en outre, la différence des populations, qu'il importe, en effet, de ne pas oublier. En Angleterre, en 1859, il n'y avait que 17,927,609 habitants; en France, il y en avait 36,039,364 : plus du double.

requis par un constable de lui prêter main-forte. Pour
arrêter le coupable, on est autorisé à enfoncer les portes
de sa maison ; on peut même le tuer, lorsqu'il y a nécessité absolue de s'emparer de sa personne et qu'il oppose
une vive résistance. Il est donc faux que la maison de
chaque Anglais soit une citadelle que la foudre frappera,
dont la tempête brisera les portes, mais qui ne s'ouvrira
que devant le propriétaire et les membres de sa famille.
La personne lésée peut faire arrêter le coupable par ses
domestiques et le maintenir en état de détention, en char-
tre privée, jusqu'à l'arrivée d'un agent de police. Lorsqu'il n'y a pas flagrant délit, les droits ne sont pas aussi
étendus. Le domicile et la vie du citoyen doivent être res-
pectés ; mais l'arrestation s'exécute par les voies ordinaires, et il suffit d'un simple soupçon et du fait le plus
minime pour la motiver. Arrêté, le coupable est maintenu
en état de détention provisoire, pendant quelques heures,
souvent pendant plus d'un jour, jusqu'à ce qu'il puisse
être conduit devant le justicier de paix, à moins qu'il ne
soit admis à fournir caution par le constable lui-même.

Cette grande latitude accordée aux constables pour les
arrestations provisoires explique comment leur nombre
a pu dépasser le chiffre exorbitant de 100,000, en 1858
et en 1859.

En Angleterre, l'arrestation est la règle; en France,
elle est l'exception. Au lieu d'être étendue à toutes les
contraventions les plus légères, aux délits les plus insignifiants, elle est resserrée dans des limites étroites, et,
si l'on appliquait à la lettre l'article 106 du Code d'in-

struction criminelle, tout dépositaire de la force publique ne pourrait, sans mandat d'amener, saisir le prévenu, soit surpris en flagrant délit ou dans les cas assimilés au flagrant délit, soit poursuivi par la clameur publique, lorsque le fait n'emporte pas une peine afflictive ou infamante. Lorsqu'il y a flagrant délit et que le fait emporte une peine afflictive ou infamante, l'article 106 enjoint à toute personne de saisir le prévenu ; mais l'injonction est simplement impérative et comminatoire : elle n'est pas sanctionnée par une mesure de répression. Pour qu'il y ait répression, il faut qu'il y ait réquisition préalable. Toutefois la condamnation qui les atteindra n'est pas capable de faire sortir de leur apathie et de leur résistance passive des citoyens trop souvent hostiles aux agents de la force publique et peu soucieux de contribuer, par leur assistance personnelle, au rétablissement de l'ordre momentanément troublé. En Angleterre, la peine est à la fois pécuniaire et corporelle contre les récalcitrants ; en France, elle n'est que d'une amende de quelques francs, que prononce l'article 475, § 12, du Code pénal : Seront punis d'amende, depuis 6 francs jusqu'à 10 francs inclusivement, ceux qui, le pouvant, auront refusé ou négligé de faire les travaux, le service, ou de prêter le secours dont ils auront été requis, dans les circonstances d'accidents, tumultes, naufrage, inondation, incendie ou autres calamités, ainsi que dans les cas de brigandages, pillages, flagrant délit, clameur publique, ou d'exécution judiciaire.

Le domicile du citoyen est inviolable : pendant la

nuit, nul n'a le droit d'y entrer; pendant le jour, il n'est permis d'y pénétrer que selon les termes et dans les cas prévus par la loi.

Si les agents de la force publique procèdent à des arrestations en dehors des flagrants délits et des faits emportant peine afflictive ou infamante, c'est en vertu d'une interprétation de l'article 106 qui a été énergiquement contestée et qui ne se justifie que par les nécessités de la police. D'ailleurs, il est indispensable de constater l'identité des inculpés, et, sans arrestation, cette identité ne serait que bien péniblement établie.

L'arrêt de la Cour de Paris, qui a donné aux gendarmes et aux officiers de paix le pouvoir de procéder à des arrestations sans mandat d'amener, a été rendu, à la date du 27 mars 1827, dans des circonstances mémorables.

On peut regretter qu'il ait faussé et dénaturé le sens de l'article 106; mais, si cette jurisprudence n'existait pas, il faudrait en édicter les principes dans un nouveau texte de loi, en révisant l'article contesté.

Il ne pourrait en être autrement. Si chaque individu soupçonné d'un délit entrait en lutte avec l'agent qui veut l'arrêter et le conduire devant le procureur impérial, les malfaiteurs auraient bientôt raison des gendarmes et des sergents de ville. La Cour de Paris n'a donc fait que consacrer dans sa jurisprudence un pouvoir et un droit qui devraient être inscrits dans la loi [1].

[1] « C'est à l'occasion d'un article publié par un avocat à la Cour de Paris, M. Isambert, que cet arrêt intervint. L'auteur

Dans toutes les autres circonstances, les agents de la force publique ne procèdent à des arrestations qu'en vertu de réquisitions spéciales du ministère public et de ses auxiliaires, ou de mandats émanés du juge d'instruction. Inculpant l'honneur des prévenus et des accusés,

avait voulu démontrer que, sauf dans le cas de flagrant délit, le droit d'arrestation sans mandat n'appartenait à personne, et que dès lors tout citoyen pouvait refuser d'obéir à l'agent de la force publique qui prétendrait l'arrêter sans lui représenter l'ordre d'arrestation. Il fut traduit devant les tribunaux pour répondre de cette doctrine, et la Cour royale, en le déchargeant de toute condamnation, proclama solennellement le droit qu'il avait contesté. Les avocats du prévenu étaient M. Barthe et M. Dupin, et tous deux invoquaient avec ardeur le droit à la résistance. « Si un agent qui n'est pas autorisé à m'arrêter, disait M. Barthe, me demande ma bourse, serai-je obligé de la lui donner? Eh bien! si je fais autant de cas de ma personne que de mon argent, accordez-moi le droit de défendre ma personne. » Et M. Dupin ajoutait, avec la véhémence pittoresque de son langage libéral d'alors : « On peut donc repousser l'agent, et si, dans ce débat, il en coûte une oreille à Malchus, tant pis pour Malchus! » La Cour se garda de donner raison à ces arguments, et elle accorda à la police administrative, représentée, disait-elle, par les gendarmes et les officiers de paix, le pouvoir de se passer d'un mandat pour disposer de la liberté d'un prévenu. « Dans la fable du Loup et de la Chèvre, faisait observer l'un des avocats de M. Isambert, il ne suffit pas de dire : Foin de loup, pour entrer. Montrez-moi patte blanche, ou je n'ouvrirai pas, répond le chevreau, car

..... Patte blanche est un point
Chez les loups, comme on sait, rarement en usage. »

« La patte blanche, pour le prévenu qu'on veut arrêter, c'est le mandat, et l'injonction qui lui est faite par certains agents tient lieu de mandat : il peut donc être obligé de se laisser arrêter sans qu'on lui justifie que son arrestation soit légalement ordonnée. » *La Liberté individuelle,* par M. Lefèvre-Pontalis, article publié dans la livraison de la *Revue des Deux-Mondes* du 15 août 1860.

les plaçant sous le coup d'une mesure coactive qui cause à leur famille, à leur fortune et à leur position sociale, en même temps qu'à leur honneur, un préjudice considérable, les mandats du juge d'instruction ne doivent être décernés que s'il existe des indices, des probabilités, des charges assez graves pour les motiver.

Il s'ensuit, par conséquent, que la liberté individuelle est plus efficacement protégée en France qu'en Angleterre.

Avant de blâmer notre jurisprudence, qui se fonde sur une nécessité absolue, il faudrait que la comparaison avec la loi anglaise et les pouvoirs énormes qu'elle confie aux constables lui fût défavorable. Or cela n'est pas.

En 1858, pour la ville de Londres seulement, il a été opéré par les agents de police 74,360 arrestations; à Paris, il n'y en a eu que 13,106; nous l'avons dit tout à l'heure.

En 1862, le nombre des arrestations a été plus considérable. L'état CXXX des affaires entrées et des individus interrogés au petit parquet du tribunal de la Seine nous donne un chiffre de 18,878 prévenus, dont 14,486 ont été placés sous mandat de dépôt et 4,392 mis en liberté dans les vingt-quatre heures.

Les petits parquets de Marseille, Bordeaux, Lyon et Toulouse, ont interrogé dans les vingt-quatre heures 13,767 inculpés, parmi lesquels 6,557 ont été mis en liberté, 3,737 renvoyés à l'instruction, 2,971 retenus à la disposition de l'autorité administrative, et 502 renvoyés devant l'autorité militaire ou maritime.

Ces chiffres sont toujours inférieurs à ceux que four-
nissent les statistiques anglaises et témoignent en faveur
de la police de notre pays.

La modération de nos agents et de nos commissaires
est bien connue. On vante beaucoup celle des agents de
nos voisins. Cependant, chaque année, les condamnations prononcées pour attaques et outrages contre les
policemen sont très-nombreuses, et c'est là, ce nous
semble, un grave démenti au prétendu respect dont ils
sont entourés. M. Ernest Bertrand constate qu'il est
intervenu 2,709 condamnations de ce genre, en 1859,
et 3,207, en 1860, pour Londres seulement : 110 inculpés ont été renvoyés devant le jury pour des attaques
d'un caractère plus violent.

Voilà ce qu'il faut bien examiner et peser, avant de
porter un jugement sur la manière dont la liberté individuelle est pratiquée dans les deux pays.

Nous ne parlerons pas de la loi extraordinaire de
sûreté générale¹, loi d'exception, qui fut la conséquence

---

¹ « Voyons donc si la première (la politique libérale) est en
elle-même une politique de perdition. Que demanderait-elle de
si monstrueux? Par exemple, l'abandon définitif de la loi extraordinaire de sûreté générale. Née de l'attentat d'Orsini, qu'elle
n'eût pas empêché, cette loi a été l'accompagnement de la
retraite de M. Billault, rappelé depuis et avec tant de confiance,
et pour une si haute fortune si promptement perdue. Elle allait
de pair avec le ministère inattendu et si profondément oublié du
général Espinasse. Assurément, ce n'est pas aux amis du gouvernement de prétendre qu'après douze ou quinze ans d'existence, après s'être si souvent prévalus des témoignages de l'as-
sentiment national, il ait besoin des mesures préventives dont

de l'atroce attentat du 14 janvier 1858. Nous estimons, avec M. Lefèvre-Pontalis, que ce ne sont pas les lois d'exception qui mettent, de nos jours, la liberté individuelle en grand péril. Que l'on consulte les statistiques judiciaires et administratives, et l'on se convaincra que cette loi de sûreté générale, qui sans doute n'a empêché ni l'attentat d'Orsini, après lequel elle a été rendue, ni les attentats qui l'ont suivie, et qui bientôt touche au terme de son existence, n'a fait que bien peu de victimes. Comme le constate encore M. Lefèvre-Pontalis, depuis que S. M. l'Empereur a décrété solennellement l'amnistie au lendemain de la guerre d'Italie, les lois ordinaires ont été remises en vigueur. Les républicains, qui font un crime à l'Empire d'avoir conservé la loi de 1858, oublient que c'est à eux que sont dues l'invention et l'inauguration, non-seulement de l'état de siége, mais encore de la transportation par jugements des conseils de guerre.

Apprécions la situation politique et sociale de notre nation avec sang-froid, sans passion et sans emportement, sans flatteries et sans dénigrements systématiques. La loi de sûreté générale, dite loi des suspects, qui fournit, chaque année, à l'opposition, un thème fertile en récriminations amères, n'est qu'une arme de pro-

on se passait avant lui, et que le Code d'instruction criminelle ne puisse lui suffire. Ce qui donne à la force un air de faiblesse, au risque de la rendre odieuse, ne peut être une prérogative qui vaille ce qu'elle coûte. » *De la Situation politique en France*, par M. Charles de Rémusat, *Revue des Deux Mondes*, livraison du 15 octobre 1804.

tection et de défense nationales, que le gouvernement,
animé de sentiments pacifiques et paternels, a laissée
lui-même, bien volontairement, se rouiller et s'émousser,
entre ses mains.

Néanmoins, il est juste de reconnaître que, sur les
434,492 individus qui ont été arrêtés, en 1859, dans le
royaume de la Grande-Bretagne, 36,342 seulement ont
été maintenus en état de détention préventive. En France,
le nombre des individus arrêtés et relâchés immédiatement ne nous est pas connu; mais celui des détenus
préventivement, dans le cours de la même année, a été
de 66,680. Notre population étant un peu plus du double
de celle de l'Angleterre (36,039,364 habitants contre
17,927,609), l'avantage nous reste encore, et l'on peut
dire que, même au point de vue de la détention préventive, nous n'avons rien à envier à nos voisins[1]. Dès lors,
quelle conclusion tirerons-nous de cette comparaison?
Nous bornerons-nous à nous féliciter des résultats matériels qu'elle consacre? Non. Nous en conclurons que
la réputation de libéralisme de la loi anglaise est usur-
pée, puisqu'elle respecte moins que la nôtre la liberté
individuelle, soit au point de vue de l'arrestation provisoire, soit au point de vue de l'emprisonnement préventif; toutefois, nous nous garderons bien de prétendre
qu'il n'y ait rien à corriger ni à l'une ni à l'autre.

Il est possible, en effet, de prouver que la loi française
vaut mieux que la loi anglaise; mais il n'en résultera

[1] Consulter la brochure de M. Bertrand, p. 29 et suivantes.

point nécessairement que la loi française soit parvenue au sommet de l'échelle de perfection, et qu'il ne lui en reste plus aucun degré à gravir. Notre Code d'instruction criminelle n'a pas toujours été bien inspiré, et il est vrai que les ordonnances de 1539 et de 1670 ont exercé sur l'esprit de ses rédacteurs une influence qui s'y fait sentir trop puissamment dans plusieurs de ses dispo- sitions.

Si nous ne craignions d'excéder les bornes de cet essai, qui n'a pour but que l'examen et la discussion d'un nou- veau projet de loi que nous proposons, nous indiquerions quelles sont, d'un autre côté, les dispositions qui nous paraissent inacceptables dans la législation et dans l'or- ganisation judiciaire des Anglais; nous nous efforcerions de faire comprendre combien est défectueuse l'institution de leurs juges uniques, que l'on a voulu tout récemment établir à Paris, à Lyon et dans quelques grandes villes de province; combien aussi sont sujettes à de justes cri- tiques la pluralité et la division infinie de leurs juridic- tions. Nous sommes obligé de nous abstenir des contro- verses qui ne se rapportent pas directement à notre sujet, et nous n'y toucherons qu'en passant, lorsque nous appré- cierons les qualités et les vices de la procédure publique.

De ce double examen ressortirait une haute leçon. Nous regrettons qu'il ne nous soit pas possible de nous y livrer ici. Nous aurions voulu établir, sur de nombreux points de comparaison, que le libéralisme de la loi an- glaise n'est, dans bien des cas, qu'une illusion de ses admirateurs, une création de leur fantaisie et de leur

imagination, tandis que celui de la loi française, qui est
bien loin, sans doute, d'être aussi large qu'il le devrait,
est cependant une réalité saisissable, et non une thèse
idéale.

Pour nous en tenir à la question de la liberté individuelle, les documents de la statistique, dont personne
ne récusera valablement l'autorité, nous font toucher du
doigt la véritable situation des choses et les effets incontestables des attributions de la police judiciaire des deux
nations.

Être appréhendé au corps et conduit entre deux gendarmes, à travers les rues de toute une ville, au commis-
sariat de police ou au parquet du procureur impérial,
c'est l'outrage le plus sanglant que puissent souffrir la
réputation, la dignité et l'amour-propre même d'un
honnête homme.

Tel serait le sort, pourtant, d'un très-grand nombre
de citoyens honorables, si l'on importait en France le
système anglais. Avec ce système, en effet, le chiffre des
arrestations annuelles, en tenant compte de la différence
des populations, s'élèverait à près de 900,000 : une
arrestation sur 37 ou 38 habitants.

Est-ce là ce que vous nommez la liberté individuelle ?
Belle liberté, vraiment, que celle qui permet à l'action
de la police tant d'empiètements sous les prétextes les
plus futiles !

Rassurez-vous, s'écrie-t-on. Les arrestations ne sont
que provisoires ; elles ne durent que quelques heures.
Ce n'est qu'une formalité : on est élargi immédiatement.

On est élargi immédiatement ou à peu près! Est-ce bien sûr? Et, d'ailleurs, n'a-t-on pas subi une cruelle humiliation et une flétrissure qui souille l'intégrité de la considération la plus irréprochable? Le bienfait de l'élargissement ne compense pas entièrement le mal qui est résulté de l'emprisonnement, si abrégé qu'il soit.

L'emprisonnement n'aurait-il pas lieu, le mal est encore trop grand pour le citoyen qui a été arrêté sur la voie publique et dirigé, sous les regards d'une foule curieuse, hostile, disposée à la calomnie et avide de scandale, vers le lieu où siège le magistrat, auquel appartient le droit de confirmer l'arrestation ou d'ordonner l'élargissement.

Les habitants de Londres s'accommodent de ces rigueurs. Est-ce bien exact? Néanmoins, tous ne s'y soumettent pas sans protestation, et nous en avons la preuve dans l'énorme quantité des condamnations prononcées en matière d'attaques, d'outrages et de voies de fait contre les policemen.

Nous avons rapporté, d'après les chiffres recueillis par M. Bertrand, qu'il y avait eu, en 1860, 3,207 condamnations de ce genre pour la ville de Londres seulement.

Voici les chiffres que nous copions, pour Paris, sur le compte de l'administration de la justice criminelle. En 1862, le tribunal de la Seine a condamné 479 individus pour outrages et violences envers des magistrats de l'ordre administratif ou judiciaire et des agents de la force publique; il en a condamné, en outre, 782 pour rébellion; le total est 1,261, qui laisse bien en arrière celui de 3,207.

Appliquez à Paris le système anglais des arrestations illimitées, et vous ne tarderez pas à voir le nombre des rébellions et des outrages contre nos sergents de ville atteindre et dépasser même celui des rébellions contre les policemen. Le caractère français s'en accommoderait beaucoup moins encore et les réclamations seraient beaucoup plus énergiques.

Notre caractère, en effet, ne se ressent-il pas toujours de la vieille mutinerie gauloise ?

On nous répondra que la liberté individuelle réside surtout dans les garanties qui sont données à chaque citoyen pour obtenir sans délai son élargissement. Oui, elle réside dans ces garanties; mais elle réside aussi dans les restrictions du pouvoir d'arrestation des gendarmes et des agents de la force publique. Elle se compose d'un double droit: le droit de libre circulation et le droit de n'être retenu en état de détention que dans les circonstances spécialement déterminées par la loi. L'arrestation inutile, inopportune, arbitraire, est une offense aussi grave à la liberté individuelle que la prolongation inutile, inopportune, arbitraire et impolitique, de l'emprisonnement préventif.

La question a deux faces: l'une a autant d'importance que l'autre.

Nous avons donc raison de prétendre que la liberté individuelle est moins bien protégée en Angleterre qu'en France, puisque l'un des droits essentiels dont elle se compose, le droit de n'être appréhendé au corps que dans des circonstances très-graves, y est étrangement méconnu.

M. Bertauld distingue quatre espèces de libertés : la liberté morale, la liberté civile, la liberté nationale, la liberté politique[1].

M. Jules Simon en distingue cinq espèces : la liberté

[1] *La Liberté civile*, par M. A. Bertauld, professeur à la Faculté de droit de Caen, pag. 5. — « Un homme de grand esprit, l'abbé Galiani, parlant de la liberté de la presse, que Turgot, en 1774, voulait établir par édit, écrivait très-sérieusement : « Dieu vous préserve de la liberté de la presse établie par édit ! Rien ne contribue davantage à rendre une nation grossière, à détruire le goût, à abâtardir l'éloquence et toute sorte d'esprit. Savez-vous ma définition du sublime oratoire ? C'est l'art de tout dire sans être mis à la Bastille, dans un pays où il est défendu de rien dire.... La contrainte de la décence et la contrainte de la presse ont été les causes de la perfection de l'esprit, du goût, de la tournure chez les Français. Gardez l'une et l'autre, sans quoi vous êtes perdus.... Vous serez aussi rudes que les Anglais sans être aussi robustes... » L'abbé Galiani en parlait un peu à son aise. La liberté de la presse n'a pas été accordée, elle a été conquise ; elle n'a pas vérifié toutes les craintes du spirituel abbé, mais seulement quelques-unes. Elle a trouvé un correctif dans l'esprit français lui-même, qui, tout en s'émancipant, s'est encore imposé de certaines règles et de certaines difficultés pour avoir le plaisir de s'en jouer. Il existe une presse, et c'est la seule estimée, qui se commande à elle-même cette retenue dont la loi, à la rigueur, l'affranchit. Cette presse y gagne en esprit et en trait. Nous sommes en voie peut-être, sur trop d'articles de nos mœurs, de devenir aussi rudes que les Anglais et les Américains : mais, par moments aussi, dans le journal et dans le pamphlet, Voltaire nous reconnaîtrait encore. » M. Sainte-Beuve, *Causeries du lundi*, t. Ier, pag. 17. — Le célèbre critique des *Causeries du lundi* se montre bien indulgent, on en conviendra, pour l'opinion si étrange et si paradoxale de l'abbé Galiani. Le plaisir de la difficulté tournée et vaincue ne mérite pas tant de grâce à nos yeux.

du foyer, la liberté du capital, la liberté de l'atelier, la liberté des cultes et la liberté de penser.

L'objet de la liberté est complexe. Et d'abord, qu'est-ce que la liberté? Adopterons-nous la définition de M. Bertauld : l'affranchissement, pour l'activité individuelle, de tout pouvoir qui n'est pas avoué par la justice et par la raison?

Négligeons toutes les classifications et toutes les définitions qui regardent les libertés du capital, de l'atelier, des cultes et de la pensée, pour fixer notre attention sur la liberté du foyer domestique.

Nous répétons que la liberté du foyer domestique ou liberté individuelle par excellence, première condition de la liberté civile, est la base de toutes les autres libertés.

Deux pouvoirs sont constamment en présence : la souveraineté sociale et la souveraineté individuelle. Constamment en présence, ils sont aussi constamment en guerre. La souveraineté sociale domine la souveraineté individuelle dans tous les pays qui ne sont pas livrés à l'anarchie; mais il ne faut jamais que la souveraineté individuelle soit absorbée entièrement par la souveraineté sociale. Les écarts de la souveraineté sociale produisent le despotisme; les écarts de la souveraineté individuelle produisent la démagogie.

Suivant que l'une l'emporte modérément ou immodérément sur l'autre, un État est libre ou asservi, soit que sa constitution revête la forme républicaine, soit qu'elle revête la forme monarchique : c'est sous le nom do république que le plus cruel et le plus sanguinaire despotisme a sévi en France, de 1791 à 1795.

Au point de vue politique, on assure que la souve-raineté individuelle l'emporte, en Angleterre, sur la souveraineté sociale. C'est une erreur. Il y a plutôt équilibre entre ces deux souverainetés que suprématie de l'une sur l'autre, et, si l'on approfondissait bien l'étude des institutions anglaises, on reconnaîtrait peut-être que la souveraineté sociale domine la souveraineté individuelle au point de vue politique, comme elle la domine incontestablement au point de vue judiciaire.

En France, la suprématie de la souveraineté sociale sur la souveraineté individuelle ne peut pas être niée, au point de vue politique; au point de vue judiciaire, elle est moindre, et il serait facile de la diminuer encore.

D'où vient cette suprématie au point de vue politique? Quelles en sont les causes?

Ainsi que nous le remarquions plus haut, on l'attribue à la différence des races; on allègue que notre origine, notre éducation, notre religion et notre caractère même, nous condamnent éternellement à la privation de la liberté.

On l'explique par ces considérations de Montesquieu :

« La loi, en général, est la raison humaine, en tant qu'elle gouverne tous les peuples de la terre, et les lois politiques et civiles de chaque nation ne doivent être que les cas particuliers où s'applique cette raison humaine.

» Elles doivent être tellement propres au peuple pour

3

lequel elles sont faites, que c'est un très-grand hasard si celles d'une nation peuvent convenir à une autre.

» Il faut qu'elles se rapportent à la nature et au principe du gouvernement qui est établi ou qu'on veut établir, soit qu'elles le forment, comme font les lois politiques; soit qu'elles le maintiennent, comme font les lois civiles.

» Elles doivent être relatives au physique du pays; au climat glacé, brûlant ou tempéré; à la qualité du terrain, à sa situation, à sa grandeur; au genre de vie des peuples, laboureurs, chasseurs ou pasteurs : elles doivent se rapporter au degré de liberté que la constitution peut souffrir; à la religion des habitants, à leurs inclinations, à leur nombre, à leur commerce, à leurs mœurs, à leurs manières[1].....»

L'autorité de Montesquieu est d'un poids considérable dans toute discussion. Cependant, si les mœurs des Français ont été, pendant de longs siècles, assouplies à la souveraineté sociale, il serait inique de méconnaître

[1] *Esprit des lois*, livre I**, chap. III, des Lois positives. — M. de Maistre avait sous les yeux ce chapitre de Montesquieu, quand il écrivait : « Qu'est-ce qu'une constitution? N'est-ce pas la solution du problème suivant?

» Étant données la population, les mœurs, la religion, la situation géographique, les relations politiques, les richesses, les bonnes et les mauvaises qualités d'une certaine nation, trouver les lois qui lui conviennent.

» Une constitution qui est faite pour toutes les nations n'est faite pour aucune : c'est une pure abstraction, une œuvre scolastique faite pour exercer l'esprit d'après une hypothèse idéale, et qu'il faut adresser à l'homme dans les espaces imaginaires où il habite. »

leurs inclinations actuelles, qui lui sont contraires et qui s'expriment hautement dans le sens d'un affranchissement prochain.

Nos lois politiques sont en contradiction avec nos inclinations nouvelles. Or que sont les lois sans les mœurs? *Quid leges sine moribus?* Des abstractions, des thèses scolastiques, ou des réglementations irritantes qui amènent des révolutions et des bouleversements terribles. Point de milieu.

Nous n'en sommes point là, évidemment; le spectre de la révolution est bien loin derrière nous. Mais qu'on y prenne garde: la fièvre et la surexcitation de l'opinion publique ont besoin d'être calmées. Nos lois politiques ont fait nos mœurs jusqu'ici; nos mœurs s'élèvent, en ce moment, au-dessus de nos lois politiques : il est urgent de leur donner une prompte satisfaction[1].

Quelle sera cette satisfaction? Les hommes d'État cherchent une constitution parfaite; malheureusement, ils ne l'ont pas encore trouvée : ils ne s'entendent pas même sur les articles fondamentaux du préambule. Que sera-ce donc du corps de l'œuvre? Tout est matière à controverse.

[1] « .... Il faut l'avouer, quelque bien faites que soient les lois, le pouvoir pourra les enfreindre, ou les faire tourner à son profit, si l'opinion publique n'est pas toujours prête à l'arrêter lorsqu'il s'écarte de la justice. En effet, une loi ou une charte, privée de l'appui général de l'opinion, n'est qu'un chiffon de papier. Mais elle devient une arche sainte lorsque l'intérêt public en garantit tous les mots, et qu'en effacer un, ou ne pas les exécuter tous, est pour le pouvoir un arrêt de mort. » *Œuvres de Napoléon III*, t. Ier, p. 420.

Los uns no sollicitent qu'un acte additionnel à la constitution de l'Empire, et ce sont ceux que, pour notre part, nous suivons avec une grande sympathie; les autres voudraient (nous ne nous occupons pas des systèmes intermédiaires) que l'on implantât en France la constitution de la Grande-Bretagne.

Un acte additionnel? Pour nous, qui avons foi dans le génie politique de S. M. l'Empereur Napoléon III, nous le désirons et nous l'attendons. Il viendra en temps opportun, nous n'en doutons pas[1].

[1] « .... Placé si loin de cette intelligence, de cette volonté souveraine, nous paraîtrions présomptueux, presque téméraire, d'aspirer à nous en faire entendre; mais ne peut-il pas s'élever, du sein de tant d'opinions moins suspectes, une voix respectueuse, flatteuse même, mais libre et sensée, qui sache exprimer les pensées que voici : Après des jours de tempêtes, le trouble général des idées, des intérêts, des passions, a fait prévaloir sur toute autre nécessité la nécessité de l'ordre. L'établissement d'un pouvoir qui prétendît surtout à la force est devenu possible. Il s'est établi par la dictature, et, grâce à l'entraînement d'une idée dominante, grâce à la popularité d'un grand nom, le suffrage démocratique a donné un titre et ouvert un champ à un gouvernement dont la création pendant près de quarante années aurait été la plus chimérique des tentatives. Ce gouvernement s'est affermi par la tranquillité et la prospérité publiques, par la guerre et la victoire; démentant de sombres prédictions, il a su faire halte dans la guerre comme il avait su ne pas s'endormir dans la paix. Il lui reste à donner le même exemple dans la politique intérieure, l'exemple de s'arrêter quand il le faut, d'éviter les extrêmes et de changer à temps. » — *De la Situation politique de la France*, par M. Charles de Rémusat; article publié par la *Revue des Deux-Mondes*, dans son numéro du 15 oct. 1861. — Cet article est empreint d'une modération à laquelle nous nous plaisons à rendre hommage.

La constitution de la Grande-Bretagne? L'importation
en est-elle possible et souhaitable? Notre scepticisme à
cet égard se fonde sur des raisons puissantes.

La différence des races, selon nous, ne suffit pas,
prise isolément, à justifier la diversité des législations.

Il est de mode, aujourd'hui, d'accorder au climat, à
la situation géographique, au caractère et à la religion,
une influence que l'on s'efforce d'étendre aussi loin que
possible. On suit en cela les préceptes de Montesquieu,
et l'on répète après lui que c'est un très-grand hasard
si les lois d'une nation peuvent convenir à une autre.

Il est périlleux de pousser un raisonnement à l'extrême. Il est certain qu'un peuple catholique a reçu une
éducation tout autre que celle d'un peuple mahométan :
mais entre Londres et Paris la distance n'est pas aussi
grande qu'entre Paris et Constantinople.

Prenez un habitant de Dunkerque et un habitant de
Perpignan ; ce ne seront pas les mêmes hommes : l'un
sera peut-être protestant ; l'autre, à coup sûr, sera catholique. Le premier se rapprochera de la race saxonne,
et le second pourra être classé dans la race latine la plus
pure, car sa filiation est plutôt espagnole que française.
Soutiendrez-vous qu'il faille deux lois : l'une pour Dunkerque, l'autre pour Perpignan ; l'une pour Strasbourg,
l'autre pour Bayonne ou pour Nice? C'est pourtant là
où vous conduirait la stricte application du principe de
Montesquieu.

Un auguste écrivain a consacré, dans ses œuvres, un
chapitre à la liberté individuelle en Angleterre, qu'il

comble de louanges, et il apprécie admirablement, en quelques mots, le côté faible et le côté fort des institutions des deux nations rivales.

« En général, c'est une vérité de dire qu'il y a plus de liberté en Angleterre et plus d'égalité en France. Cela se conçoit facilement d'après l'organisation des deux sociétés. Dans les pays où il existe une aristocratie puissante, les grandes familles furent toujours les défenseurs zélés des libertés, parce qu'elles en avaient besoin pour elles-mêmes, comme garantie contre le pouvoir monarchique, tandis qu'elles s'opposèrent toujours à l'égalité, parce qu'elle attaquait leurs priviléges[1]. »

Imiter et copier servilement la constitution de la Grande-Bretagne, ce serait nous ramener à l'oligarchie parlementaire. La France aspire-t-elle à supprimer l'égalité, qui est sa conquête, et à ressusciter une aristocratie que Louis XI et Richelieu ont détruite? Qui l'osera prétendre?

L'égalité, c'est le côté fort de nos institutions ; le manque de liberté est leur côté faible, suivant l'auguste écrivain dont nous invoquons l'éclatant témoignage et qui, dans le même chapitre du premier volume de ses œuvres, nous livre sa pensée tout entière sur la liberté individuelle.

« L'Empereur Napoléon a dit au Conseil d'État un mot qui mérite la plus profonde méditation de la part des hommes politiques : « Il n'y a pas d'esprit public en

---

[1] *Œuvres de Napoléon III*, t. 1ᵉʳ, p. 411.

France, parce que la propriété y est dans la dépendance. »
L'Empereur voulait dire sans doute qu'il manquait à la
France, après avoir été bouleversée si longtemps, cet esprit
calme, modéré, régulateur, qui oblige les passions et
toutes les violences à tomber au niveau général de l'opinion publique; cet esprit susceptible et plein de pudeur,
qui rougit et s'irrite dès qu'on touche aux lois qui pro-
tégent le foyer domestique.

» Il est hors de notre sujet d'examiner ce que l'Empereur entendait dire par la dépendance de la propriété;
mais il nous suffit de constater ce fait, qu'en France, où
l'on se montre si jaloux de tout ce qui touche à l'égalité et à l'honneur national, on ne s'attache pas religieusement à la liberté individuelle. Qu'on trouble la
tranquillité des citoyens, qu'on viole leur domicile,
qu'on leur fasse subir pendant des mois entiers un
emprisonnement préventif, enfin qu'on méprise les garanties individuelles : quelques hommes généreux élève-
ront la voix, mais l'opinion publique restera calme et
impassible, tant que vous n'éveillerez pas une passion
politique.

» Là git la plus grande raison de la violence du pouvoir:
il peut être arbitraire, parce qu'il ne trouve pas de frein
qui l'arrête. En Angleterre, au contraire, les passions
politiques cessent devant une violation du droit commun.
C'est que l'Angleterre est un pays légal et que la France
ne l'est pas encore devenue; c'est que l'Angleterre est
un pays fortement constitué, tandis que la France lutte
tour à tour depuis quarante ans entre les révolutions et

les contre-révolutions, et que *la religion des principes y est à créer* [1]. »

Ceci a été écrit il y a plus de vingt ans; depuis cette époque, l'esprit public a changé; la religion des principes et notamment celle du respect dû au foyer domestique se propagent ouvertement et font, chaque jour, un très-grand nombre de prosélytes. L'opinion ne resterait plus calme et impassible si l'on touchait aux garanties individuelles; elle se soulèverait tout entière pour les revendiquer. Elle ne se contente plus déjà des garanties que possède la liberté individuelle en vertu du Code de 1808; elle en exige d'autres.

Ces garanties, nous avons prouvé qu'elles étaient plus grandes en France qu'en Angleterre, relativement au pouvoir d'arrestation attribué à la police.

Mais il est un point où la législation anglaise a devancé la nôtre dans la voie du progrès. Là, notre infériorité est manifeste : nous voulons parler de la liberté provisoire sous caution.

Le chapitre VIII du livre I" du Code d'instruction criminelle de 1808, intitulé: *de la Liberté provisoire et du Cautionnement*, contient quatorze articles qu'il faut supprimer entièrement et remplacer par de nouvelles dispositions, que nous essayerons de réunir en un projet de loi dont la substance appartiendra à la législation britannique.

En Angleterre, l'arrestation est une règle générale,

[1] Pages 420 et 421.

mais tempéré par le droit commun de la mise en liberté provisoire sous caution. En France, l'arrestation est moins générale, moins étendue; mais aussi la liberté individuelle n'y est pas sauvegardée par la pratique du cautionnement. Le principe de la liberté provisoire et du cautionnement est bien inscrit dans le Code d'instruction criminelle, puisqu'il y remplit un chapitre spécial; mais il y est si maladroitement réglementé qu'il demeure inerte et inappliqué.

En Angleterre, l'arrestation est le droit commun; mais le droit commun de l'arrestation est mitigé par un autre droit commun, non moins énergique, celui du cautionnement.

En France, la liberté sans caution est le droit commun. Or la liberté sans caution est plus bienfaisante pour le citoyen que la liberté sous caution. En 1862, par exemple, 74,933 affaires ont été portées directement à l'audience par les procureurs impériaux, c'est-à-dire sans instruction préalable et sans prison préventive. En Angleterre, les prévenus de ces 74,933 inculpations eussent été, au moins pour la plupart, assujettis à l'obligation de fournir caution. Il en résulte, par conséquent, que notre droit commun de la liberté sans caution est beaucoup plus favorable que le droit commun de la liberté sous caution de nos voisins. Cela est vrai. Cependant, il est encore plus exact de dire que les Anglais abusent du cautionnement, tandis que, nous autres, nous n'en usons pas assez. Chez nos voisins, on abuse et des arrestations et du cautionnement. On arrête pêle-mêle honnêtes gens et malfaiteurs, pour des faits sans aucune importance et sur de simples dénonciations; on exige des cautionnements pour des faits également sans aucune importance. Chez nous, les arrestations sont opérées avec plus de précaution et de prudence, et l'on n'exige pas le moindre cautionnement pour les délits minimes et les contraventions qui, à Londres, le motiveraient; notre liberté sans caution serait un principe irréprochable, si elle n'était pas absorbée trop facilement par la détention préventive. Nous ne maintenons en liberté que les inculpés de délits insignifiants; il faudrait pouvoir y maintenir les inculpés de délits plus graves, en substituant la garantie du cautionnement à la garantie de la détention préventive. C'est pourquoi nous émettons, dès maintenant, six propositions que nous développerons successivement et qui toutes convergent vers un centre unique : la mise en liberté provisoire avec ou sans caution.

1° La liberté individuelle est mieux protégée en France qu'en Angleterre; les arrestations y sont plus légitimes et réduites à des proportions plus équitables.

2° La détention préventive doit être conservée comme mesure d'instruction, mais autant que possible restreinte aux circonstances graves et exceptionnelles.

3° La garantie de la détention préventive ne peut être suppléée que par un cautionnement efficace, dont le taux sera déterminé par le juge d'instruction suivant la gravité des faits et la position pécuniaire des délinquants.

4° Le cautionnement sera affecté à une double garantie:

d'abord, à la représentation des inculpés à tous les actes de la procédure, et à l'exécution corporelle des jugements à intervenir; ensuite au payement des frais du procès, des amendes et des réparations attribuées à la partie civile.

5° La liberté provisoire, avec ou sans caution, deviendra le droit commun en matière correctionnelle.

6° En matière criminelle, elle pourra être accordée ou refusée; refusée, si le titre de l'accusation emporte des peines afflictives et infamantes perpétuelles; accordée, si les peines ne sont qu'infamantes, ou si les peines afflictives et infamantes ne sont que temporaires.

Telles seront les conclusions de la thèse que nous allons poursuivre, en prenant la question à son origine même, qui est la légitimité de la détention préventive et de la procédure secrète, pour aboutir aux restrictions dont la détention préventive, si légitime qu'elle soit, a besoin d'être entourée.

II

La liberté de circulation a été octroyée par la plupart
des gouvernements européens. Les passe-ports ont été
supprimés pour la Belgique, l'Angleterre, l'Espagne et
plusieurs autres Etats. La France a longtemps résisté à
l'entraînement général ; elle a fini, toutefois, par suivre
l'exemple qui lui venait de tous les côtés. Est-ce un
bien? Est-ce un mal? L'avenir le dira. Jusqu'à présent,
la liberté de circulation ne paraît pas avoir entraîné de
trop graves inconvénients.

A qui profite-t-elle cependant? Aux malfaiteurs, c'est
incontestable. C'est à eux surtout qu'elle a été utile;
c'est leur cause qu'elle a le mieux servie. Les Etats se
renvoient de l'un à l'autre l'excédant de leurs industriels
tarés, des escrocs, des gens qui vivent de rapines et de
vols, et qui, après avoir exploité Londres ou Bruxelles,
viennent à Paris couper les bourses des passants et
tendre des piéges habilement artisés à l'inépuisable cré-
dulité de victimes sans cesse averties et sans cesse dupées
et dépouillées. Mais les honnêtes gens supportaient impatiemment les formalités gênantes de la police; il leur

était pénible de se soumettre à ces formalités, dont ils n'apercevaient que le côté inquisitorial, sans y voir le but de surveillance, de protection et de sauvegarde, qu'elles remplissaient. Du reste, on avait reconnu que les malfaiteurs étaient toujours assez ingénieux pour se procurer les passe-ports les plus réguliers et les plus parfaits. Autant valait, par conséquent, les abolir pour tout le monde, de façon à ce qu'aucun voyageur, sans distinction de moralité, de position sociale et d'antécédents, ne fût arrêté sur sa route et retardé à la frontière par des entraves inutiles, désagréables et blessantes[1].

La liberté de circulation n'est-elle pas un antécédent favorable à la suppression de la détention préventive? N'est-ce pas un acheminement vers cette suppression?

Peu à peu disparaissent les plus vieilles entraves administratives, et ce que l'on croyait très-solide la veille est renversé le lendemain.

Mais est-il bon que la détention préventive soit abolie? Son abolition ne serait-elle pas très-dangereuse?

Commençons par rappeler les principes que le législateur a invoqués pour l'établir. Tout à l'heure nous exposerons les critiques dont elle est l'objet.

« La détention préalable des inculpés, écrit M. Faustin

---

[1] « On ne gêne en rien (en Angleterre) la première de toutes les libertés, celle d'aller où bon vous semble, car on n'exige de personne ces passe-ports, *invention oppressive du Comité de salut public,* et qui sont un embarras et un obstacle pour les citoyens paisibles, sans arrêter, en aucune façon, ceux qui veulent tromper la vigilance de l'autorité. » — *Œuvres de Napoléon III*, t. Ier, p. 417.

Hélie dans son *Traité d'instruction criminelle*[1], n'est point une peine, car aucune peine ne peut exister là où il n'y a point de coupable déclaré par jugement, là où il n'y a point de condamnation. Cette détention, si on la décompose dans ses différents éléments, est à la fois une mesure de sûreté, une garantie de l'exécution de la peine et un moyen d'instruction : une mesure de sûreté, car un premier crime peut entraîner son auteur à en commettre un autre, et, dans certains cas, notamment dans le cas de flagrant délit, la présence de l'agent, demeuré libre sur les lieux, pourrait causer des troubles ; une garantie de l'exécution du jugement, car il pourrait se dérober par la fuite au châtiment qui le menace, ainsi qu'aux réparations civiles dont il a contracté la dette ; un moyen d'instruction, car, d'une part, la justice puise une partie de ses preuves dans les interrogatoires et les confrontations de l'inculpé, et, d'une autre part, il importe de ne pas lui laisser la faculté de faire disparaître les traces du crime, de suborner les témoins, de se concerter avec ses complices. C'est sous ces trois aspects qu'elle doit être examinée pour reconnaître le droit de son application et les limites où elle doit s'arrêter. »

Ce sont bien là, en effet, les trois nécessités qui ont entraîné et justifié l'établissement de la détention préventive, dans l'esprit des rédacteurs du Code d'instruction criminelle.

[1] Tom. V, p. 748.

La détention préventive n'est pas un châtiment ; on l'a très-bien définie : une injustice nécessaire.

Il y a injustice, en ce sens que l'inculpé est retenu sans jugement. Il est innocent, peut-être ; vous l'obligez à subir la honte et le préjudice matériel d'un emprisonnement inutile. S'il est coupable, aucun tribunal n'a prononcé encore sa condamnation. Dans les deux cas, il est privé de sa liberté, sans droit absolu. Mais la raison d'État exige cette exception toute spéciale ; l'intérêt général commande ce sacrifice de l'intérêt privé.

La détention préventive est d'abord une mesure de sécurité sociale.

Un individu vient de commettre un crime : ou bien il a été surpris en flagrant délit, ou bien il est désigné par la clameur publique.

Le laisserez-vous en liberté? Ce sera lui concéder le pouvoir de se livrer trop facilement à de nouvelles violences, de continuer, de compléter et probablement aussi d'augmenter son œuvre ; ce sera l'abandonner, sans aucun frein, à l'entraînement, à la surexcitation de ses passions coupables, à l'aveuglement et à la domination de ses instincts sanguinaires. De dangereux qu'il était, il deviendra terrible. Attendra-t-il paisiblement le résultat des investigations toujours lentes de la justice? Non. Il ne s'en tiendra pas à son premier forfait. Dès lors, pourquoi ne l'arrêteriez-vous pas? Pourquoi ne pas le mettre, au moins momentanément, en état de ne plus nuire? N'est-ce pas un droit manifeste pour la société, le droit de légitime défense, en même temps qu'une disposition de sauvegarde générale? Comme le dit très-justement M. Faustin Hélie, c'est le péril de la cité qui fait ce droit; elle s'empare de l'inculpé, comme elle saisirait les fous et les furieux qui divagueraient sur la voie publique. Mettre le criminel en état de ne plus nuire, au moins momentanément, c'est un acte de légitime défense exercé contre lui; agir ainsi, ce n'est pas porter atteinte à la liberté individuelle, car la liberté de commettre de nouveaux crimes prend un autre nom; elle dégénère en licence et en désordre. Respecter une telle liberté, c'est obéir à de funestes scrupules, qui ne se comprendront jamais.

La cité n'est pas seule intéressée à cette arrestation.

L'inculpé lui-même, qu'il soit innocent ou coupable, court le plus souvent un danger imminent.

Si le crime est atroce, s'il a consterné et indigné tout une ville, l'inculpé a besoin de protection, car il n'échappera que difficilement à la fureur populaire.

Si, en France, nous n'assistons pas à ces spectacles effrayants dont les journaux américains nous donnent de fréquents récits, à ces exécutions sommaires et cruelles, qui ont lieu en dehors de toute garantie judiciaire; si, en un mot, la lugubre loi de Lynch n'est pas appliquée chez nous, c'est précisément parce que l'inculpé est soustrait, dès que le crime a été accompli et dès le commencement de l'instruction, aux vengeances immédiates, aux châtiments irrémédiables qui le frapperaient sans pitié, et qui causeraient des scandales, des troubles aussi profonds que ceux dont le crime même est l'occasion.

L'arrestation provisoire est à la fois, par conséquent, et une condition de la paix publique pour la cité, et une sauvegarde naturelle pour l'inculpé.

Pour la cité, elle empêche l'accomplissement de nouveaux crimes ; pour l'inculpé, elle oppose les portes de la maison d'arrêt aux violences de la fureur populaire.

La légitimité de la détention préventive se trouve, en second lieu, dans la garantie de l'exécution des jugements.

« C'est la certitude de la peine, dit encore M. Faustin Hélie, qui fait sa plus grande force, et il est évident qu'elle cesserait d'être efficace, s'il était possible de se dérober à son application. »

Laissez l'inculpé en liberté. Le plus souvent, il saura se soustraire par la fuite à la condamnation qui a été prononcée contre lui.

Ici, il y a pareillement deux intérêts en jeu : celui de la société et celui de la partie civile, celui de l'État et celui de la victime.

L'intérêt de l'État ? Il est considérable.

S'il demeurent impunis, les crimes et les délits seront plus multipliés. L'impunité donne aux malfaiteurs plus d'assurance et plus d'audace ; ils sont séduits par le succès. Échappant à la répression, ils ne sont désormais retenus par aucune considération morale, religieuse ou matérielle. C'est la crainte du châtiment qui les arrête. Enlevez-leur cette crainte, vous les encouragez à recommencer plusieurs fois ce qui leur a déjà si bien réussi, vous ouvrez un vaste champ à la trop facile poursuite de leurs entreprises les plus cupides et les plus sanglantes.

L'intérêt de la victime ? Il n'est pas moins précieux.

En se dérobant à l'exécution du jugement, l'inculpé emportera avec lui les valeurs dont il s'est emparé; il les fera disparaître commodément, et plus tard il en jouira dans le lieu de sa retraite. Vous empêchez donc toute restitution; vous compromettez, vous lésez les intérêts de la partie civile.

Ne serait-il pas permis, cependant, d'établir une distinction entre les individus domiciliés et les individus sans domicile; entre les vagabonds sans ressources, sans feu ni lieu, et ceux qui ont un établissement fixe, une fortune, un état quelconque, des propriétés et une position pécuniaire qui soient de nature à offrir des garanties sérieuses à la justice ?

Le vagabond, ou celui qui ne possède rien, n'offre à la justice aucune autre garantie que celle de sa propre personne : s'il prend la fuite, il ne laisse derrière lui aucun gage.

Celui qui, au contraire, possède un champ, une maison, une usine, celui qui dirige un commerce ou une industrie, ne peut pas tout emporter avec lui.

Le riche serait-il donc affranchi de la détention préalable, tandis que le pauvre y serait assujetti ?

Que deviendrait alors le principe, non pas seulement de l'égalité des peines, puisque la prison préventive ne doit jamais être considérée comme une peine, mais de l'égalité et de l'uniformité dans les moyens d'instruction, dans les mesures d'information? L'instruction serait-elle pleine d'atténuations et de douceurs pour les uns, de duretés et de rigueurs pour les autres?

Lorsque l'on s'engage dans la voie scabreuse des distinctions, on est conduit à en admettre de toutes sortes. On se demandera, par exemple, si la détention préalable est nécessaire pour toutes les infractions à la loi pénale, ou s'il n'est pas opportun de la restreindre à certains crimes emportant peine afflictive et infamante. Pour les contraventions, cela va de soi : l'emprisonnement préventif ne leur est jamais appliqué. Pour les crimes graves, la nécessité a été démontrée; mais pour la plupart des crimes, que l'on appellera secondaires, accidentels, et qui ne révèlent pas chez leurs auteurs une perversité de caractère exceptionnelle, l'arrestation sera-t-elle aussi légitime, surtout lorsque l'indignation publique n'est pas fortement excitée, lorsqu'il n'y a pas danger social, trouble de la paix, émotion dans la cité? Et pour les délits, qui ne présentent que très-rarement ces caractères de danger et ne produisent guère ces émotions profondes que soulèvent les crimes atroces, abolirez-vous la détention préventive, en règle générale, ou ferez-vous des classifications, des divisions et des subdivisions qui embrasseront chaque nature de faits, ordonnant l'arrestation provisoire contre ceux-ci, en exemptant ceux-là? Pourquoi non? répondez-vous. Ce sera difficile, sans doute; ce sera un travail très-délicat et très-long; mais ce sera l'œuvre d'une législation consciencieuse.

Nous apprécierons plus tard, à l'occasion de la mise en liberté provisoire sous caution, ce que cette proposition peut contenir de réalisable. Bornons-nous, pour le moment, à signaler les inconvénients du système qui maintiendrait l'arrestation provisoire au préjudice des inculpés qui n'ont ni domicile, ni ressources pécuniaires, et l'abrogerait pour ceux qui possèdent quelque bien.

Indépendamment de l'inégalité que nous avons relevée tout à l'heure, indépendamment de ce qu'il y a d'inhumain et de choquant dans la théorie du privilége concédé au riche, abstraction faite enfin de la difficulté d'expliquer, en droit strict autant qu'en morale bien entendue, la différence du traitement qui serait infligé au pauvre, ne savons-nous pas que la plupart des fortunes, aujourd'hui, se composent de valeurs mobilières ou peuvent être converties promptement en valeurs de ce genre?

Il est incontestable que l'inculpé qui est domicilié ne se résoudra qu'à la dernière extrémité à quitter sa famille, ses amis, ses propriétés, le centre de ses intérêts et de ses affections, la ville où ses travaux, ses affaires, ses entreprises, le retiennent. S'il prenait la fuite, ses intérêts se trouveraient fortement compromis, sa fortune péricliterait. D'ailleurs, il serait poursuivi par la police, et il serait bientôt en proie à tous les tourments, à toutes les angoisses de cette poursuite. Obligé de se cacher, de prendre un masque, de changer de nom, il ne serait en sûreté que quand il aurait mis le pied hors du sol de la France. L'expatriation serait son suprême espoir, mais un espoir bien fragile, depuis que la réciprocité des lois sur l'extradition lui rend inutile et suspect son refuge dans la plus grande partie des États de l'Europe. Où irait-il? Ne préférera-t-il pas attendre le résultat du jugement qui le menace et qui le frappera plus sévèrement encore s'il est absent que s'il est présent? Par son absence, il n'empêchera pas la condamnation d'atteindre son nom, sa réputation, son honneur, et de lui imprimer une flétrissure indélébile. Oui, cela est vrai, le plus souvent; mais le contraire est vrai très-souvent aussi. Avant tout, préoccupés des fuites scandaleuses qui pourront avoir lieu, les partisans du maintien de la détention préventive ne reconnaissent qu'avec peine les garanties effectives que présente le prévenu domicilié. Ils objectent qu'avec la liberté de circulation, avec la rapidité des voyages en chemin de fer et la possibilité de convertir les valeurs immobilières en valeurs mobilières facilement transportables, les malfaiteurs audacieux auraient trop beau jeu.

Depuis que la propriété foncière, suivant la belle expression de M. Jules Favre, n'est plus une souveraineté jalouse défendue par le casque et le cimier, et que, dans le mouvement de la civilisation moderne, elle est devenue citoyenne[1], l'homme n'est plus attaché à l'immeuble, et les mutations s'opèrent avec une rapidité que nos ancêtres n'ont pas connue.

Dans l'état actuel de nos mœurs, qu'importe au possesseur de valeurs considérables, à l'homme qui est

[1] Plaidoirie de Mᵉ Jules Favre pour Mᵐᵉ la duchesse de la Rochefoucauld-Doudeauville contre M. Émile Pereire. Revendication du nom du château d'Armainvilliers. — *Gazette des Tribunaux*, nᵒ du 28 juillet 1863.

maître de richesses, de capitaux acquis par la fraude, de vivre en Italie, en Angleterre, en Allemagne, plutôt qu'en France? Ne trouvera-t-il point partout, à Naples, à Madrid, à Vienne, à Londres, à Bruxelles, les mêmes jouissances qu'à Paris? Les effets de l'extradition, on les évite, quand on est habile. On change de nom et de visage; on se perd dans une grande ville. La police n'est pas partout aussi bien faite qu'en France. Pour les chevaliers d'industrie, pour les escrocs, pour la tourbe des malfaiteurs de la classe la plus infime, l'expatriation n'a jamais été une peine, un supplice; pour les malfaiteurs d'une classe plus relevée, pour les banqueroutiers frauduleux, par exemple, la patrie n'a pas, non plus, des attraits irrésistibles. Il n'y a plus de frontières, il n'y a plus de Pyrénées pour eux, depuis bien longtemps. Chacun emporte sa patrie dans son portefeuille; c'est encore une application du système anglais : là où il leur sera permis de résider librement et de consommer sans inquiétude les fruits de leurs spoliations, ils se feront une nouvelle patrie qui leur permettra d'oublier l'ancienne.

Il en résulte que vous favorisez l'inexécution des jugements, et que, par l'inexécution des jugements, vous ouvrez toutes les barrières, vous renversez toutes les digues devant la marée montante des crimes et des délits. Vous restez sourds aux cris d'alarme qui sont poussés en Angleterre, où la classe des malfaiteurs s'est accrue dans des proportions effrayantes. Vous oubliez que la certitude du châtiment exerçait une influence puissante sur les esprits faibles, qui étaient retenus sur la pente du crime par la crainte d'une arrestation immédiate; vous oubliez aussi que, pour les criminels plus endurcis, qui ne sont pas ordinairement retenus par cette crainte, vous doublez, vous décuplez les chances de fuite, de telle sorte que la certitude de la peine, autrefois une réalité, ne sera désormais qu'un vain mot, une image effacée, un épouvantail ridicule, une arme émoussée entre les mains débiles des magistrats, qui n'auront plus qu'à condamner des contumaces et à prononcer des jugements par défaut rendus pour la forme contre des délinquants insaisissables[1].

La légitimité de la détention préventive réside, en troisième lieu, dans la nécessité de rendre l'information plus efficace, plus active, plus prompte et plus sûre. La détention préventive est un moyen énergique d'instruction. Si la magistrature en était privée, elle ne réussirait presque jamais à rassembler les éléments, les preuves de la culpabilité des inculpés; elle serait arrêtée à chaque pas dans ses constatations. Des trois fondements de la détention préventive, le maintien de la paix publique,

---

[1] Le célèbre Blackstone, le plus ardent défenseur du droit sacré de la liberté individuelle, le reconnaît lui-même, dans ses commentaires sur les lois anglaises : « Une exemption absolue de l'emprisonnement dans tous les cas est une chose incompatible avec toute idée de droit et de société politique; si cette exemption était admise, il serait impossible de protéger le droit et la société, et toute liberté civile serait insensiblement détruite. » Cité par M. Ernest Bertrand, *de la Détention préventive en France et en Angleterre*, page 4.

l'intérêt de l'exécution des jugements et l'efficacité de
l'instruction, le troisième n'est certes pas ni le moins
important, ni le moins nécessaire à l'administration de
la justice et à la manifestation de la vérité.

Supposons que l'inculpé reste libre : il pourra anéantir
les preuves, intimider les témoins, les corrompre, se
les rendre favorables par la prière, par les sollicitations,
par la menace même, et combiner avec eux les dépositions
qu'ils sont appelés à faire.

Il mettra en mouvement toutes ses influences. Entrer
en lutte directe avec le juge, lui opposer mille obstacles
infranchissables; rendre d'avance stériles toutes les per-
quisitions qui seraient opérées dans son domicile; s'entendre avec ses coprévenus; inventer et bâtir un système
de défense; accumuler incidents sur incidents, contradictions sur contradictions; conduire le magistrat instructeur à travers un dédale de mensonges, de fourberies et
de machinations frauduleuses, dont il aura seul le fil et
dans lequel l'information égarée, errant à l'aventure,
s'agitera en pure perte : telles seront les entreprises inévitables de l'accusé maintenu en liberté. Il sera maître
de l'instruction; non-seulement il en entravera le cours,
mais encore il imposera partout sa volonté indomptable
avec une odieuse arrogance.

Quant aux confrontations et aux interrogatoires, qui
sont des actes essentiels dans la procédure inquisitoriale
et qui doivent être accomplis en temps opportun, ménagés
avec soin, habilement déduits, ils seront impossibles.

Comment parvenir, dès lors, à confondre les intrigues

et les mensonges de l'accusé? Si ce n'est dans les cas de flagrant délit, lorsque le coupable aura été surpris sur le fait même, une instruction ne rassemblera que bien rarement, de loin en loin, des charges suffisantes pour motiver son renvoi en police correctionnelle ou devant la cour d'assises.

L'impunité, voilà où nous entraînerait l'abolition de la détention préventive. Or l'impunité est un fléau redoutable, un dissolvant rapide et terrible. Par elle, les mœurs se relâchent, les crimes se multiplient et la société est livrée sans défense au déchaînement des passions humaines.

III

« Le droit de la détention préalable est donc incontestable : la société, soit dans l'intérêt de sa sûreté, soit dans
l'intérêt de sa justice, peut l'appliquer ; elle agit en vertu
du principe de conservation, qui est, en général, la loi
de ses actes. Mais ce droit, s'il n'élève aucun doute, ne
doit-il prendre aucune limite? De ce qu'il est légitime,
s'en-suit-il qu'il ne doive être soumis à aucune condition?
C'est la nécessité qui l'a établi : il doit donc cesser partout où cette nécessité n'est pas démontrée.

« C'est la nécessité qui l'a établi. Quel est son titre, en
effet? Comme mesure de sûreté, c'est le péril social;
comme garantie de l'exécution du jugement, c'est le péril
d'une justice désarmée; comme moyen d'instruction,
c'est encore le péril d'une procédure impuissante. Ainsi,
c'est l'urgence, c'est le danger des circonstances, c'est
la nécessité des choses qui l'a instituée. Elle n'a point
d'autre titre. Elle ne peut invoquer le droit de la justice,
puisqu'elle ne sévit point contre un coupable, mais contre
un prévenu : puisqu'elle ne se fonde point sur un jugement, mais sur une simple présomption : puisque le

droit de la justice est précisément ce qui est en question.
Elle ne peut invoquer le fait même de la poursuite,
puisque la procédure a pour objet de vérifier si cette
poursuite est fondée ou ne l'est pas, et, par conséquent,
si la détention a ou n'a pas une cause valable. Il est donc
certain que cette mesure n'est légitime que parce qu'elle
est nécessaire. C'est là l'unique raison de son institution,
le seul titre de son existence[1]. »

Dans ces quelques lignes, M. Faustin Hélie détermine
parfaitement le caractère de la détention préventive, qui
sert de rempart contre un triple péril: le péril social, le
péril d'une justice désarmée et le péril d'une procédure
impuissante. Son titre, le seul titre de son existence,
est la nécessité. Il en résulte, par conséquent, qu'elle
devrait être repoussée dès qu'il n'y aurait plus péril ni
pour la société, ni pour la justice, ni pour la procédure.

Les adversaires de la prison préventive affirment que
ce triple péril n'existe que dans des circonstances exceptionnelles, et ils proposent de restreindre l'arrestation
provisoire, sinon de la supprimer tout à fait, et de ne
l'appliquer qu'à ces seules circonstances.

Il faudrait prendre un à un tous les articles du Code
pénal, examiner chaque nature, chaque catégorie de
crimes et de délits, et distinguer ceux dans lesquels ces
circonstances exceptionnelles existent ou peuvent exister,
de ceux dans lesquels elles n'existent jamais ou presque
jamais.

[1] M. Faustin Hélie, *Traité de l'instruction criminelle*, t. V.

En supposant qu'un pareil travail ne soit pas possible ou qu'il entraîne trop de difficultés, on laisserait au juge d'instruction le soin de décider, sur les conclusions du ministère public et les observations du défenseur de l'inculpé, s'il y a péril à ordonner l'arrestation provisoire. La décision du juge d'instruction pourrait être frappée d'un appel, qui serait porté devant la chambre des mises en accusation.

Mais on a contesté radicalement le titre même, le fondement de la détention préalable, la justification de son existence : la nécessité, le droit de précaution et de sauvegarde. Quelques esprits absolus ont été jusque-là.

Passons rapidement en revue les objections qui ont été soulevées. Nous ne pouvons les rappeler toutes ; ce serait un travail trop long. Nous avons choisi les plus importantes ou tout au moins celles qui ont excité les plus vives contradictions. On comprendra que notre rôle, dans ce chapitre, consiste en grande partie à rapporter quelques passages des auteurs qui ont traité cette matière. Il en est un surtout qui, par l'élévation de son esprit, la netteté et la correction de son style, la force mêlée de grâce de son talent et l'ancienneté de ses convictions, a attiré et retenu notre préférence, c'est M. Laboulaye. Bien que nous nous permettions d'être quelquefois en désaccord avec lui, nous professons pour ses œuvres un culte tout particulier, que nous reconnaissons bien volontiers ici. On en verra bien la preuve dans les citations que nous allons faire. Nous avions d'abord voulu ne donner qu'un résumé, une analyse. C'était atténuer et détruire ce qu'il y a d'attrayant et de si lucidement exposé dans un livre que tout le monde a lu, que tout le monde possède, *Paris en Amérique*, mais qu'il est toujours agréable de relire.

Nous ne ferons qu'une seule observation, qui précédera toutes celles que nous aurons l'occasion de développer plus tard, au fur et à mesure que nous avancerons dans la poursuite de cette étude; c'est que le système américain est l'exagération du système anglais. En théorie, il plaît beaucoup, il séduit les philanthrophes, les publicistes et les jurisconsultes eux-mêmes; en pratique, il perd la plupart de ses qualités. Les Américains commencent à s'en fatiguer: ils lui reprochent d'aboutir généralement à la négation de la répression pénale.

C'est sous le bénéfice de cette observation que nous plaçons toutes les critiques qui ont été dirigées contre la détention préventive.

Le premier fondement de la détention préventive, aux yeux de ses partisans, est la question de nécessité sociale. Or la nécessité sociale n'est-elle pas une fausse idée d'utilité?

« Les fausses idées que les législateurs se sont faites de l'utilité sont une des sources les plus fécondes en erreurs et en injustices.

» C'est avoir de fausses idées d'utilité que de s'occuper plus des inconvénients particuliers que des inconvénients généraux; que de vouloir comprimer les sentiments naturels, au lieu de chercher à les exciter: que d'imposer silence à la raison et de dire à la pensée: Sois esclave.

« C'est avoir encore de fausses idées d'utilité que de sacrifier mille avantages réels à la crainte d'un désavantage imaginaire ou peu important.

» Celui-là n'a certainement pas des idées droites, qui voudrait ôter aux hommes le feu et l'eau, parce que ces deux éléments causent des incendies et des inondations, et qui ne sait empêcher le mal que par la destruction.

» On peut regarder aussi comme contraires au but d'utilité les lois qui défendent le port d'armes, parce qu'elles ne désarment que le citoyen paisible, tandis qu'elles laissent le fer aux mains du scélérat, trop accoutumé à violer les conventions les plus sacrées, pour respecter celles qui ne sont qu'arbitraires.... [1] »

Ne pourrait-on pas s'emparer de ces réflexions si justes de Beccaria et les appliquer aux principes qui servent à maintenir la prison préventive? Ne pourrait-on pas soutenir que la nécessité, dont il est tant parlé, n'est qu'une fausse idée d'utilité, et que, notamment pour le péril social, prétendre que l'inculpé laissé en liberté aura trop beau jeu pour commettre de nouveaux crimes, ou qu'il sera lui-même en danger de mort, si le courroux populaire est déchaîné contre lui, c'est s'occuper beaucoup plus des inconvénients particuliers que des inconvénients généraux, et sacrifier mille avantages réels à la crainte d'un désavantage imaginaire ou peu important?

En France, l'initiative individuelle n'est pas assez développée. Nous sommes trop habitués à compter sur la

[1] Beccaria, *Traité des délits et des peines*, édition de M. Faustin Hélie, page 191.

protection vigilante du gouvernement. Ne vaudrait-il pas mieux réserver aux citoyens le soin de se défendre et de se protéger eux-mêmes? Avertis par un premier crime, ils se tiendraient sur leurs gardes et empêcheraient le malfaiteur d'en commettre un second. La police, d'ailleurs, le surveillerait sans cesse; elle le surveillerait activement, et pour s'opposer à l'accomplissement d'un nouveau forfait, et pour s'opposer à ce que le courroux populaire ne s'exerçât contre lui. Voilà pour le péril social.

Quant au péril d'une justice désarmée, l'exécution des jugements étant indispensable au point de vue des réparations publiques comme au point de vue des réparations privées, ne serait-il pas facile d'y pourvoir amplement, au moyen de la liberté provisoire accordée sous une caution sérieuse?

Fixez un cautionnement qui soit une véritable garantie, comme en Angleterre. Les dispositions de votre Code d'instruction criminelle sont insuffisantes; aussi sont-elles inappliquées.

Le prévenu s'est dérobé par la fuite à l'exécution corporelle de la sentence judiciaire qui l'a frappé ? Peu vous importe, vous en êtes débarrassés: il a quitté la France. Les frais, les dépenses de la procédure, seront prélevés sur le montant du cautionnement et versés au Trésor; il en sera de même de l'amende, si elle a été prononcée. La partie civile viendra ensuite et recueillera l'indemnité qui lui sera due. Le reste du cautionnement sera confisqué.

Une peine pécuniaire est substituée à une peine corporelle. Le châtiment est affaibli ? Écoutez Montesquieu :

« Nos pères, les Germains, n'admettaient guère que des peines pécuniaires. Ces hommes guerriers et libres estimaient que leur sang ne devait être versé que les armes à la main. Les Japonais, au contraire, rejettent ces sortes de peines, sous prétexte que les gens riches éluderaient la punition. Mais les gens riches ne craignent-ils pas de perdre leurs biens? Les peines pécuniaires ne peuvent-elles pas se proportionner aux fortunes? Et enfin ne peut-on pas joindre l'infamie à ces peines?

» Un bon législateur prend un juste milieu : il n'ordonne pas toujours des peines pécuniaires; il n'inflige pas toujours des peines corporelles [1]. »

Nos lois contiennent beaucoup trop de peines corporelles, qui auraient dû et qui devraient, dans un très-grand nombre de délits principalement, être remplacées par des peines pécuniaires.

Les gens riches éluderaient-ils la loi? Montesquieu nous fait remarquer avec raison que la perte de leur fortune équivaut pour eux à un châtiment corporel, d'autant plus que l'infamie se joindra aux peines pécuniaires comme aux autres peines. D'ailleurs, les peines exclusivement pécuniaires seraient repoussées dans les cas graves.

La confiscation du cautionnement sera une peine pécuniaire ayant pour but de garantir la représentation des inculpés et leur obéissance aux injonctions de la

---

[1] Montesquieu, *Esprit des Lois*, liv. VI, chap. XVIII.

justice pendant toute la durée de la procédure, jusqu'à l'exécution de la sentence de condamnation. L'inculpé est fortement intéressé à l'obéissance passive. S'il se dérobe à l'exécution du jugement, il perd de plein droit toutes les sommes qu'il a versées, lorsqu'il a été admis à caution, et qui sont définitivement acquises à l'État. En outre, il n'est pas délivré des poursuites de la police : tant qu'il n'aura point prescrit sa peine, il pourra être appréhendé au corps et jeté en prison. Son intérêt bien compris le porte donc plutôt à rester qu'à s'enfuir.

Est-il immoral de placer la garantie pécuniaire au-dessus de la garantie corporelle ?

Imitez l'Angleterre ; imitez l'Amérique :

« Nos vieilles lois saxonnes, que vous trouvez dures et que je trouve justes et douces, prennent toujours souci de ménager la liberté. Hormi les crimes atroces, elles s'attaquent à la bourse et non pas à la personne du coupable. Si le vrai moyen d'arrêter l'homme que la passion entraine est de lui mettre sous les yeux la responsabilité qui l'attend, rien ne vaut les peines pécuniaires, croyez-en l'expérience. Il est des pays où l'adultère est une gentillesse ; le manque de foi, un jeu permis ; le duel, un exploit qui honore jusqu'au scélérat. Chez nous, on ne séduit ni la femme ni la fille de son voisin, et on ne tue pas les gens pour réparer l'injure qu'on leur a faite. Pourquoi? Par la raison toute prosaïque qu'il faut payer quinze ou vingt mille dollars chacune de ces aimables folies. Personne ne se soucie de se

ruiner pour être la fable de la ville, et avoir les rieurs
contre soi par-dessus le marché.

« Telle est la loi ; un usage dix fois séculaire en
a consacré la force et la sagesse. Mais que faire quand
le condamné n'a rien ? Faut-il donner au pauvre un
privilége d'impunité, faut-il sacrifier la liberté par amour
de l'uniformité ? Nos ancêtres ont décidé, et nous avons
gardé leur maxime : Qui ne peut payer de sa poche
paye de sa peau : *luat cum corio*. Chez nous l'amende
est la règle, la prison est l'exception. Pourquoi ? Parce
que la liberté est le principe ; à vrai dire, la prison n'est
qu'un moyen d'exécution contre un débiteur insolvable.
Que voyez-vous d'injuste en tout ceci ?...

« Il y a deux espèces d'égalité : l'une, qui ne convient
pas aux sociétés humaines, est cette égalité matérielle
et brutale qui ne tient compte ni de l'âge, ni du rang,
ni de la fortune. Les mêmes peines, dans des conditions
inégales, c'est l'égalité absolue et la suprême injustice.
L'autre égalité est celle qui proportionne le châtiment,
non pas à la définition du délit, qui n'est qu'un mot,
mais à l'acte même et à la personne du coupable. Au
riche une lourde amende, au pauvre une amende légère, et, à défaut du payement, quelques jours de
prison, c'est une loi où la justice et l'égalité véritables
trouvent leur compte, non moins que la liberté[1]. »

Vous prétendez vainement que, par la substitution

---

[1] *Paris en Amérique*, par le docteur René-Lefebvre, parisien,
de la Société des contribuables de France et des administrés de
Paris, p. 280 et 281.

des peines pécuniaires aux peines corporelles, on créé
deux poids et deux mesures, en autorisant le riche,
grâce à son argent, à assouvir toutes ses passions, à
se donner le luxe de tous les vices, et en condamnant
le pauvre seul au supplice de l'emprisonnement, conséquence fatale de sa misère. C'est forcer le système,
en exagérer les effets. Montesquieu vous l'enseigne :
il ne faut pas toujours ordonner des peines pécuniaires ;
il ne faut pas toujours infliger des peines corporelles.
Les unes doivent être combinées sagement avec les
autres, et nous nous plaignons de ce que, dans la loi
française, les peines corporelles occupent une place
trop considérable. Que le riche, grâce à son argent,
puisse se permettre tous les vices, payer ses désordres,
acheter l'impunité, ce n'est pas ce que nous demandons.
Il y a un moyen terme à prendre : nous voulons que
vous l'observiez.

La substitution des peines pécuniaires aux peines
corporelles est surtout commandée en matière d'emprisonnement préventif. Emprisonner tout le monde ou
n'emprisonner personne, voilà deux termes extrêmes,
deux termes indiqués par les sophismes de l'égalité
absolue, qui n'est pas du domaine des sociétés humaines.
On ne peut coucher sur le lit de Procuste tous les citoyens, courber leurs fronts sous un niveau brutal, sous
les fourches Caudines de théories inflexibles. On se bor-
nera à poser des règles équitables : la détention préventive ne sera appliquée, sans aucune exception, que dans
les crimes atroces; hormis les crimes atroces, en seront

affranchis, avec caution ou sans caution, tous ceux dont la mise en liberté ne constituera pas un danger pour la paix publique.

La destruction du principe d'égalité du riche et du pauvre devant la loi est le principal argument que font valoir les partisans de la détention préventive, qui reprochent au cautionnement de n'être que la mise en œuvre des doctrines égoïstes de peuples marchands, tels que les Anglais et les Américains, habitués à placer l'argent au-dessus de toute chose et n'ayant conservé, de tous les anciens priviléges, que l'aristocratie de la fortune, aristocratie incapable de sentiments nobles et généreux.

Mais les peuples marchands, qu'il a été autrefois à la mode de mépriser, ont compris, avec un admirable bon sens, que la définition du délit ou de l'infraction à la loi pénale n'est qu'un mot. Ce que le législateur et le magistrat doivent s'étudier à envisager, c'est l'acte en lui-même sans doute, mais c'est aussi la personne du coupable; car la loi qui ne se compose que de théories et d'abstractions pourra bien être une loi savante, mais non une loi pratique et humaine.

La loi française se tient dans les nuages; la loi américaine rase la terre, où sont les hommes.

Tout ceci n'a trait qu'au péril d'une justice désarmée; tout ceci n'a pour objet que l'exécution des sentences judiciaires, qui sera garantie par le dépôt de cautionnements proportionnés à la gravité des faits et à la position pécuniaire des inculpés.

Reste le péril d'une procédure impuissante. Ici, les

critiques deviennent plus ardentes et plus acerbes. Les avantages de la procédure inquisitoriale sont déniés ; on déclare qu'il est temps de remplacer cette procédure inquisitoriale, empruntée presque tout entière aux plus mauvais souvenirs de l'ancien régime, par une procédure plus douce, plus charitable et mieux appropriée aux besoins, aux tendances, aux mœurs et aux aspirations de la société actuelle ; on se plaint amèrement de voir le législateur se renfermer dans une abstention que l'on considère comme déplorable, dans une résistance despotique dont souffre la civilisation, tandis que, s'il consentait à rayer de nos Codes les dispositions qui consacrent l'instruction secrète, il rendrait à l'humanité un immense bienfait. Nous sommes au cœur même de la question. Les systèmes anglais et américain sont invoqués et prônés plus que jamais.

L'auteur de *Paris en Amérique*, ouvrage remarquable qui a obtenu un si légitime succès, lors de sa publication, en 1863, a résumé, en quelques pages pleines de finesse, d'esprit et d'aperçus saisissants, toutes les qualités que l'on prête à ces deux systèmes. Paris, dans ce volume, est subitement transformé en ville américaine, par l'effet d'une baguette magique. La métamorphose s'est opérée dans un rêve de malade : *ægri somnia*. Le docteur René Lefebvre, parisien, de la Société des contribuables de France et des administrés de Paris, est devenu Américain malgré lui, et il se trouve aux prises avec des usages, des idées, des institutions, qui le jettent dans une stupéfaction profonde. Un jour, il assiste à l'audience d'un juge de paix, non pas d'un juge de paix semblable à ceux qui siégent aux mairies des vingt arrondissements du Paris réel, mais d'un juge de paix américain. Deux policemen y amènent « un homme de grande taille, maigre, la figure cave, les yeux ardents, l'air d'un joueur qui a risqué sa vie sur une carte et qui a perdu. » Ce Yankee est accusé d'un crime de faux ; il a fait usage d'une fausse traite de deux mille dollars, qu'il a fabriquée lui-même. Le juge de paix le laisse en liberté, moyennant deux cautions de cinq mille dollars chacune. Le docteur René Lefebvre s'en indigne. Il engage la conversation suivante avec le juge Humbug, son ami :

« — Laisser en liberté ce faussaire, dis-je à Humbug, y pensez-vous ? Il a des complices, il les avertira, et de plus il se sauvera.

» — La loi, répondit le juge, n'établit la prison préventive que pour les crimes emportant la peine capitale. En tout le reste, elle s'en remet à la discrétion du magistrat. Pourquoi voulez-vous que j'ôte à cet homme le moyen de se défendre ? Est-ce afin qu'il comparaisse en cour d'assises comme une victime, et que l'intérêt s'attache, non pas au volé, mais au voleur ? Il faudra des vérifications, des expertises, des enquêtes ; est-ce que tout cela peut se faire à l'aveugle, en l'absence du prévenu ? Est-ce que l'accusé n'a pas le droit de discuter et de critiquer toutes les charges amoncelées contre lui ? L'instruction criminelle n'est pas une peine, c'est la recherche de la vérité.

» — Avec votre fausse humanité, m'écriai-je, vous

désarmez la société ; ce n'est pas ainsi que j'entends la justice.

» —Comment donc l'entendez-vous ? demanda Humbug.

» —Permettez-moi une comparaison, répondis-je. Dans la société, comme dans une forêt, il y a des oiseaux de proie, des animaux de rapine : ce sont les ennemis auxquels la police et la justice font une chasse continuelle. La police les traque, la justice les attend au passage ; le magistrat, chasseur habile, abat et détruit cette engeance maudite. Demandez au loup une caution, offrez un sauf-conduit au renard, vous verrez ce que deviendront les moutons et les poules. Protéger les honnêtes gens, c'est le premier devoir de la justice ; aux méchants, elle ne doit que le châtiment et l'extermination.

» —Cher ami, dit Humbug, vos plaisanteries sont cruelles :

> *Quænam ista jocandi*
> *Sævitia.*

» S'il y a des loups parmi les pauvres humains, ce que je suis loin de nier, au moins ont-ils la même peau que les brebis ; avant de tuer le brigand, il faut le reconnaître. C'est là une œuvre qui demande une main plus délicate que celle du chasseur. La justice n'est, sous un autre nom, que la société, mère de tous les citoyens ; jusqu'à la condamnation, elle croit à l'innocence de ses enfants. Cette confiance maternelle n'est pas un vain mot ; c'est une tendresse active qui protège et soutient le prévenu, sans l'abandonner d'un moment. Vous croyez peut-être que c'est le jury qui punit le crime ? Détrompez-vous. L'instruction se fait chez nous d'une façon si large, si libre,

si généreuse, qu'à vrai dire c'est le coupable qui se
condamne lui-même et qui accepte l'expiation. Suivez nos
cours d'assises, vous verrez que ce qui désarme l'accusé,
c'est la douceur même de notre procédure. Attaqué, on
se révolte; insulté, on outrage; l'orgueil et la colère soutiennent le scélérat tout autant que l'honnête homme;
mais se justifier qu... d les faits seuls vous accusent, exposer simplement sa conduite, rendre compte de ses
actions, c'est le privilége de l'innocence. Rien n'effraye
un criminel comme de se sentir seul en face de lui-même,
ayant pour témoins et pour juges le président qui le protége et le jury qui l'écoute. Aussi le plus souvent finit-il
par avouer sa faute ou par se renfermer dans un silence
qui est un aveu. Ce que vous appelez la faiblesse de nos
lois est ce qui en fait la vertu et la beauté[1]. »

On nous pardonnera d'avoir reproduit cette longue
conversation, qui fait ressortir si nettement les principaux arguments de la thèse contraire à la prison préventive. Le livre de *Paris en Amérique*, dont nous repro-
duirons encore quelques fragments, contient trois chapitres intitulés : *les Ennuis d'un fonctionnaire américain,
l'Audience d'un juge de paix*, et *Un attorney général*, qui
exposent, avec une vivacité et une animation charmantes,
un système auquel nos lois actuelles sont diamétralement
opposées, et qui mériteraient vraiment d'être cités tout
entiers. Nous ne saurions trop vivement en recommander
la lecture.

[1] *Paris en Amérique*, p. 274 et suivantes.

Dans cette conversation, tirée du chapitre intitulé : *l'Audience d'un juge de paix*, l'auteur nous fait admirer la douceur de la procédure américaine, qui semble copiée sur les enseignements de Montesquieu :

« Il ne faut point mener les hommes par les voies extrêmes ; on doit être ménager des moyens que la nature nous donne pour les conduire. Qu'on examine la cause de tous les relâchements, on verra qu'elle vient de l'impunité des crimes et non pas de la modération des peines.

» Suivons la nature, qui a donné aux hommes la honte comme leur fléau, et que la plus grande partie de la peine soit l'infamie de la souffrir[1]. »

Modération de la peine, modération des mesures d'instruction. Le coupable accepte une expiation qui est juste, humaine, équitable. Il n'a pas été tourmenté par les formes lentes et cruelles de la procédure inquisitoriale ; il comparaît humble et soumis devant ses juges. « Attaqué, on se révolte ; insulté, on outrage ; l'orgueil et la colère soutiennent le scélérat tout autant que l'honnête homme. » Il n'a pas été attaqué, il n'a pas été insulté, il est désarmé par la douceur même de la loi, et le plus souvent il avoue sa faute, vaincu d'avance dans une lutte où il succombe, non pas sous les coups des magistrats, mais sous la puissance irrésistible des faits.

En France, l'attitude ordinaire des prévenus et des accusés devant les tribunaux correctionnels et les cours d'assises est bien différente.

[1] Montesquieu, *Esprit des lois*, livre VI, chap. XII.

Ne semblent-ils pas y être traduits en victimes préparées de longue main au sacrifice qui va s'accomplir? Ils sont accablés sous le poids de l'information mystérieuse qui a été longuement et secrètement élaborée dans le cabinet impénétrable du juge d'instruction. A l'audience, attaqué violemment et par le ministère public, leur adversaire, et par le président lui-même, leur protecteur naturel, ils se redressent, ils se révoltent; l'orgueil et la colère leur prêtent des forces pour la lutte qui s'engage.

Les sympathies de l'auditoire sont toutes pour eux; ils excitent la commisération de la foule.

Le ministère public, ajoute-t-on, excite, au contraire, des antipathies profondes. Muni d'armes redoutables, trop puissantes, trop inégales, il effraye les âmes timorées; sa parole est le plus souvent maudite, tandis que celle de l'avocat est bénie, et que la foule se passionne pour elle. On oublie la grandeur du forfait pour ne voir et ne plaindre qu'un misérable prêt à périr; on ne songe plus au crime qu'il a commis: on n'est frappé que de la rigueur du châtiment qui le menace et du supplice constant qu'il endure.

Quelle est la cause principale de ce renversement étrange des notions de justice et d'équité, que nous offre le spectacle des drames qui se déroulent devant nos cours d'assises? Comment expliquer ces protestations muettes de l'auditoire contre l'accusation, ces marques d'intérêt prodiguées aux accusés, cette défaveur qui atteint l'organe du ministère public, cette suspicion dont il est l'objet, ces sympathies, ces encouragements, ces nombreux témoignages de bienveillance qui accompagnent l'avocat, dont la défaite est un deuil public, dont le triomphe est le triomphe commun? Est-il nécessaire d'en chercher les sources ailleurs que dans la sourde irritation que les rigueurs de la détention préventive et de l'information inquisitoriale entretiennent dans tous les esprits?

Pourquoi ôte-t-on à l'accusé le moyen de se défendre contre les vérifications, les expertises, les enquêtes; en un mot, contre toutes les charges que l'instruction amoncelle les unes sur les autres, avec toute la puissance incomparable dont elle dispose? L'instruction criminelle n'étant pas une peine, pourquoi infliger aux inculpés de si pénibles tourments? Que la société, sous le nom de justice, ait le droit d'accusation et d'attaque, rien de mieux; mais que ceux sur qui pèse l'accusation, et qui sont attaqués dans leur honneur, leur liberté et leur état de famille ou de fortune, avec tant d'énergie et d'âpreté, aient au moins, comme compensation naturelle, le droit de se défendre. Loin de leur accorder un tel droit, vous les emprisonnez, vous les mettez au secret, vous leur interdisez dans les premiers temps de la procédure toute communication avec un avocat, bien plus, avec un parent ou un ami; vous les traitez avec une dureté impitoyable, vous ne cherchez que des coupables et non des innocents; enfin vous vous arrogez une dictature suprême, en vertu de laquelle vous poursuivez froidement et cruellement votre œuvre néfaste, sans jamais fléchir devant les considérations de l'indulgence et de l'humanité.

À l'audience des tribunaux correctionnels et des cours d'assises, les inculpés sont assistés d'un avocat. Pourquoi, dès le début de la procédure, l'assistance de l'avocat est-elle absolument interdite ?

Comment n'avez-vous pas encore consacré plus largement le principe d'égalité entre l'accusation et la défense, principe que vous avez morcelé, coupé par moitié, et dont vous n'abandonnez que la seconde partie ? Le droit de défense est général ; il embrasse toute l'accusation. Il ne se compose pas seulement de l'assistance prêtée à l'inculpé pendant les débats qui ont lieu devant la juridiction compétente ; il est tronqué et mutilé odieusement, s'il ne pénètre pas dans le cabinet du juge d'instruction, pour contrôler tous les actes de la procédure, qui doivent être accomplis au grand jour et non mystérieusement enfouis dans les ténèbres d'un greffe. Tant que vous n'aurez pas concédé au barreau le droit de défense dans tout son ensemble, pendant le cours de la procédure écrite comme pendant le cours des débats oraux, la dictature du ministère public restera privée d'un contre-poids utile, ses excès ne pourront pas être comprimés.

Que la justice, en France comme en Amérique, apprenne donc à s'instituer en quelque sorte la mère de tous les citoyens, et que sa tendresse maternelle, toujours active, soit plutôt portée à croire à l'innocence qu'à la culpabilité de ses enfants ; qu'elle ne déserte jamais la cause des inculpés, et que l'instruction criminelle elle-même soit animée des sentiments de générosité qui sont les traits caractéristiques d'une grande nation !

Sous l'empire des ordonnances de 1539 et de 1670, la torture régnait en maîtresse souveraine dans l'instruc-

tion criminelle, et elle n'est tombée qu'après une bien
longue résistance, sous les coups répétés de la philosophie
du xviii° siècle. Notre procédure secrète et notre détention préventive sont, à proprement parler, les derniers
vestiges de la torture; le temps est venu de les abolir à
leur tour.

« A la vérité, de graves inconvénients sont attachés à
cette institution. En général, et c'est là un vice inhérent
à sa nature, la procédure préliminaire entraîne d'inévitables rigueurs. Quintilien a dit avec raison qu'il est
plus facile d'élever une accusation que de la détruire, de
même qu'il est plus facile de faire une blessure que de
la guérir: *Tantò est accusare quàm defendere, quantò
facere quàm sanare vulnera facilius.* Elle trouble, en
effet, dans leur réputation, dans leur honneur, des
citoyens qui ne sont encore qu'inculpés; elle les désigne
à la réprobation publique, lorsque, plus tard, elle reconnaîtra peut-être leur innocence. Elle les atteint dans leur
liberté, si la prévention a pour objet un fait passible
d'emprisonnement; dans leur fortune, par conséquent,
puisqu'elle les enlève à leur travail, à leur industrie, à
leurs affaires; dans leur famille même, puisqu'elle tarit
les sources où la famille puise sa vie. Elle affecte les
formes et la sévérité du châtiment, quoiqu'elle n'en ait
ni le caractère ni le but; et, lorsque son résultat a été la
flétrissure et la ruine, elle n'a point de réparation, si
elle s'est trompée, pour racheter ses erreurs [1]. »

[1] Faustin Hélie, *Traité de l'instruction criminelle*, t. V, pag. 9
et 10.

Quel est celui qui la juge si sévèrement? C'est M. Faustin Hélie, qui est, pourtant, l'un de ses défenseurs.

Comment, dès lors, ne serait-elle pas jugée tout aussi sévèrement par l'opinion publique? Comment ne serait-elle pas universellement haïe?

D'après le dernier compte rendu général de l'administration criminelle en France, publié en mars 1864 pour l'année 1862, le nombre des individus arrêtés préventivement s'est élevé à 67,427; il n'avait été que de 65,308 en 1861.

2,367 inculpés ont été mis en en liberté provisoire, savoir: 520 en vertu de l'article 114 du Code d'instruction criminelle, 120 conformément aux articles 129 et et 131 du même Code, et 1,727 en exécution de la loi du 4 avril 1855. Quant à ceux qui n'ont pas été mis en liberté provisoire, soit sous caution, soit parce que le fait poursuivi était plus qu'une simple contravention de police ou entraînait d'autres peines qu'une simple amende, soit enfin par la main-levée spontanée du mandat de dépôt, 10,988 ont été déchargés des poursuites par les juges d'instruction et 241 par les chambres d'accusation; 3,200 ont été acquittés par les tribunaux correctionnels et 1,282 par les cours d'assises[1].

Sur 67,427 individus arrêtés préventivement pendant l'année 1862, 2,367 ayant été relâchés presque tout de suite, en vertu des articles 114, 129 et 131 du Code d'instruction criminelle, et en vertu de la loi du 4 avril 1855,

[1] Rapport soumis à S. M. l'Empereur par S. Exc. M. Baroche, ministre de la justice et des cultes, garde des sceaux.

ce n'est plus que sur 65,060 inculpés que s'exerce la comparaison.

Eh bien! sur 65,060 inculpés, 15,711 ont été maintenus en prison inutilement, puisque les uns ont été déchargés des poursuites par les juges d'instruction et les chambres d'accusation, puisque les autres ont été acquittés par les tribunaux correctionnels et les cours d'assises.

Sur ces 15,711 individus emprisonnés préventivement, 12,461 ont été mis en liberté dans le mois de leur arrestation; 1,776 ont subi d'un à deux mois; 676, de deux à trois mois; 798, plus de trois mois de détention.

4,990 accusés avaient été traduits en cour d'assises; 1,282 y ont été acquittés.

Les chiffres sont plus éloquents que les considérations les plus hautes. 15,711 citoyens ont été inutilement troublés dans leur réputation, dans leur honneur, dans leur famille et leur fortune! N'est-ce pas un mal immense? Pour beaucoup, cette détention préventive a été une cause de flétrissure et de ruine, et cependant aucune indemnité, aucune réparation ne leur sera accordée! La justice ne rachète pas ses erreurs!

Depuis quelques années, cependant, grâce au zèle et à l'activité de tous les magistrats, les détentions préventives sont moins longues. Nous avons rapporté tout à l'heure, d'après les chiffres mêmes qui sont donnés par le compte rendu officiel de la justice criminelle en France, que, sur 15,711 individus emprisonnés préventivement, 798 seulement ont subi plus de trois mois de détention : plus de

12,000 ont été mis en liberté dans le mois de leur arrestation. C'est un progrès véritable.

Bien qu'il fût ennemi de l'emprisonnement préventif et de l'instruction secrète, Beccaria a écrit que « les formalités et de sages lenteurs sont nécessaires dans les procédures criminelles, soit parce qu'elles ne laissent rien à l'arbitraire du juge, soit parce qu'elles font comprendre au peuple que les jugements sont rendus avec solennité et selon les règles, et non précipitamment dictés par l'intérêt; soit enfin parce que la plupart des hommes, esclaves de l'habitude, et plus propres à sentir qu'à raisonner, en conçoivent une idée plus auguste des fonctions du magistrat. La vérité, souvent trop simple ou trop compliquée, a besoin de quelque pompe extérieure pour se concilier les respects du peuple [1]. »

Il suffit d'énoncer cet argument pour le réfuter; cette erreur de Beccaria tombe sous le sens.

Les lenteurs des procédures criminelles ne peuvent se justifier que par les besoins de l'instruction et les difficultés que rencontre la manifestation de la vérité. Elles n'ont pas et ne doivent pas avoir seulement pour but de faire comprendre au peuple que les jugements sont rendus selon les règles. La première condition de la justice est d'être rapide et expéditive, pourvu que la célérité, toutefois, ne tourne pas en une imprudente et déplorable précipitation, qui ne laisserait pas aux magistrats le temps de discerner les coupables des innocents.

[1] Beccaria, *des Délits et des Peines*, édition de M. Faustin Hélie, p. 40.

Combien est différente la justice américaine, avec ses procédés sommaires et son mépris des solennités que nous aimons tant en France !

« Je pris place auprès de Humbug, en ayant soin de me tenir respectueusement en arrière ; et, tandis qu'on appelait des affaires civiles sans importance, je me mis à regarder la salle et les acteurs.

» Il n'y avait point d'estrade pour élever le magistrat au-dessus du justiciable ; une simple barre de bois séparait le tribunal et le public. Humbug était assis derrière un large bureau ; à l'un des bas côtés écrivait le clerc ou greffier. En face du juge était une espèce de loge à claire-voie, destinée à l'accusé ; un peu en avant de l'accusé, il y avait une table pour le plaignant et les témoins. Rien de plus. Ce qui ajoutait à la simplicité du spectacle, c'est que personne ne portait de costume. Humbug siégeait en habit noir, le chapeau sur la tête ; les avocats n'avaient aucune mise particulière. Point de robes, point de rabats, point de perruques. Ce peuple primitif a une foi si naïve dans la justice, qu'il y croit sans cérémonies ; on sent partout la grossièreté puritaine. Ajoutez qu'il y a une place d'honneur pour les sténographes : ils représentent le peuple, surveillant ses magistrats et jugeant la justice. O démocratie, ce sont là de tes coups ! Et cependant il n'est pas un pays où l'on porte plus loin le respect de la loi et la confiance dans le magistrat. C'est une de ces bizarreries qui prouvent avec la dernière évidence que le Saxon a été créé pour la liberté, comme le Français pour la guerre et l'Allemand pour la choucroute et la philosophie. Supposer que cette forte nourriture convienne à tous les estomacs, ce fut la folie de nos pères. Dans leur ignorance, ces bonnes gens n'avaient pas deviné qu'il y a des races individualistes et des races centralistes (deux beaux mots!), les unes faites pour planer solitairement dans l'espace, comme le milan; les autres pour vivre en troupeau et être tondues, comme les moutons. Politique, religion, philosophie, liberté, ce sont des questions d'histoire naturelle, des variétés qui distinguent l'*homo civilizatus* parmi toutes les bêtes à deux ou à quatre pieds. Admirable découverte! Éternel honneur des beaux génies de notre temps [1]. »

Laissez de côté la plaisanterie satirique qui se glisse sans cesse sous la plume spirituelle et mordante de l'auteur de *Paris en Amérique*, et, sans vous arrêter à la classification ironiquement préconisée des races individualistes ou centralistes, avouez qu'il y a au moins quelque chose d'utile et de sensé dans la simplicité et la rapidité des formes judiciaires.

En France, nos magistrats et nos avocats portent robes, rabats et toques, comme au moyen âge; en Angleterre, les costumes sont peut-être plus surannés encore, et la perruque à plusieurs étages y est religieusement conservée.

En Amérique, point de robes, point de rabats, point de perruques. Ce peuple primitif a une foi si naïve dans la justice, qu'il y croit sans cérémonies. — C'est là un

[1] *Paris en Amérique*, chapitre de l'*Audience d'un juge de paix*, p. 261.

trait lancé contre notre goût des pompes extérieures et notre amour des habits brodés.

Le juge siége en habit noir, le chapeau sur la tête. — Le chapeau sur la tête est de trop, sans doute; on sent là, comme dit l'auteur, la grossièreté puritaine.

Mais, si nos juges, si nos avocats se présentaient à l'audience sans être revêtus des costumes antiques dont ils n'osent se dessaisir, quel avantage sérieux la justice y perdrait-elle?

Elle y perdrait sa gravité. Est-il bien vrai? Cette sorte de gravité de convention serait-elle, d'ailleurs, bien regrettable? N'est-ce pas La Rochefoucauld qui a écrit que la gravité, ainsi entendue, est un mystère du corps inventé pour cacher les défauts de l'esprit? Quoi de plus ridicule que les mines professionnelles! Dans toutes les professions, ajoutait-il, chacun affecte une mine et un extérieur pour paraître ce qu'il veut qu'on le croie. Ainsi on peut dire que le monde n'est composé que de mines. — A quoi bon pourtant? Aujourd'hui, les mines et les masques ne trompent plus personne.

Hélas! combien il est inutile d'insister! Nos pères étaient affublés ainsi; nous resterons affublés comme eux.

L'arche sainte de la tradition est là! Qu'on se garde d'y porter une main profane et sacrilége!

On se hâterait de vous répondre que la magistrature et le barreau y perdraient tout leur prestige. L'appareil extérieur de la justice doit être imposant, pour impressionner le coupable, jeter l'épouvante dans son âme, et inspirer au peuple un profond respect. Comment voulez-vous que ce même peuple soit émotionné par le spectacle de trois juges en habits de ville, habits qui pourront être quelquefois d'une élégance douteuse? La tenue uniforme et sévère n'est-elle pas préférable? Les esprits supérieurs ne sont-ils pas en une infime minorité? Et les autres, les esprits faibles, les intelligences naïves, les cœurs simples, ne se prosternent-ils pas avec plus de foi et de piété devant la madone, quand elle apparaît sur l'autel parée de ses plus riches vêtements, couverte d'or et de pierres précieuses? — Que ne vous répondrait on pas encore, insensés et étourdis qui soulevez de pareilles questions? « La société ne doit-elle pas avoir son côté mystérieux comme la religion, et ne faut-il pas croire aux lois de la patrie comme on croit aux préceptes de Dieu, sans les discuter[1]? »

Qui ne sent que Beccaria est tombé, à l'égard des solennités de l'information préalable, dans l'erreur et dans les abus que les réformateurs modernes reprochent aux solennités excessives de nos audiences?

Enseigner que les formalités et de sages lenteurs sont nécessaires dans les procédures criminelles, parce que la plupart des hommes, esclaves de l'habitude, et plus propres à sentir qu'à raisonner, en conçoivent une idée plus auguste des fonctions du magistrat; enseigner aussi que la vérité, souvent trop simple ou trop compliquée, a besoin de quelque pompe extérieure pour se concilier

[1] Pensée de M. Michaud, l'académicien.

les respects du peuple; c'est là une théorie qui aurait pu être professée par Machiavel, mais qui est indigne de la générosité habituelle des sentiments de Beccaria.

En admettant que de telles doctrines aient pu se produire et s'imposer dans les siècles d'ignorance que l'humanité a traversés; en admettant aussi que, dans ces siècles eux-mêmes, il ait été d'une politique sage et éclairée de s'adresser aux sens plutôt qu'à l'esprit du peuple, de frapper ses yeux par l'éclat de cérémonies retentissantes plutôt que de lui faire entendre le langage austère de la raison dépouillée de tout artifice; si puissantes que semblassent les nécessités de l'État ou de la religion, si légitimes que parussent la fraude et le charlatanisme, il n'en saurait être ainsi de nos jours.

Comme l'a écrit Pascal, si c'est une impiété de manquer de respect pour la vérité, c'est une autre impiété de manquer de mépris pour le mensonge[1].

C'est la vérité qui doit diriger tous les actes des gouvernements des peuples modernes; c'est la vérité seule, sans fard, sans ornement futile, sans subterfuge et sans charlatanisme d'aucun genre, qui doit présider à toutes leurs institutions. Le temps des mensonges et des mesures arbitraires est passé; le mensonge abaisse les âmes; la vérité les relève, les purifie et les régénère.

[1] « Je ne me plains pas des violences de la vérité. La vérité, je le sais, a une parole rude, amère parfois; mais elle ne se montre jamais la ceinture dénouée et l'écume à la bouche; elle est belle à contempler jusque dans ses colères. » Plaidoirie d'Emile Ollivier, pour l'homœopathie contre la médecine traditionnelle, rapportée par la *Tribune judiciaire*, t. VII.

Costumes surannés, procédure secrète, détention préventive, tout cela marche sur la même ligne; ce sont les
mœurs d'un autre âge qui se sont attardées dans le nôtre.

Vainement on a inventé deux barbarismes dans le
langage moderne pour désigner les Anglais et les Américains sous le nom de peuples individualistes, et les
Français sous le nom de peuple centraliste; les uns de
race saxonne, les autres de race latine; les uns nés pour
la liberté, les autres pour le régime de la réglementation
universelle; il est impossible qu'un semblable état de
choses, aussi contraire à la nature et à la saine raison,
subsiste bien longtemps.

Déjà, l'opinion publique s'en est émue; il est vrai
qu'elle est encore assoupie; mais elle ne tardera point à
se réveiller entièrement, et alors il faudra bien que les
réformes s'exécutent.

« La liberté individuelle est un sujet qui passionnait
nos pères; aujourd'hui, il n'y a guère que des jurisconsultes qui s'en occupent; on est habitué à un régime
qu'on entend souvent louer comme une des conquêtes de
la Révolution. Le caractère honorable de nos magistrats,
leur douceur que je ne saurais trop approuver, l'indulgence et quelquefois même la faiblesse du jury, nous
cachent heureusement le défaut de nos lois criminelles.
L'esprit de ces lois est encore le vieil esprit d'inquisition; elles cherchent des coupables plus que des innocents. La prison préventive y est prodiguée; l'instruction,
faite en secret, ne laisse à l'accusé d'autre garantie que
l'honneur et les lumières du juge. En cour d'assises,

c'est le président seul qui dirige l'interrogatoire des
prévenus et des témoins; c'est lui qui, par son résumé,
tient d'ordinaire en ses mains le sort de l'accusé. Tout
cela est le contraire des lois anglaises et américaines:
elles favorisent la liberté sous caution; elles mettent la
publicité à tous les degrés de la procédure, elles font du
président d'assises le protecteur de l'accusé. Il n'y a pas
d'accusé qui, en Angleterre, puisse s'en prendre aux
institutions ou aux hommes; s'il tombe, c'est sous le
poids de sa propre infamie. Combien il serait à désirer
que l'opinion s'animât comme autrefois pour ces grandes
réformes! Nos magistrats, j'en suis sûr, s'y associeraient
volontiers; l'État n'y perdrait rien de sa puissance: le
triomphe de la justice et de l'humanité est le sien[1]. »

Résumons toutes les critiques qui sont adressées à nos
lois criminelles:

1° La prison préventive y est prodiguée; nous avons
vu qu'elle a atteint 67,427 inculpés en 1862.

2° L'esprit de nos lois est encore le vieil esprit d'inquisition.

L'instruction est secrète; elle s'étudie à chercher des
coupables plutôt que des innocents.

3° Les peines sont immodérées. Elles sont presque
toutes corporelles, tandis qu'elles devraient être généralement pécuniaires.

[1] *L'État et ses limites*, par Édouard Laboulaye, pag. 89. —
M. Laboulaye est aussi l'auteur du livre: *Paris en Amérique*,
signé le docteur René Lefebvre.

4° Sur 67,127 emprisonnés préventivement pendant l'année 1862, la mise en liberté provisoire sous caution n'a été appliquée qu'à 520 individus. Il y a là surtout un vice radical, qui appelle une réforme immédiate.

5° Le droit de la défense ne peut pas être tronqué et cantonné dans les débats de la procédure orale; pour être complet, il faut qu'il pénètre dans le cabinet du juge d'instruction. Autrement, il n'y a pas d'égalité véritable entre la défense et le ministère public, qui est armé d'une dictature exorbitante[1].

[1] « Il faut aimer la vérité, même douloureuse; et, quand on croit l'avoir trouvée, il faut la proclamer bien haut. Se bercer de vaines illusions, se détourner des réalités pour s'attacher à des apparences plus flatteuses, ce n'est point réparer son mal, c'est l'aggraver; et le commencement de la guérison, pour les peuples comme pour les individus, c'est la franchise envers eux-mêmes.

» Notre vanité nationale nous a détournés jusqu'ici de cette sincérité sévère; et elle a été ainsi la cause principale des revers et des chutes qui nous ont amenés à notre condition présente. Si nous avions moins souvent parlé des conquêtes de la Révolution, si nous avions moins répété qu'elles étaient à jamais as-surées, peut-être aurions-nous été plus soigneux de les étendre et de les conserver.

» Aujourd'hui que nous en sommes réduits à ne pouvoir plus nous tromper sans un aveuglement volontaire, osons le dire : la Révolution française est un grand fait mutilé. Elle a été vaincue dans ce qu'elle a le plus énergiquement voulu, dans ce qui a fait la légitimité de son explosion et la grandeur de ses premières années. La liberté politique n'a pu être fondée dans notre pays; avec elle la philosophie du xviii° siècle a succombé. Le droit nouveau qu'elle avait introduit dans le monde, ce droit sacré pour lequel nos pères ont lutté si héroïquement, et qu'ils avaient proclamé comme l'immortel symbole des destinées nouvelles réservées aux peuples civilisés, a été repoussé de nos lois. En procédure criminelle notamment, les idées du xviii° siècle ont

6° Publicité de la procédure préliminaire, intervention de l'avocat à tous les actes qu'elle nécessite, voilà le remède aux inconvénients actuels de l'instruction ; mise en liberté provisoire avec ou sans cautionnement, voilà le remède à la détention préventive.

Nous répondrons à toutes ces critiques : quelques-unes sont fondées; les autres ne le sont pas.

En Amérique et en Angleterre, en Amérique surtout, les magistrats ne sont pas retenus par la loi elle-même; aussi ont-ils à compter avec l'opinion publique et avec la presse, qui pèse chacune de leurs décisions et remplit en quelque sorte l'office d'une cour de cassation populaire.

« Qu'un juge manque de respect à une vieille bohémienne, qu'un attorney général perde patience en accusant un filou ou malmène un assassin, aussitôt il sort de terre un Saxon qui s'en va crier par-dessus les toits qu'on viole la grande Charte et qu'on outrage l'humanité. Et voilà une foule imbécile qui accourt à la voix de l'aboyeur, et qui hurle après le magistrat comme les chiens après un cheval qui galope. On dirait d'un peuple de voleurs, chez qui chacun a peur de passer le lendemain

été rejetées dans leurs parties les plus essentielles. La place qui leur a été laissée dans nos Codes est si étroite, elles y sont tellement isolées, qu'elles ne peuvent produire les excellents résultats qu'on devait attendre de leur application. » *De l'Influence de la philosophie du* xviii° *siècle sur les réformes de la procédure criminelle,* discours prononcé à l'ouverture de la conférence des avocats, le 6 décembre 1862, par M. Renault, avocat à la Cour impériale de Paris.

en cour d'assises, et défend la liberté d'autrui par intérêt pour sa propre liberté[1]. »

En Amérique et en Angleterre, le juge exerce un pouvoir illimité ; les actes arbitraires lui sont plus faciles, par conséquent, et il est bon de les contrôler et de les discuter sans cesse, d'autant plus que la magistrature ne se recrute pas spécialement parmi les jurisconsultes ayant étudié la législation et sachant se renfermer dans une exacte interprétation des textes de la matière. En outre, l'institution du juge unique facilite les erreurs judiciaires et complique la responsabilité du magistrat, qui est investi du droit immense de prononcer seul une condamnation, sans l'assistance de collègues qui pourraient éclairer sa religion, affermir ses opinions quelquefois vacillantes et lui prêter un précieux concours.

Qu'en est-il résulté? En Amérique, sinon en Angleterre, on doute toujours de la justice. On a perdu, depuis longtemps, presque toute confiance en elle. En Amérique, les atroces exécutions de Lynch sont une éclatante et douloureuse protestation contre la faiblesse de la magistrature et du jury; en Angleterre, à Londres principalement, l'armée des malfaiteurs grossit sans cesse ; elle se recrute de récidivistes audacieux, que l'impunité rend plus dangereux encore, et les envahissements du mal deviennent chaque jour plus inquiétants.

Nous ne ferons ni aux Anglais, ni aux Américains, l'injure de les comparer à des peuples de voleurs, chez

[1] *Paris en Amérique,* p. 299.

qui chacun, ayant peur de passer le lendemain en cour d'assises, s'en va crier par-dessus les toits qu'on a violé la grande Charte, dès qu'un attorney général a malmené un assassin ou manqué de respect à un filou.

Mais sachons résister aux entraînements irréfléchis d'une fausse sentimentalité. Certes, les mots de vindicte publique ne doivent plus avoir cours aujourd'hui. En France, la magistrature et le jury se tiennent dans les sphères élevées de la loi, et toute passion doit leur rester étrangère. C'est dans l'impartialité, dans une impartialité austère, que réside la meilleure protection des inculpés. Or nous croyons que cette impartialité ne leur fait pas défaut.

Fermeté et sévérité à l'égard des récidivistes, commi-sération et douceur pour la faiblesse, pour la misère, pour l'enfant, la femme, le pauvre, et le coupable qui manifeste quelque repentir, ce sont les bases de la justice française, et, si l'on interroge la véritable situation qu'elle révèle en ce moment, on se convaincra qu'il serait inique de l'accuser de rigueurs excessives. En réalité, elle est dans une situation excellente. Nous ne sommes pas de ceux qui la voudraient plus sévère; mais nous pensons qu'en général sa modération et son indulgence ne seraient point dépassées sans péril.

En réalité, la dignité de la justice ne consiste pas à siéger en habit noir et le chapeau sur la tête, comme le juge de M. Laboulaye, et la société réclame d'autres ga-ranties pour sa défense que celles qui résulteraient des vaines investigations d'un magistrat absorbé par les soins de l'audience et incapable de déjouer, lorsqu'il ne quitte pas la chaise rustique que lui donnent la simplicité et la rudesse des formes américaines, toutes les hypocrisies et toutes les fourberies qui se traduisent à la barre de son tribunal.

Les costumes antiques, la pompe extérieure et l'appareil judiciaire ont leur raison d'être, et il ne faut pas prendre trop au sérieux la grosse querelle que leur fait M. Laboulaye. L'auteur de *Paris en Amérique* est avocat lui-même; il a dû voir souvent nos tribunaux correctionnels en fonctions, et il sait bien que la simplicité n'y est pas exclusive d'une certaine solennité qui, si elle est sujette à quelques critiques, est mille fois préférable au laisser-aller, à la grossièreté puritaine et surtout à tous les écarts que les Américains tolèrent, au détriment de la plus vulgaire bienséance.

Quoi qu'il en soit, les critiques les plus acerbes sont celles qui concernent notre procédure secrète ; c'est à celles-là surtout que nous nous efforcerons de répondre dans les deux chapitres qui vont suivre.

La procédure secrète, en effet, a excité, de tous temps, d'amères récriminations; c'est pour l'abolir que la philosophie du XVIIIᵉ siècle a écrit ses plaidoyers les plus violents et les plus remarquables. M. Renault, qui déplore la défaite qu'elle a essuyée, flétrit la Révolution française sous la qualification *d'un grand fait mutilé*, parce qu'elle en a rejeté les idées dans leurs parties les plus essentielles.

M. Renault se trompe : l'ardeur de ses sentiments

et de ses convictions l'aveugle. La Révolution n'est pas un grand fait mutilé. Les idées de la philosophie du xviii° siècle sont les assises de notre droit public moderne; elles planent au-dessus de toutes nos institutions, et nous leur devons notre grandeur nationale.

Nous manquons, en France, non pas de belles et magnifiques institutions, mais de l'amour et de la religion des principes qui nous les feraient chérir. Nous les critiquons étourdiment, sans les comprendre; nous ne sommes pas voués imperturbablement à leur culte, et nous sommes toujours prêts à nous en affranchir, pour rêver de chimériques améliorations, qui n'auraient pas la valeur de ce qui existe déjà.

La plupart des idées du xviii° siècle ont été rejetées par la Révolution de 1789, quand elles ne constituaient que des abstractions scolastiques et des thèses idéales bonnes seulement, suivant le mot de M. de Maistre, pour les espaces imaginaires où habiteraient les hommes.

Les Français, grâce au ciel! n'habitent pas des espaces imaginaires. Or l'un des premiers mérites du Code de 1808 est de s'être mis à leur portée; il ne s'est pas égaré dans les nuages de la spéculation : c'est une loi avant tout positive, dont nous allons essayer d'expliquer le mécanisme et l'économie.

IV

Notions historiques et juridiques sur la forme inquisitoriale et la forme accusatoire. — Légitimité de la procédure préliminaire ou instruction écrite et secrète, précédant la procédure orale ou instruction publique.

Nous avons constaté déjà que la détention préventive est liée intimement à la procédure écrite et secrète, que le Code d'instruction criminelle de 1808 a maintenue dans notre législation; elle en est le principal corollaire.

Tout autant que la détention préventive, la procédure secrète a été l'objet de vives attaques; c'est pourquoi il est utile de rapporter, avec les controverses auxquelles elle a donné naissance, les principes et les fondements de son organisation, au double point de vue de l'histoire et du droit.

Notre Code a divisé en deux parties la procédure criminelle; il distingue deux phases, deux périodes : l'instruction préalable, préparatoire, ou instruction écrite, qui s'élabore secrètement avant l'audience, avec mission de rassembler tous les matériaux, tous les éléments, toutes les charges de l'accusation; et l'instruction définitive, qui est orale, publique, qui s'élabore à l'audience et met sous les yeux des magistrats tous les faits, toutes les circonstances, toutes les appréciations morales, philosophiques et légales, dont l'ensemble concourt à la formation du jugement qu'ils sont appelés à rendre.

Suivant deux anciens jurisconsultes, Ayrault et Bruneau, l'instruction préalable est l'âme du procès; elle lui donne l'être et la forme.

M. Faustin Hélie a tracé le parallèle suivant entre la procédure écrite et la procédure orale, entre l'instruction préalable, qui prépare à l'avance le terrain de la lutte judiciaire, et l'instruction définitive, qui s'accomplit à l'audience.

« L'instruction préalable n'a pas pour but la manifestation complète de la vérité, elle fournit seulement les moyens de l'obtenir; elle ne recherche point la culpabilité des agents, mais la présomption de cette culpabilité; elle ne donne point ses bases au jugement, mais seulement à l'accusation. Elle diffère donc essentiellement de l'instruction définitive, qui se fait devant les juges eux-mêmes et dans laquelle ils puisent leurs décisions; elle n'a dès lors ni les mêmes formes, ni les mêmes garanties. Elle est écrite, tandis que l'autre est orale; secrète, lorsque celle-là est publique; elle ne connaît ni les solennités, ni les nullité de l'audience; enfin elle est faite devant un seul juge, que la loi ne délègue que pour instruire, tandis que l'instruction définitive se déroule devant la juridiction qui a le pouvoir de statuer[1]. »

1° L'instruction préliminaire est secrète; l'instruction définitive est publique.

2° L'instruction préliminaire est écrite; l'instruction définitive est orale.

---

[1] Faustin Hélie, *Traité de l'instruction criminelle*, t. V.

3° L'instruction préliminaire n'est faite que par un seul juge, le magistrat instructeur; l'instruction définitive est faite par la juridiction qui a le pouvoir de statuer, tribunal correctionnel, cour d'assises.

4° L'instruction préliminaire donne ses bases à l'accusation; l'instruction définitive donne ses bases au jugement.

5° L'instruction préliminaire recherche les présomptions de la culpabilité; l'instruction définitive constate cette culpabilité elle-même ou proclame l'innocence.

Il faut donc bien s'entendre sur la nature de chacune de ces instructions ou procédures, sur leurs caractères, et sur les différences radicales qui les séparent l'une de l'autre.

L'instruction écrite n'a pas pour but la manifestation suprême de la vérité, elle fournit seulement les moyens de l'obtenir.

M. Faustin Hélie entend ainsi que l'œuvre de l'instruction écrite n'est ni complète, ni inattaquable, et que les révélations qui en ressortent ne sont pas considérées comme l'expression de la vérité tout entière. Son devoir est de marcher directement, d'un pas ferme et sûr, à la découverte de la vérité; ses soins constants tendent à l'atteindre; mais elle ne l'atteint pas toujours. Elle s'en approche, elle y touche le plus souvent; elle peut quelquefois s'en éloigner, il lui arrive de manquer le but qu'elle vise.

Son rôle consiste à mettre en lumière ce qui est obscur, à rendre clair ce qui est confus, à dissiper les

ombres et les ténèbres, à signaler le coupable, à le dénoncer, à montrer comment le crime a été commis, dans
quelles circonstances il a été perpétré, quelles en sont les
victimes, quels en sont les auteurs.

Quelque profondes, cependant, que soient ses investigations; si accablantes que soient, contre les inculpés
qu'elle désigne, les charges qu'elle relève, elle s'arrête à
des limites qu'il lui est rigoureusement interdit de franchir. En un mot, elle ne livre pas des preuves péremp-
toires, irréfragables, à l'effet desquelles il serait impossible de se soustraire désormais; elle n'émet que des
présomptions.

Elle fait connaître une appréciation, une opinion, des
avis, qui seront contrôlés plus tard. Elle ne dit pas qu'elle
a trouvé le coupable et qu'il n'en existe pas d'autres; elle
dit seulement qu'elle présume que le coupable est celui
qu'elle a poursuivi.

Elle ne condamne pas l'inculpé, elle ne prononce pas
une peine contre lui ; elle ne déclare même pas qu'il est
l'auteur du crime ou du délit qui lui est imputé: elle se
borne à coordonner et à livrer un faisceau de présomptions graves, précises, concordantes, qu'elle énumère et
qui lui paraissent de nature à motiver le renvoi de l'inculpé devant la juridiction compétente, pour statuer définitivement sur son sort.

L'instruction préalable n'aboutit point qu'à des mises
en accusation. Sur 77,498 affaires qui ont été déférées aux
juges d'instruction, pendant l'année 1862, il est intervenu 17,739 ordonnances de non-lieu à l'égard de tous

7

les inculpés ; sur 4,326 arrêts rendus par les chambres d'accusation, il a été déclaré dans 193 affaires qu'il n'y avait lieu à suivre contre aucun des inculpés retenus par les juges d'instruction. Voilà donc 17,739 affaires, ordonnances de non-lieu, d'une part, et 193 arrêts de non-lieu, d'autre part, dans lesquels les magistrats instructeurs ont reconnu d'eux-mêmes qu'il n'existait pas des charges suffisantes contre les prévenus, et les poursuites ont été abandonnées.

S'il en était autrement, à quels dangers les citoyens ne seraient-ils pas exposés? Si l'instruction préalable était supprimée [1], ils auraient tout à craindre de l'administra-

[1] « C'est une institution indispensable à la justice pénale. Toutes les législations en ont fait, avec des formes diverses et des pouvoirs plus ou moins limités, l'un des premiers fondements de l'action judiciaire. Ayrault a donc pu dire avec certitude : « Je n'ay point de souvenance que aucune nation en ait autrement usé »; et la raison en est simple : « La loi d'ouïr un accusé et de faire et parfaire son procès avant que le juger est loi partout, et son origine procède de la droite et éternelle raison. »

» Et, en effet, la justice pourrait-elle accomplir sa mission, si elle n'avait pas le pouvoir d'instruire les procès qu'elle doit juger; c'est-à-dire de constater, dans leurs plus minutieux détails, les faits et leurs circonstances, de rechercher les moyens, de les prouver et de préparer les preuves qu'elle doit débattre? Tous ses actes doivent nécessairement être empreints d'activité et de prudence, de vigilance et de circonspection; car, si elle maintient l'ordre de la cité, si elle protège la vie et les propriétés des citoyens, elle doit assurer en même temps leurs droits et leur liberté; si elle doit atteindre tous les délits, elle ne doit poursuivre que les faits qui sont ainsi qualifiés par la loi; si elle doit faire luire aux yeux du coupable la certitude de la punition, elle doit préserver l'innocent de la possibilité même d'une pré-

tion d'une justice aveugle. Innocents, ils seraient frappés
par des tribunaux impuissants à discerner les accusations
légitimes des accusations dictées par la passion, par la
mauvaise foi et la calomnie ; coupables, ils obtiendraient
le triste bénéfice de sentences d'acquittement, dont la
multiplicité inévitable laisserait la société sans défense,
en face de l'armée toujours plus nombreuse et plus entre-
prenante des malfaiteurs. Les honnêtes gens n'auraient
donc rien à y gagner ; les malfaiteurs seuls y trouveraient
largement leur compte.

Notre Code pouvait choisir entre deux systèmes, qui
sont tous les deux bien connus, qui ont été tous les deux
pratiqués bien longtemps. Il pouvait adopter l'antique
procédure romaine, celle qui a précédé l'avénement des
Césars, ou la procédure du xvi° siècle ; il pouvait adopter
la procédure romaine, qui résidait dans la forme accusatoire, ou la procédure du xvi° siècle, qui constituait la
forme inquisitoriale.

Il s'est arrêté à un système mixte, qui paraît empreint
de raison et de sagesse. Il a combiné la forme accusatoire
avec la forme inquisitoriale ; il a corrigé et complété

vention injuste ; en un mot, en sauvegardant tous les droits, elle
doit n'en blesser aucun. Les investigations, l'examen des faits,
l'exacte vérification des indices, toutes les mesures qui tendent
à constater avant d'agir, sont dans la loi de son action, et par
conséquent l'instruction préalable en est la légitime auxiliaire.
Elle lui indique la voie qu'elle doit suivre, elle marche devant
elle pour affermir ses pas ; elle éclaire l'exercice ultérieur de son
pouvoir, elle lui évite le péril du retard et le péril de la précipitation. » Faustin Hélie, *Traité d'instruction criminelle*, t. V.

celle-ci par celle-là : il a emprunté à l'une ce qu'elle contenait de bon et d'utile ; il a conservé de l'autre ce qui était en rapport avec nos mœurs et ce qu'il a cru nécessaire à l'administration de la justice.

La procédure accusatoire appartient aux peuples antiques ; dès que la justice a pu s'imposer aux nations, c'est la procédure accusatoire qui s'est présentée tout naturellement à l'esprit du législateur.

Un citoyen a été victime d'une infraction à la loi ; il a été blessé dans son honneur, menacé dans son existence, dépouillé de ses biens. Il amène devant le juge les témoins qui constateront les faits dont il se plaint ; il y amène aussi celui qui lui a causé le préjudice dont il poursuit la réparation. Les deux adversaires sont en face l'un de l'autre : l'un accuse, l'autre se défend. Le procès est engagé, la lutte commence ; les témoins sont entendus ; puis le plaignant développe son accusation ; enfin l'inculpé lui répond ; séance tenante, le juge rend sa sentence.

Quoi de plus simple ! quoi de plus expéditif !

Cette procédure a l'immense avantage d'éviter toute complication ; mais que d'inconvénients ne traîne-t-elle pas à sa suite ?

La discussion devient interminable ; elle s'embarrasse et se perd dans les faits les plus contradictoires. Les faux témoignages abondent ; les témoignages parasites étouffent l'affaire sous une montagne de circonstances étrangères au procès ; ce qui tout à l'heure avait l'apparence de la simplicité et de la précision se transforme en complications infinies et en difficultés insolubles. Livré à

lui-même, le magistrat tombe dans les plus grandes hésitations : la vérité lui échappe ; sa conscience est troublée ;
il se voit réduit au silence, et la loi demeure inerte entre
ses mains débiles.

Voilà ce qui se passera dans un procès qui ne donnera lieu qu'à l'examen de faits en quelque sorte avérés,
venant de se produire, ayant eu beaucoup de retentissement, ayant causé un scandale récent et excité des émotions encore chaudes ; mais, si vous supposez que les faits
sont enveloppés d'obscurité et de mystère, les impressions refroidies et glacées, les souvenirs effacés ; que plusieurs mois, que plusieurs années même se sont écoulées
depuis l'accomplissement du crime, et que les traces de
ce crime ont été peu à peu enfouies dans les ténèbres du
passé, les difficultés, les obstacles, les complications,
s'accumuleront encore, et, par suite, les défaillances du
juge aboutiront à des jugements arbitraires ou à des dénis
de justice.

La procédure accusatoire a fait son temps : elle n'est
plus possible, elle est impraticable ; il a été nécessaire de
l'abandonner.

« A Rome, il était permis à un citoyen d'en accuser un
autre. Cela était établi selon l'esprit de la République, où
chaque citoyen doit avoir pour le bien public un zèle sans
bornes, où chaque citoyen est censé tenir tous les droits
de la patrie dans ses mains. On suivit sous les empereurs
les maximes de la République ; et d'abord on vit paraître
un genre d'hommes funestes, une troupe de délateurs.
Quiconque avait bien des vices et bien des talents, une

âme bien basse et un esprit ambitieux, cherchait un criminel dont la condamnation pût plaire au prince : c'était la voie pour aller aux honneurs et à la fortune, choses que nous ne voyons point parmi nous.

» Nous avons aujourd'hui une loi admirable : c'est celle qui veut que le prince, établi pour faire exécuter les lois, prépose un officier dans chaque tribunal pour poursuivre en son nom tous les crimes ; de sorte que la fonction des délateurs est inconnue parmi nous, et, si ce vengeur public était soupçonné d'abuser de son ministère, on l'obligerait de nommer son dénonciateur.

» Dans les lois de Platon, ceux qui négligent d'avertir les magistrats ou de leur donner du secours doivent être punis. Cela ne conviendrait point aujourd'hui : la partie publique veille pour les citoyens ; elle agit, et ils sont tranquilles[1]. »

Les complications infinies, les difficultés insolubles, les défaillances du juge, et par-dessus tout les délations qui, dans le but de satisfaire des haines particulières ou les haines du prince, donnaient lieu à de violentes représailles : tels furent les fruits de la forme accusatoire, qu'il eût été folie de maintenir.

A la procédure accusatoire a succédé la procédure inquisitoriale ; l'enquête a remplacé l'accusation.

La procédure inquisitoriale a été réglementée par les premiers empereurs romains. La poursuite des crimes n'étant plus exercée par les citoyens eux-mêmes avec le

[1] Montesquieu, *Esprit des lois*, livre VI, chap. viii.

zèle et l'ardeur qui avaient été déployés sous les beaux jours de la République, il fut nécessaire de la confier à des magistrats auxquels on donna mission de l'exercer d'office. Introduite en France, pour la première fois, dans les juridictions ecclésiastiques, pour la poursuite des crimes d'hérésie, en vertu des décrétales des papes Innocent III et Boniface VIII, et ensuite par les légistes du XIIIᵐᵉ siècle dans les juridictions séculières, elle fut complétement organisée dans les ordonnances royales de 1539 et de 1670. Mais elle tomba dans des excès que n'avait pas connus la forme accusatoire. La voie de l'accusation donna naissance au duel, le jugement de Dieu; la voie de l'enquête donna naissance à la torture. De même qu'on avait dû abandonner la procédure accusatoire, tout de même aussi, et pour des motifs plus graves encore, on fut obligé de renoncer à la procédure inquisitoriale, telle qu'elle avait été établie dans les juridictions séculières. Le combat des preux et la torture étaient deux modes également barbares de la justice humaine contrefaisant la justice divine.

• En appréciant ainsi ces deux systèmes isolément l'un de l'autre et dans les éléments qui sont propres à chacun d'eux, on arrive à cette conséquence, que ni la procédure accusatoire, ni la procédure inquisitoriale, n'est suffisante, prise exclusivement, pour la protection des intérêts divers qu'elle doit sauvegarder.

• L'histoire démontre cette inefficacité. Reportons-nous aux époques où la procédure accusatoire était seule en vigueur : à Rome, jusqu'au siècle d'Auguste; en France,

jusqu'au xiiime siècle, quels ont été ses résultats? La faiblesse du juge et l'impunité des coupables, l'inaction ou
le désordre de la justice. Remontons, d'un autre côté,
aux temps où la forme inquisitoriale dominait seule la
procédure; que trouvons-nous? Toutes les garanties judiciaires détruites, la défense anéantie, la puissance du
juge excessive et sans contre-poids; la contrainte pesant
sur l'accusé jusqu'à la torture, la répression poussée
jusqu'à la cruauté. Ainsi, de part et d'autre, ces deux
principes, livrés à leurs propres tendances, n'ont produit
qu'une justice imparfaite. L'accusation, dénuée d'une
instruction préalable qui eût tempéré sa marche, man-
quant de preuves élucidées par de sérieuses investigations, risquait sans cesse d'égarer le juge ou le réduisait
à l'impuissance de juger. L'enquête, en se prolongeant
jusqu'au jugement, en substituant la froide analyse de
ses procès-verbaux à la physionomie vivante du débat,
le secret de ses rapports à la publicité des discussions,
les aveux de la torture à la libre défense, avait étouffé la
vérité qu'elle cherchait sans cesse et l'avait remplacée
par ses homicides présomptions[1]. »

C'est dans la combinaison et dans l'alliance de ces
deux procédures que le législateur moderne a trouvé une
solution pratique et satisfaisante; c'est un système mixte,
qui a supprimé tout ce qu'il y avait d'exagéré et de mauvais dans la forme accusatoire et dans la forme inquisitoriale prises isolément.

[1] Faustin Hélie, *Traité de l'instruction criminelle*, tome V.

L'instruction écrite a mitigé la forme inquisitoriale; l'instruction orale a mitigé la forme accusatoire.

Par les vérifications et les investigations de l'enquête, le magistrat instructeur constate les faits. Les investigations du magistrat instructeur sont ensuite contrôlées à l'audience, dans la procédure orale qui termine le litige. Le décret de 1791, le Code de l'an IV, et enfin le Code d'instruction criminelle de 1808, se sont inspirés de tous les précédents législatifs que le génie des peuples anciens a rassemblés sur cette matière. Si le Code de 1808, le dernier venu, n'a pas atteint la perfection idéale, qui ne paraît pas être de ce monde, on peut dire, toutefois, que son œuvre est empreinte d'une sagesse profonde, d'une grande élévation de pensées philosophiques et politiques, et que, parmi toutes les législations des peuples qui nous entourent, il n'en est pas une qui, comparée à la nôtre, ne lui soit déclarée inférieure, au moins sous le rapport de l'ensemble.

Il est facile de relever quelques lacunes, quelques taches, dans ce travail si important et si vaste; nous répétons qu'il est urgent même de le modifier sur plusieurs points; mais ces lacunes, ces taches, ces imperfections de détail, ne sont pas assez importantes pour nous faire perdre de vue le mérite et la supériorité du corps de l'ouvrage. Nos lois criminelles n'en sont pas moins les plus belles, les plus savantes et les plus utiles de toutes celles qui ont paru jusqu'à ce jour; il faut nous en montrer fiers, bien loin de les rabaisser continuellement, par un esprit mesquin de critique banale et étroite, de malveillance systématique et de passion irréfléchie.

Tel n'est pas l'avis de quelques réformateurs.

« S'il me fallait exprimer tout mon sentiment sur notre procédure criminelle, je dirais qu'elle est divisée contre elle-même, fondée sur des principes opposés, et, par là même, condamnée à d'inévitables contradictions : que, hésitant entre deux idées diverses, elle manque d'unité dans sa direction et d'harmonie dans ses moyens; qu'elle n'a pas, enfin, ce caractère auquel se reconnaissent les œuvres arrivées à leur point de maturité et d'achèvement : la simplicité. Deux éléments, en effet, ont contribué à la former par leur combinaison : l'un, historique, traditionnel et despotique; l'autre, philosophique, rationnel et libéral. Leur rapprochement n'a point été une de ces heureuses conciliations où la vérité trouve ses plus beaux triomphes, mais une de ces transactions où s'arrêtent les hommes, quand ils sont lassés de lutter. Juxtaposés plutôt que confondus, ils se repoussent par leur nature même; et, dans un temps qu'il est impossible de déterminer, mais qui peut être assurément prédit, l'un des deux éliminera l'autre[1]. »

Il est facile de réfuter cette argumentation, dont M. Renault s'est fait l'interprète, mais qui avait été bien des fois déjà reproduite avant lui. Le criminaliste italien Carmignagni l'avait développée le premier, en une série de propositions plus pressantes.

[1] *De l'Influence de la philosophie du XVIIIe siècle sur les réformes de la procédure criminelle*, par M. L.-C. Renault, avocat à la Cour impériale de Paris.

Il signalait l'incompatibilité des deux procédures. La première est simple, directe, saisissante, faite au grand jour de l'audience; l'autre est compliquée, embarrassée dans sa marche, inanimée, ténébreuse. L'une a pour base la controverse publique, l'autre ne repose que sur des investigations secrètes. L'une est un débat, en quelque sorte une bataille entre les deux parties, entre le plaignant et l'inculpé; l'autre n'est qu'une analyse philosophique des divers éléments de la cause. Ces deux procédures se contredisent mutuellement. Il existe une opposition dangereuse entre la conviction du juge d'instruction et la conviction du juge du fond, tribunal correctionnel ou jury; entre la science du droit et l'appréciation du fait, entre l'accusation et le jugement. On arrive forcément à un dilemme qui place la justice dans une situation regrettable : ou bien la procédure orale est enchaînée à la procédure écrite, et alors elle n'est plus indépendante, elle ne jouit plus d'une liberté complète sans laquelle ses opérations sont entachées d'une suspicion légitime; ou bien la procédure orale n'est pas enchaînée à la procédure écrite, et alors elle pourra établir que celle-ci est tombée dans des erreurs grossières, qui sont d'un fâcheux exemple et qui détruisent son crédit.

Qui ne voit que toutes ces objections, que M. Faustin Hélie a combattues victorieusement dans son admirable *Traité de l'instruction criminelle*, n'ont aucune valeur? Ce sont des paradoxes qui ne soutiennent pas une discussion sérieuse; ce sont des fantômes que crée l'imagination et qui s'évanouissent à la lumière du bon sens.

Pourquoi serait-il interdit au législateur de combiner deux systèmes et de les coordonner, en les faisant concourir à un but commun? Pourquoi lui imposer l'obligation d'inventer des procédures nouvelles, lorsque les anciennes ont été éprouvées par de longues et fructueuses expériences?

On reconnaît que la forme accusatoire, prise isolément, avait à l'origine de grands avantages en même temps que de grands inconvénients. Elle a été conservée, modifiée, améliorée, et elle est devenue l'instruction orale, qui s'accomplit à l'audience par l'audition des témoins et du plaignant, l'interrogatoire de l'inculpé, et les débats entre le ministère public et le défenseur.

On reconnaît aussi que la forme inquisitoriale, prise isolément, avait autrefois de grands avantages en même temps que des inconvénients immenses; elle est essentiellement apte aux investigations, aux recherches, à la constatation des faits. Elle a été conservée également, modifiée et améliorée, et elle est devenue l'instruction écrite, que la loi a confiée à un magistrat investi de la délicate mission de réunir tous les éléments de la cause, mission que la connaissance du cœur humain, une observation profonde des passions et des mobiles qui le dirigent, la science du droit, le calme, la possession de soi-même, l'impartialité, et tant de qualités diverses, rendent la plus grave et la plus belle de toutes.

La procédure orale n'est pas enchaînée à la procédure écrite; elle jouit de toute sa liberté. La procédure écrite a rassemblé les circonstances, constaté les faits; la procédure orale les contrôle à l'audience.

Leur isolement faisait leur faiblesse, leur réunion fait leur force.

La justice n'est nullement placée dans une situation regrettable. Le dilemme que l'on pose n'a pas de portée logique. Sans doute, il existera et il existe fréquemment des contradictions entre la procédure écrite et la procédure orale; mais ces contradictions sont beaucoup plus apparentes que réelles. On oublie toujours que la procédure écrite a une action limitée. Elle ne déclare pas que l'individu qu'elle poursuit est l'auteur du fait incriminé; elle se borne à déclarer qu'il y a des présomptions de culpabilité contre lui. En un mot, l'instruction écrite et l'instruction orale répondent toutes deux à des questions différentes. Pour l'une, la question est ainsi conçue : un tel est-il présumé avoir commis tel fait? Pour l'autre, la question est celle-ci : un tel est-il coupable d'avoir commis tel fait? Être présumé coupable ou être coupable, c'est tout autre. Et si, lorsque l'instruction écrite a renvoyé devant la cour d'assises ou devant la police correctionnelle un inculpé d'un délit ou d'un crime quelconque, l'instruction orale n'établit point la culpabilité, peu importe. Les choses restent intactes. L'une ne portait que sur des présomptions; l'autre porte sur des preuves. Il n'y a pas contradiction, et le crédit de la justice n'en est pas ébranlé.

Qu'on nous pardonne de tant insister sur ce parallèle. L'instruction écrite ne fonde qu'une prévention, une accusation; l'instruction orale fonde une culpabilité. La première engendre et légitime la poursuite; la seconde engendre et légitime le jugement d'acquittement ou de condamnation. Ce parallèle, il faut le bien suivre jusqu'au bout, et dès qu'il est bien saisi, il est impossible que l'on n'admire pas la prévoyances du Code de 1808, qui a si heureusement combiné les deux formes accusatoire et inquisitoriale.

Ce qui nuit le plus à l'instruction écrite, c'est son ancien nom d'information inquisitoriale, c'est le titre flétri d'inquisition, qui ne lui est donné ici que dans un sens historique et qu'elle ne mérite plus. En France, les mots survivent longtemps aux choses, et l'on se surprend encore à prononcer le nom de l'inquisition, lorsque l'inquisition a disparu à jamais de notre procédure, pour faire place au système humain et moral dont nous avons été gratifiés en 1808.

On a prétendu encore que les deux formes de la procédure dépendent surtout de la constitution politique des pays dans lesquels elles sont en vigueur. Ainsi, la forme accusatoire est adoptée par les peuples libres, en Angleterre et en Amérique; la forme inquisitoriale se perpétue chez les peuples soumis au régime despotique. Ce sont là d'autres théories purement spéculatives, qui, pour vouloir trop prouver, ne prouvent rien. Ainsi que le démontre si bien M. Faustin Hélie, tout est concilié, lorsque le principe inquisitorial est limité à l'instruction préalable, et lorsque le principe accusatoire est réservé au ministère public.

« Comment ces deux principes, ainsi modifiés l'un
par l'autre et transformés par le mutuel appui qu'ils se
prêtent, pourraient-ils imposer encore à telle ou telle
forme de gouvernement une solidarité nécessaire? La
liberté constitutionnelle pourrait-elle craindre de confier
à la forme inquisitoriale l'instruction des procès, si cette
forme est la seule qui puisse apporter une garantie à
l'ordre, une protection au droit? Et que peut redouter
l'État de la forme accusatoire mise en mouvement par un
magistrat, et placée sous la direction d'un autre magistrat?

» Ces grands principes de la justice criminelle sont
désormais placés, il faut le croire, au-dessus des mou-
vements politiques de notre temps. Leur développement
régulier, dans le cercle où ils doivent se mouvoir, peut
dépendre de l'état de la science du droit, mais ne dé-
pendra plus de l'état politique de chaque pays. Les tendances diverses des gouvernements peuvent se manifester
encore en étendant ou restreignant les garanties qu'ils
renferment. Ils pourront accorder plus ou moins de protection aux inculpés, de recours à la défense, de solennités aux jugements, et de pouvoir au juge, suivant qu'ils
inclineront vers tel ou tel régime; mais ils ne toucheront
plus aux règles fondamentales qui désignent le mode de
la poursuite et le mode du jugement : ces règles sont
désormais acquises à la législation comme les seules
garanties d'une bonne justice[1]. »

L'instruction criminelle n'est pas privée d'unité dans

[1] M. Faustin Hélie, *Traité de l'instruction criminelle*, t. V,
p. 58.

sa direction et d'harmonie dans ses moyens. M. Renault, qui lui reproche de manquer de simplicité et de ne former qu'une œuvre de transaction éphémère, ou de trève momentanée, désire, sans doute, l'abandon de la forme inquisitoriale, et le retour à la forme accusatoire; mais ces deux procédures peuvent se combiner parfaitement ensemble : l'institution du ministère public leur sert de trait-d'union. Le retour à la forme accusatoire supposerait l'abolition du ministère public : pourquoi un ministère public, en effet, s'il n'y a plus de procédure préliminaire en dehors de l'audience? Or, une fois le ministère public supprimé, où seraient l'unité dans la direction et l'harmonie dans les moyens? Quant à la simplicité, il faut avouer que l'instruction qui s'accomplit immédiatement à l'audience et qui se termine par un jugement est extrêmement simple; mais cet excès de simplicité n'est-il pas trop favorable à l'impunité des coupables, trop périlleux même pour les innocents, et trop contraire aux intérêts les plus précieux de la société?

Au point de vue purement politique, l'influence de la nature du gouvernement sur la forme de l'instruction est incontestable dans une certaine mesure : les peuples primitifs, par exemple, ont adopté la forme accusatoire, parce qu'elle est précisément la forme primitive de la science du droit criminel, et parce que leurs mœurs, aussi bien que leur état social, n'en comportaient pas d'autres. Il est faux que la forme accusatoire soit exclusivement propre aux gouvernements républicains, et la forme inquisitoriale aux gouvernements monarchiques ; il est faux,

surtout, que la forme inquisitoriale soit incompatible avec
le régime constitutionnel et la liberté. La liberté , en effet,
n'est garantie que par l'ordre, et l'ordre n'est efficacement
garanti lui-même que par l'instruction à deux degrés et le
concours des deux procédures. Confondre le mode de la
poursuite avec le mode du jugement, c'est tomber dans
une erreur capitale. Le mode de la poursuite, c'est l'instruction écrite, qui est mise en mouvement par le ministère public; le mode du jugement, c'est l'instruction
orale , qui, tout en s'appuyant sur l'instruction écrite,
plane au-dessus d'elle et s'en affranchit toujours. Le
régime constitutionnel et la liberté ne seront jamais
compromis, tant que la poursuite n'appartiendra qu'au
ministère public, et que le jugement sera réservé à des
magistrats étrangers à ses fonctions, et chargés de contrôler, de valider ou d'invalider ses actes.

V

Battue sur ce terrain, comprenant qu'il est impossible que l'instruction préparatoire cesse de nous régir, la nouvelle école des réformateurs se rejette sur les bienfaits incomparables de la publicité de la procédure préliminaire, et elle voudrait que la forme inquisitoriale, forcément conservée, fût améliorée en ce sens que l'enquête ne serait plus secrète, que les témoins à charge et à décharge seraient entendus par le juge d'instruction, en présence de l'inculpé et de son défenseur, et que des débats, semblables à ceux qui ont lieu à l'audience, pendant le cours de l'instruction orale, pour déterminer la culpabilité et prononcer la condamnation, se dérouleraient contradictoirement dans le lieu où siégerait le magistrat instructeur, entre le plaignant et l'inculpé, entre le ministère public et l'avocat, pour déterminer les présomptions et prononcer la mise en jugement ou le renvoi à la juridiction qui doit statuer sur les faits.

Publicité de l'instruction écrite, publicité de l'instruction orale, voilà les deux termes du problème. Nous avons la publicité de l'instruction orale ; il nous reste un progrès à réaliser : rendons l'enquête publique, permettons à tout le monde, aux parents, aux amis, aux défenseurs des prévenus, aux témoins, au public, de

pénétrer dans le cabinet du juge d'instruction, qui n'est
resté jusqu'ici que trop inviolable et trop mystérieux;
ordonnons enfin que l'inculpé aura le droit, à l'occasion
de tous les actes de la procédure, auditions des témoins,
interrogatoires, visites domiciliaires, descentes sur les
lieux, confrontations, expertises, de se faire assister
de son avocat. C'est le dernier pas à franchir; quand
nous en serons là, nous aurons accompli une réforme
vraiment importante.

« A voir de quelle façon rapide et sûre Humbug
instruisait et jugeait chaque affaire, à voir surtout comment le condamné acceptait sans se plaindre un châtiment prévu, je me réconciliai avec la procédure américaine. La publicité de l'instruction criminelle pourrait
bien être une de ces découvertes modernes qui sup-
priment le temps. En saisissant dans leur premier feu
les paroles de toutes les parties, au lieu de les figer
sur un papier qui n'en garde ni le son ni le sens; en
mettant face à face accusés, accusateurs, témoins, avocats, le juge américain condense en quelques instants
la vérité, qui trop souvent, chez nous, s'évapore dans
les mille canaux où nous la refroidissons. Faire bonne
et prompte justice, voilà le problème que ces Yankees
ont résolu. La science nous a trompés, le hasard les a
servis[1]. »

Mais l'instruction, même publique, ne se fera pas en
un seul jour. Il faudra bien que toutes les paroles, tous

[1] *Paris en Amérique.*

les gestes, tous les cris des accusés, des accusateurs,
des témoins, des avocats, soient consignés par écrit,
pour qu'il en reste trace, à moins que l'on n'admette
que le juge qui les a recueillis, et qui n'est institué que
pour procéder à une information, soit aussi le juge du
fond et se prononce sans désemparer. Or il n'est que
magistrat instructeur; son rôle ne consiste qu'à préparer
les voies et à fixer la prévention. Dès lors on retombe
dans les anciens errements, c'est-à-dire dans la froide
analyse des procès-verbaux, et la vérité va courir de
de nouveau le risque de s'évaporer à travers les mille
canaux où nous la renfermerons. Ce sera substituer
l'analyse d'une procédure publique à l'analyse d'une
procédure secrète. Nous ne sortirons point de cette im-
passe. Dans le système actuel, la procédure secrète consigne par écrit les résultats de l'enquête à laquelle le
juge procède dans son cabinet; dans le nouveau système,
il faudrait pareillement consigner par écrit les résultats
de la procédure publique.

Accordons cependant que la méthode actuelle soit
défectueuse, que la science nous ait trompés, et que le
hasard ait mieux servi les Anglais et les Américains.

A quel résultat arriverons-nous? Il n'y aura plus
d'instruction! L'enquête, en effet, ne demeurera-t-elle
pas stérile? Tous les coupables n'échapperont-ils pas à
l'action de la justice?

En douterait-on? Que l'on examine ce qui se passe
en Angleterre et en Amérique, où l'on s'efforce toujours
de puiser des exemples imprudemment choisis.

En Angleterre, une loi du 14 août 1848, pour obvier aux inconvénients que présentaient les révélations et les publicités des instructions préparatoires, a copié en partie la législation française ; il n'est donc pas exact, tout d'abord, d'affirmer que chez nos voisins la publicité de l'instruction préparatoire règne en maîtresse souveraine dans l'organisation judiciaire, et que l'on n'ait jamais eu à s'en plaindre.

M. Bertin s'exprime ainsi à cet égard :

« Si l'instruction préparatoire est publique, les parents, les amis de l'accusé, ses complices peut-être, se garderont bien de ne pas assister à cette instruction. Les indications précieuses qui seront données à l'audience seront immédiatement utilisées pour faire disparaître toutes les traces du crime et les criminels, s'il en existe.

» Il n'est pas difficile de comprendre que ces révélations, faites publiquement, ont dû, en Angleterre, entraver la marche de l'instruction criminelle, énerver la répression et favoriser des impunités. Il faut que le mal ait été bien grand, le préjudice à l'intérêt social bien considérable, pour que les Anglais, qui conservent leurs lois, même lorsqu'elles sont universellement reconnues comme mauvaises, qui professent un véritable culte pour celles qui consacrent les principes fondamentaux de leurs institutions, aient cru devoir, en 1848, créer une exception à la règle de l'instruction préparatoire. Une loi du 14 août 1848 dispose, en effet, « que le lieu ou l'édifice dans lequel le juge ou les juges feront l'examen et recevront les déclarations dont il vient d'être parlé ne sera pas considéré comme une cour publique pour ce qui concerne ces actes, et le juge ou les juges pourront, à leur discrétion, ordonner que personne n'entrera ou ne restera dans lesdits lieux ou bâtiments, sans leur consentement ou leur permission, s'ils pensent que le but que se propose la justice sera mieux atteint en agissant ainsi. »

En Angleterre, les actes de la procédure sont publics. Le lieu où se poursuit l'instruction est ouvert librement à tout le monde, aux curieux, aux indifférents, aux amis comme aux complices de l'inculpé.

Était-il possible qu'un semblable état de choses ne causât point de funestes désordres? Non, évidemment.

C'est pour y pourvoir que la loi de 1848 accorde aux juges la faculté, en quelque sorte discrétionnaire, d'ordonner le huis-clos, lorsque les circonstances l'exigent[1].

M. Bertin continue en ces termes : « M. Ernest Bertrand, juge au tribunal de la Seine, dans une brochure ayant pour titre : *de la Détention préventive en France et en Angleterre*, fait remarquer avec raison qu'il est étrange, lorsque l'Angleterre est amenée par d'impérieuses nécessités à reconnaître les graves inconvénients de ses instructions préparatoires; lorsque, par l'exception qu'elle crée au principe qui consacre cette publicité, elle adopte, en partie du moins, la règle contraire, qui est la nôtre, qu'on propose l'adoption en France d'un mode d'instruction reconnu vicieux par les Anglais, et qui est

[1] Elle n'a pas été appliquée dans le procès Müller.

abandonné partiellement par la législation anglaise.

« C'est donc au moment où l'Angleterre reconnaît la supériorité de notre législation, en ce qui concerne l'instruction préparatoire, et nous emprunte ce que ses usages, ses traditions, ses répugnances instinctives pour tout ce qui n'est pas d'origine anglaise, lui permettent de s'approprier, que nous nous amourachons d'une publicité que les Anglais restreignent après en avoir constaté les dangers, et que, dans un avenir qui n'est pas éloigné, ils supprimeront complétement[1]. »

Vicieuse pour les Anglais, la publicité de l'instruction serait bonne pour nous! Ils y renoncent; nous nous emparons de ce qu'ils délaissent. Nous ramassons l'instrument qu'ils ont jeté à terre comme ne pouvant plus leur servir.

L'Angleterre, qui prend avec fierté le titre de terre classique de la liberté, fait un pas rétrograde et revient sur les concessions téméraires que ses anciennes lois avaient admises. N'y a-t-il point là de quoi dessiller les yeux des réformateurs les plus hardis de notre Code d'instruction criminelle? n'est-ce pas un fait bien grave? La loi du 14 août 1848 n'imposera-t-elle point silence aux détracteurs du principe de l'enquête secrète? la leçon n'émane-t-elle pas d'assez haut? en faut-il une autre?

Eh bien! cette seconde leçon nous est fournie par les Américains.

Si les partisans de la liberté absolue ne sont pas édifiés

[1] M. Berlin, *des Réformes de l'instruction criminelle.*

par la loi du 14 août 1848, promulguée en Angleterre sous l'empire d'une vive réaction contre les vices de la publicité des instructions préparatoires, qu'ils veuillent bien méditer le rapport adressé à la législature de New-York, le 31 décembre 1849, par une commission qui avait été spécialement chargée d'étudier la question.

Au début de leur rapport, les commissaires constatent « que la valeur du jury d'accusation est, en Amérique, diversement jugée : les uns la considèrent comme d'une haute importance, parce qu'elle fournit, à raison de sa forme secrète, le plus solide appui à la découverte et à la répression des crimes ; les autres, au contraire, la regardent, à raison même du secret qui l'entoure, comme subversive des droits et des libertés des citoyens.

» Les commissaires proposent de modifier la loi en ce sens que l'affaire, avant d'être soumise au jury d'accusation, devra être renvoyée devant un magistrat qui fera une instruction préalable.

» Les motifs donnés par les commissaires à l'appui de cette innovation sont que les parties, stimulées par la cupidité ou la vengeance, et protégées par le secret de la délibération du grand jury, réussissent, à l'aide d'assertions qui ne sont pas contredites, à obtenir un *indictment* contre la personne qu'ils poursuivent; qu'il arrive même souvent que ce sont des créanciers qui, depuis l'abolition de la contrainte par corps, cherchent dans une accusation hasardée un moyen de coercition contre leur débiteur; qu'on voit aussi des plaignants qui, après que leur plainte, examinée par un magistrat, a été rejetée,

la représentent au grand jury et parviennent à lui faire
rendre une décision favorable à leurs prétentions ; qu'il
importe donc de soustraire le grand jury à des obsessions ou à des manœuvres qui le conduisent trop facilement à décréter des accusations ; que le remède le plus
efficace est de restreindre son pouvoir, en soumettant
chaque bill d'accusation à la condition impérieuse d'une
information préliminaire faite par un magistrat.

» Cette utile réforme a été admise par plusieurs États,
notamment par ceux de New-York et de la Virginie[1]. »

Il importe d'entrer ici dans quelques explications,
pour que l'on saisisse bien la portée de la réforme qui a été
proposée et adoptée en Amérique.

Qu'est ce que le grand jury ? C'est le jury d'accusation,
créé en Angleterre par la charte de Henri III.

Il est intéressant de connaître l'état actuel du jury
d'accusation en Angleterre, que l'on nomme le grand
jury, et qu'il ne faut pas confondre avec le jury de jugement.

Le grand jury procède à une instruction secrète : l'audition des plaignants et des témoins n'est pas publique.
L'accusé ne comparaît point ; il n'est pas représenté par
un défenseur : il n'est pas entendu par lui-même.

L'accusé ne comparaît point en personne ; l'audience
est secrète : ce sont là deux faits bien graves, qui étonne-
ront singulièrement les admirateurs des lois anglaises. Il
y a plus encore. Un autre fait est de nature à les étonner

_____

[1] Cité par M. Berlin, *des Réformes de l'instruction criminelle.*

bien davantage : les témoins à décharge sont écartés ! Leurs dépositions ne sont pas reçues !

Parlez maintenant des rigueurs de notre Code d'instruction criminelle, de ses lacunes et de ses imperfections ; vantez les bienfaits de la publicité ; indignez-vous contre les monstrueuses aberrations de la procédure écrite ; appelez à votre aide la générosité des lois anglaises, de ces lois qui renferment seules tous les progrès, et prononcez-vous en parfaite connaissance de cause.

Oserez-vous soutenir que la procédure écrite, faite devant notre juge d'instruction, telle qu'elle est réglée par notre Code, n'est pas préférable à la procédure secrète qui s'instruit, en l'absence de l'accusé et des témoins à décharge, devant le grand jury?

« A plusieurs reprises, le gouvernement anglais a ordonné des enquêtes sur les résultats pratiques du jury d'accusation. Dans une des dernières de ces enquêtes, un criminaliste distingué, M. Pitt-Taylor, a été entendu et a fourni sur le jury d'accusation des renseignements qui ont été signalés par les commissaires enquêteurs comme dignes de la plus sérieuse attention.

» M. Pitt-Taylor a fait remarquer que, lorsque le plaignant saisit directement le grand jury de sa plainte, aucune instruction préliminaire n'est faite ; le plaignant et ses témoins sont successivement et secrètement entendus par les grands jurés, en l'absence et même à l'insu de l'inculpé ; qu'immédiatement après cette instruction partielle, o bill d'accusation est déclaré fondé ou rejeté.

» M. Taylo. se demande si cette procédure présente des

garanties suffisantes à la justice, si l'examen préliminaire qu'un magistrat expérimenté ferait des charges ne sauvegarderait pas avec plus d'efficacité les intérêts de toutes les parties. Il démontre que des fraudes sont fréquemment pratiquées, soit par le plaignant, qui corrompt les témoins qu'il produit; soit par l'inculpé, qui, dans le cas où une instruction préalable lui a fait connaître les témoins qui lui sont opposés, n'épargne aucun moyen de les suborner à son tour; que le secret absolu qui couvre les séances du grand jury facilite les faux témoignages, en leur assurant une complète impunité; que, d'ailleurs, les déclarations des témoins étant reçues isolément et sans contradictions, et n'étant point consignées par écrit, il serait difficile d'en vérifier la fausseté.

» L'auteur du rapport, après avoir constaté cette pratique vicieuse qui revêt la partie poursuivante d'un pouvoir dont elle abuse, qui abandonne l'inculpé sans aucun moyen de défense contre la mise en accusation, et qui place les témoins en proie, soit à l'influence d'une seule partie, soit aux moyens de corruption employés par le plaignant et le prévenu, conclut à la réforme du grand jury, et, s'il est possible, à sa suppression[1].»

La forme inquisitoriale, par conséquent, n'existe pas seulement en France; elle existe, aggravée, cruelle et odieuse, en Amérique et en Angleterre, où elle engendre tant d'abus, que les Américains, en 1849, dans les États de New-York et de la Virginie, ont copié

[1] M. Bertin, des Réformes de l'instruction criminelle.

partiellement la législation française, en soumettant
chaque bill d'accusation à la condition d'une information
préliminaire faite par un magistrat, et que les Anglais,
par la loi du 14 août 1848, ont permis au juge enquêteur, lorsqu'il le croit utile, de rendre l'instruction
secrète, d'interdire au public l'accès de la salle et du
bâtiment où il se livre à ses constatations, et d'ordonner
un huis-clos dont il décide seul l'opportunité, suivant
ses convictions personnelles.

Les Anglais et les Américains ne sont pas encore
très-franchement entrés dans la voie du véritable progrès, où nous les devançons; ils cherchent à s'y engager:
ils y arriveront bientôt.

Ils sont en bon chemin; ils approchent du but peu
à peu; mais, en ce moment, de combien de contradictions étranges leurs lois ne sont-elles pas remplies?

Est-il besoin d'énumérer ces contradictions? Le lecteur
ne les a-t-il pas touchées du doigt, dans les citations
que nous venons de lui offrir?

En Angleterre, la publicité de la procédure est le
principe qui domine. Une loi récente permet cependant
au juge d'opérer à huis-clos les constatations de l'enquête
préparatoire du premier degré; et, cependant encore,
la procédure préparatoire du deuxième degré, qui s'élabore devant le grand jury, est dirigée secrètement, en
l'absence et quelquefois même à l'insu de l'inculpé, qui
n'a pas le droit de se défendre, qui n'a pas le droit
d'appeler des témoins à décharge dont les dépositions
pourraient établir un alibi en sa faveur ou démontrer

péremptoirement son innocence de toute autre manière, et qui, enfin, subit la flétrissure d'une mise en accusation contre laquelle il est entièrement désarmé, soit que la plainte, réellement fondée et légitime, doive plus tard triompher devant le jury de jugement, soit que le jury de jugement la repousse et l'annule comme l'œuvre du mensonge et de la perfidie !

De même en Amérique, où l'on a conservé la plupart des institutions de l'Angleterre, la mère-patrie, la procédure est secrète devant le jury d'accusation, excepté dans les États de New-York et de la Virginie depuis peu de temps, et l'on ne craint pas de la comparer à la nôtre et de nous la proposer pour modèle !

D'une part, en Angleterre et en Amérique, l'instruction préliminaire qui s'élabore devant le grand jury est un attentat manifeste à la liberté des citoyens et à la dignité de la justice : il faut remonter au moyen âge et aux temps les plus sombres de l'inquisition, pour y retrouver des procédés semblables.

D'autre part, en Angleterre, pour l'instruction préparatoire du premier degré, qui est confiée au juge enquêteur, l'excès de la liberté a été enfin aperçu. On a déclaré qu'il était indispensable de poser des limites à la publicité, on a permis aux magistrats de requérir le huis-clos. De telle sorte que c'est bien le cas de répéter avec La Bruyère : Est-ce un bien pour l'homme que la liberté, si elle peut être trop grande et trop étendue, telle enfin qu'elle ne serve qu'à lui faire désirer quelque chose, qui est d'avoir moins de liberté ?

Il n'est pas douteux, selon nous, que, si la publicité de l'instruction préparatoire était introduite dans nos lois, sans aucun tempérament, d'après une imitation servile des lois anglaise et américaine, nous entendrions bientôt les citoyens s'effrayer d'avoir une trop grande liberté et réclamer à grands cris le retour à la procédure de 1808.

Indépendamment de l'intérêt public qui est en jeu dans cette question, l'intérêt privé serait également lésé par la suppression de la procédure écrite, qui se poursuit et s'achève secrètement dans le cabinet du juge d'instruction.

La société est intéressée à ce que les crimes soient punis. Or les révélations de l'audience publique fourniraient aux inculpés mille moyens de se soustraire aux investigations de l'enquête; nous l'avons déjà dit : subornation des témoins, concert entre tous les complices, disparition des objets volés et des pièces de conviction, confusion répandue habilement parmi les indices et les preuves, fuite des coupables, tout serait employé avec un succès malheureusement trop certain, pour enlever à la justice tous les éléments qui doivent concourir à éclairer sa marche.

L'intérêt privé des citoyens serait compromis dans des conditions différentes; mais cet intérêt n'en est pas moins digne d'être protégé.

En Angleterre, il n'existe pas de ministère public. Les actions sont exercées par les plaignants; la couronne n'intervient que dans les circonstances extraordinaires, à l'occasion des crimes atroces et exceptionnels Il en

résulte que, chacun ayant le droit de traduire directement devant le juge celui qu'il accuse d'un méfait quelconque et ayant aussi le droit de procéder ou de faire procéder à son arrestation, le nombre des arrestations et le
nombre des causes qui sont portées à l'audience sont
beaucoup plus considérables qu'en France. Parmi ces
arrestations, il en est qui sont justes; la plupart sont mal
fondées. Parmi ces causes, il en est d'intempestives, il
en est de légitimes; la plupart sont, en général, conduites
par la mauvaise foi, la haine, la vengeance, la cupidité.
Mais la considération de ceux qui en sont victimes, quelque fâcheux que soient les désagréments qu'ils en éprouvent, n'en est pas sensiblement altérée. L'usage a prévalu;
les mœurs sont ainsi.

En France, il faudrait de longues années pour refaire
nos mœurs. Il s'attache toujours une certaine flétrissure
au nom de celui qui a figuré, comme inculpé, dans un
procès correctionnel ou criminel. Le courant de l'opinion
est là; il serait bien difficile de l'en détourner.

Interrogez tous les citoyens qui ont été victimes de
dénonciations calomnieuses, et demandez-leur s'ils eussent préféré la publicité de l'audience à l'information
secrète qui n'a pas franchi le seuil du parquet du procureur impérial ou du cabinet du juge d'instruction.

En 1862, sur 270,956 affaires (plaintes, dénonciations et procès-verbaux) dont le ministère public a été
saisi pendant le cours de l'année, 114,007 ont été clas-
sées au parquet et laissées sans poursuites, soit parce que
les faits ne constituaient ni crime ni délit, soit parce que

les auteurs en sont restés inconnus, soit parce que les délits étaient sans gravité et n'intéressaient pas essentiellement l'ordre public, soit enfin parce que la preuve n'en pouvait être faite pour toute autre cause.

Parmi les affaires soumises aux juges d'instruction dans le cours de la même année, il y en a eu, ainsi que nous l'avons rapporté plus haut, 17,691 qui ont été terminées par des ordonnances de non-lieu : ces 17,691 affaires intéressaient 22,658 inculpés.

Il est évident que parmi ces 114,007 plaintes ou procès-verbaux abandonnés par le procureur impérial, et ces 17,691 affaires terminées par le juge d'instruction au moyen d'une ordonnance de non-lieu, ce qui forme un total de 131,698 affaires arrêtées avant l'audience, il en est une quantité énorme qui n'avaient aucune espèce de gravité; mais pour beaucoup d'autres, notamment pour celles qui ont nécessité le renvoi au juge d'instruction, il existait des présomptions sérieuses.

Pensez-vous, notamment, qu'au milieu des 22,658 inculpés qui ont été déchargés des poursuites en vertu d'ordonnances de non-lieu, il ne s'en soit pas trouvé un très-grand nombre pour lesquels la publicité de l'instruction eût été un supplice, une honte, une atteinte profonde à leur honneur, quelquefois la perte de leur fortune et de leur position sociale?

La publicité de l'instruction étant admise, les procès injustes, les plaintes dictées par la cupidité ou la vengeance, s'accroîtraient encore. Aujourd'hui, sans doute, la partie civile peut citer l'inculpé directement à l'audience ; mais elle recule, si les faits sont faux, devant l'impossibilité de les justifier. Une accusation peut être plus facilement portée : avant que la vérité ne se découvre, le temps s'écoule, la calomnie se propage, la réputation est entamée. Quelle mine féconde à exploiter que la terreur ou la pusillanimité d'un homme que l'on accuse d'un crime ou d'un délit infamant, et qui, pour éviter à sa famille, à ses amis, autant qu'à lui-même, les tribulations et les angoisses d'un pareil procès, se résignera à transiger et à verser entre les mains de son bourreau toutes les sommes d'argent qui seront arrachées à sa faiblesse! Quel vaste champ se découvre devant l'escroquerie, devant les plus viles passions, et ce délit nouveau, le chantage, qui a reçu récemment la collation de ses titres à figurer dans l'article 400 du Code pénal, modifié par la loi du 13 mai 1863[1].

[1] « Le hasard, l'occasion, une confidence imprudente, nous initient quelquefois à des actes qui intéressent le repos des citoyens, l'honneur des familles, la paix du foyer domestique, et dont la révélation peut amener une poursuite criminelle ou occasionner un scandale. Il se rencontre des hommes assez vils pour profiter de la connaissance qu'ils ont de ces secrets pour menacer de les dénoncer ou de les répandre, si on ne consent pas à acheter leur silence. D'autres, plus éhontés, ne savent rien qui puisse compromettre la personne qu'ils ont choisie pour victime ; mais, par des combinaisons astucieuses, ils l'entraînent dans une situation suspecte et difficile à expliquer : ils font naître des circonstances d'où puisse résulter le soupçon d'une action honteuse, et, menaçant d'exploiter de simples apparences, ils arrachent à la faiblesse et à la peur la rançon d'une calomnie dont ils promettent de s'abstenir. C'est ce qu'on nomme vulgairement le chantage. Dans le premier cas, c'est le chantage à l'aide de la menace de

En résumé, le Code d'instruction criminelle de 1808 est réellement supérieur aux lois anglaises et américaines, qui, dans un avenir prochain, se transformeront et s'assimileront le système français. Au point de vue de la liberté du foyer domestique, nous savons que le droit d'arrestation préalable, dont les constables usent sans ménagements, frappe, chaque année, plus de 400,000 Anglais. Au point de vue de l'administration de la justice, la publicité de l'instruction des affaire criminelles doit exciter les mauvaises passions, ouvrir une trop large carrière au chantage, multiplier les scandales et donner un regrettable retentissement à de tristes procès, qu'il importe de soustraire au grand jour de l'audience.

Les exagérations du droit d'arrestation préalable ne lèsent que les intérêts privés et les franchises des citoyens; les exagérations de la publicité des instructions criminelles lèsent à la fois et les intérêts privés des citoyens et les intérêts publics de l'État : elles lèsent les intérêts publics, en favorisant l'impunité des coupables.

En Angleterre, dans ces dernières années, la progression des crimes, des délits et des récidives, a été formidable[1]. Ne faut-il pas l'attribuer, dans une certaine pro-

révélation d'un fait vrai ; dans le second cas, c'est le chantage à l'aide de la menace de l'imputation d'un fait faux. » Rapport de la commission.

[1] M. Bonneville de Marsangy, dans le second volume de ses *Études sur l'amélioration de la loi criminelle*, p. 84, cite un article de la *Revue d'Édimbourg*, qui fait connaître toute la gravité de cette situation.

« Que le mal soit très-grand, disait naguère un publiciste an-

portion, à l'insuffisance des moyens que la justice emploie contre les malfaiteurs? Parmi toutes les causes qui concourent à ce déplorable résultat, l'impuissance des institutions n'est pas la moins pernicieuse. Autrefois, le Royaume-Uni déportait dans ses colonies toute l'écume de sa population; mais les colonies se sont lassées de donner asile à des hommes incorrigibles, qui compro-

glais, personne n'en peut douter. Il y a positivement absence de sécurité pour la propriété et pour sa vie, au sein de la société la plus riche et la plus civilisée de la terre... En ce moment, le nombre de ceux qui vivent de violence et de rapine, et qui sont connus pour appartenir à la classe des criminels, s'élève à 150,000 dans le Royaume-Uni. En cette année 1863, les habitants honnêtes de la ville de Londres ont dû se munir d'armes cachées pour préserver leur bourse ou leur vie. Tous les ans, il entre dans nos prisons de comtés, ou il en sort, une masse considérable de malfaiteurs, n'ayant d'autre industrie que de vivre aux dépens de la partie honnête et laborieuse de la société. En outre, nous mettons en liberté chaque année, à l'expiration de leur servitude pénale, 5,000 convicts, qui reviennent parmi nous plus vicieux, plus habiles, plus incorrigibles que jamais!... En un mot, nous avons aujourd'hui, en Angleterre, une armée de malfaiteurs, très-active, très-bien exercée, assez bien organisée et pleine de résolution; une armée aussi nombreuse que les troupes de quelques-uns des royaumes de l'Europe, et plus nombreuse que les forces réunies de la police et de l'armée dans notre pays. » — Supposez qu'un jour, dans un temps d'agitation politique ou de crise financière, cette armée de 150,000 malfaiteurs, réduite aux abois par la cherté des subsistances, livre bataille aux honnêtes gens. A qui restera la victoire? A l'énergie de la police, au courage des soldats? C'est probable; mais au prix de quelle effroyable effusion de sang! Quelle horrible guerre civile! C'est là, pourtant, le fléau imminent qui menace le Royaume-Uni. Plaise à Dieu que la sinistre prophétie de la *Revue d'Édimbourg* ne s'accomplisse jamais !

mettaient leur repos et ne rendaient aucun service à la colonisation. Il a donc été obligé de conserver ses convicts; il ne transporte que les plus dangereux dans l'Australie occidentale, qui ne peut en recevoir plus de cinq cents par an. A l'expiration de leur peine, qu'ils subissent désormais sur le sol britannique, les convicts reparaissent plus habiles, plus vicieux et plus audacieux que par le passé. Les prisons ont été pour eux des écoles professionnelles de démoralisation. La *Revue d'Édimbourg* constatait, en 1863, sur le relevé des chiffres fournis par les statistiques du gouvernement, que le nombre des individus qui vivent de violence et de rapine, et qui sont officiellement rangés dans la classe des criminels, s'élève à 130,000. Le pouvoir judiciaire aurait besoin d'être muni d'énergiques mesures de préservation pour lutter utilement contre cette armée sans cesse grossissante. La publicité des instructions les lui retire, et la situation, depuis longtemps si critique, s'aggrave tous les jours.

Certes, l'égalité absolue de l'accusation et de la défense est un principe admirable. Elle existe en Angleterre; elle n'existe pas entièrement en France. Pour la rendre complète, il serait nécessaire que l'intervention de l'avocat fût admise au seuil comme à l'issue de la procédure, dans le cabinet du juge d'instruction comme à l'audience des cours et des tribunaux. Mais l'intervention prématurée de l'avocat n'affaiblirait-elle pas le pouvoir judiciaire? N'entraverait-elle et n'annihilerait-elle point son action? Ne consommerait-elle pas le sacrifice des intérêts publics de l'État au profit des intérêts privés

de citoyens innocents parfois, mais ordinairement coupables des faits qui leur sont imputés?

La prison préventive, l'usage restreint et presque nul
des cautionnements, la procédure secrète, ce sont là les
trois pivots du système actuel. Il ne faut y toucher que
d'une main tremblante, de peur que l'édifice ne s'écroule
si l'on sape les bases sur lesquelles il repose.

Nous n'avons fait, sans doute, qu'effleurer la question
de la publicité de l'instruction. Nous l'avouons sans peine:
nous nous sommes arrêté devant les difficultés qu'elle présente. Le spectacle des inconvénients que son application
produit en Amérique et en Angleterre explique nos hésitations et nos doutes. D'ailleurs, elle n'est pas liée indissolublement aux deux autres. L'emprisonnement préventif pourra être réduit à des proportions normales par
la mise en liberté provisoire, avec ou sans caution, tandis
que la procédure demeurera secrète et le cabinet du juge
d'instruction inaccessible au défenseur de l'inculpé.

La question de la publicité de l'instruction n'est
pas mûre: elle donne lieu à des débats trop irritants
pour qu'elle soit bientôt résolue. Il n'y a point péril à
l'ajourner.

Quant à celles de la détention préventive et de la mise
en liberté provisoire sous caution, il est urgent, au contraire, de s'y appliquer. Autant la première est brûlante,
autant les deux autres sont abordables et opportunes.

Nous croyons que la publicité des instructions criminelles sera, bien longtemps encore, tenue en échec. Si
elle doit triompher plus tard, ce ne sera qu'après avoir été

précédée et lentement acclimatée parmi nous par les
développements de la liberté provisoire sous caution.
Attendons qu'une expérience préliminaire ait été faite,
avant de prendre un parti aussi radical que celui qui
consisterait à supprimer le secret des procédures.

Cette expérience sera faite précisément dans les meilleures conditions, lorsque l'usage du cautionnement sera
devenu le droit commun.

Tandis que la procédure suivra secrètement son cours
dans le cabinet du juge d'instruction, l'inculpé restera
libre : libre, il rassemblera tous les éléments de sa
défense et il se préparera à la lutte qu'il va soutenir
contre l'accusation ; or la lutte contre l'accusation, si
violente et si passionnée qu'elle soit, est pour lui un
droit primordial et essentiel, qu'il n'est pas permis de lui
enlever. L'énergie de la lutte de l'inculpé contre l'autorité
judiciaire est, en effet, la principale objection que l'on
oppose aux conséquences de la liberté sous caution. Mais
l'impunité sera-t-elle bien fréquente, tant que la procédure
sera secrète et que le ministère public sera pourvu de
tous les moyens d'instruction qu'elle lui livre ?

Lorsque la liberté provisoire aura été largement pratiquée en France, on pourra en apprécier les résultats
et décider s'il convient d'accroître encore les garanties
et les concessions que l'on sollicite pour les inculpés.
C'est alors seulement que les théories de la science, les
aspirations de l'opinion publique et les vœux de la philanthropie, seront soumis à un contrôle infaillible ; la
doctrine de la publicité de l'instruction sera condamnée

en dernier ressort, frappée d'une déchéance définitive;
ou bien elle obtiendra gain de cause, elle sera réhabilitée
et elle occupera dans nos Codes la place d'honneur dont
elle a été excluc jusqu'ici; elle en sortira victorieuse ou
vaincue à jamais.

VI

La mise en liberté provisoire et le cautionnement, d'après le chapitre VIII du livre I⁰ʳ du Code d'instruction criminelle

Est-ce à dire que le système français ne puisse pas être, dès maintenant, amélioré sur quelques points? Non, sans doute.

Quant à l'instruction proprement dite, elle n'est pas immuable dans toutes ses parties; mais il ne rentre pas dans le cadre de notre travail d'énumérer et de discuter toutes les réformes que l'on a proposées.

Quant à la détention préventive, ainsi que nous l'avons indiqué plus haut, on s'occupe activement de la restreindre aux cas les plus légitimes, et Son Exc. M. le Garde des sceaux, ministre de la justice et des cultes, a soumis récemment à l'approbation de S. M. l'Empereur un nouveau projet de loi relatif à la mise en liberté provisoire sous caution[1].

La mise en liberté provisoire sous caution est, en effet, le seul tempérament que l'on puisse apporter aux nécessités de l'emprisonnement préalable.

Il est urgent de réviser les articles 113 à 127 du Code d'instruction criminelle : l'expérience a prouvé qu'ils

[1] Compte général de l'administration de la justice criminelle en France pendant l'année 1862. Rapport de S. Exc. M. Baroche.

restent sans application, et l'on doit en conclure qu'ils contiennent des dispositions défectueuses.

En 1858, le nombre des inculpés mis en liberté provisoire sous caution n'a été que de 388; il y en a eu 323 en 1859, 407 en 1860, 529 en 1861, 520 en 1862. Ces chiffres indiquent un vice topique dans l'institution.

Il n'en est de même ni en Angleterre, ni en Amérique, où la liberté provisoire sous caution est un principe de droit public qui est inviolablement consacré par l'usage et par la loi. Il est à désirer que ce principe soit adopté en France plus largement qu'il ne l'a été jusqu'ici, et qu'il forme la base de notre droit public. C'est de ce côté que doivent se tourner les vœux des citoyens et les efforts du législateur ; là seulement se trouve la solution, si impatiemment attendue et si longtemps différée, de la question de l'emprisonnement préventif. La suppression complète de l'emprisonnement préventif est impossible; il faut la ranger au nombre des chimères et des utopies ; mais il y a un moyen terme entre tout supprimer et tout conserver: c'est le développement de la mise en liberté provisoire sous caution. La suppression serait un grand mal; elle substituerait de nouveaux excès aux anciens : diminuer, tempérer la détention préalable, et la restreindre aux cas où elle est absolument nécessaire , voilà ce qu'il faut chercher. Le remède est à notre portée : sachons l'employer utilement.

La liberté provisoire sous caution est de tous les pays et de tous les siècles.

Elle existait en droit romain; elle existait aussi dans

la jurisprudence féodale. En 1315, sous Louis le Hutin;
en 1498, sous Charles VII ; en 1507, sous Louis XII,
plusieurs ordonnances royales accordent aux juges, excepté à l'égard des crimes énormes, le pouvoir d'élargir
les prisonniers, qui « bailleront bonne et suffisante caution de comparoir en personne au jour que l'enquête se
devra rapprocher ou être reçue. » Il est vrai que l'ordonnance de 1539 changea cet état de choses. La procédure
étant secrète, la forme inquisitoriale régnant dans toute sa
plus cruelle sévérité, l'emprisonnement préventif constituait l'une des conditions essentielles du système qui com-
mençait par le huis-clos et se continuait jusqu'à la torture.
Cependant quelques exceptions avaient prévalu dans la
pratique, malgré le texte formel de l'article 152 de
l'ordonnance. Les prêtres, les nobles, les personnages
importants, étaient quelquefois, suivant le caprice ou la
complaisance des magistrats, exemptés de la détention
préalable moyennant caution ; ils jouissaient d'un privilége illégal sans doute, arbitraire, révocable, admis par
tolérance dans le ressort de plusieurs parlements, repoussé dans les autres, concédé à certains accusés spécialement favorisés, refusé à ceux-là, mais tenant lieu d'une
protestation constante contre les vices de la législation.

L'ordonnance de 1670 réglementa la mise en liberté
sans caution d'après la qualité des crimes, des preuves
et des personnes.

« L'élargissement était prononcé à la charge par l'accusé de se représenter à toutes assignations; le juge pouvait exiger sa caution juratoire et le contraindre d'élire

domicile dans le lieu de sa juridiction; il pouvait même ordonner qu'il demeurerait sous la garde d'un huissier, ou lui donner la ville, et, suivant une vieille formule, les grands chemins pour prison [1]. »

Le décret de prise de corps n'était décerné qu'à l'occasion des crimes emportant peine afflictive ou infamante; à l'occasion des infractions à la loi emportant une peine moindre, il était décerné tantôt des ajournements personnels, tantôt des assignations pour être ouï, et, s'il obéissait fidèlement aux décrets d'ajournement personnel ou aux assignations, l'inculpé n'était pas mis en état d'arrestation.

De 1789 à 1808, quatre lois s'occupèrent successivement de la liberté provisoire sous caution.

La première, en date du 22 juillet 1791, disposait qu'en matière correctionnelle le prévenu ne pourrait être retenu en état d'arrestation, lorsqu'il fournirait une caution dont le *minimum* était fixé à 3,000 livres et le *maximum* à 20,000.

La seconde, en date du 29 septembre de la même année, avait édicté pour les prévenus de délits correctionnels un article qui contient peut-être la décision la plus généreuse et la plus hardie qui ait jamais été prise en cette matière. Dans l'article 18, elle déclarait qu'en aucun cas les prévenus de délits correctionnels ne seraient assujettis à la détention préventive. Puis elle faisait une distinction entre les accusés de crimes emportant une

[1] M. Faustin Hélie, *Traité de l'instruction criminelle*, tome V page 82.

peine afflictive ou infamante. Elle concédait aux accusés de crimes n'emportant qu'une peine infamante la faculté de se libérer de l'emprisonnement préalable, en fournissant une caution de se représenter à la première sommation qui leur serait adressée; quant aux accusés de crimes emportant des peines afflictives, et *à fortiori* des peines afflictives et infamantes à la fois, l'emprisonnement préalable devait leur être appliqué sans exception et sans aucun tempérament.

En matière correctionnelle, la liberté était la règle inflexible; il n'était pas besoin de cautionnement. Le prévenu restait libre jusqu'au jour du jugement, sans qu'on pût s'emparer de sa personne; il était maintenu en liberté sans caution, en vertu de la constitution et des principes du droit commun.

En matière criminelle, le cautionnement n'était accepté qu'à l'occasion des crimes emportant des peines purement infamantes [1].

[1] « Si le délit n'est pas de nature à donner lieu à une peine afflictive, mais seulement à une peine infamante, le prévenu pourra néanmoins être envoyé à la maison d'arrêt; mais il pourra aussi en être dispensé, au cas qu'il puisse trouver des amis qui veuillent répondre pour lui qu'il se représentera à la justice, s'il en est requis, et donner caution de cette promesse. La somme de cette caution ne peut être fixée d'une manière invariable; elle doit être laissée à l'arbitrage de l'officier de police. Le principe qui doit le diriger est qu'un tel cautionnement ne doit pas être illusoire et de pure forme, ni tendre à soustraire ainsi des accusés à la justice; mais, au contraire, qu'il doit être d'une assez grande importance pour n'être jamais donné que par des personnes bien convaincues que le prévenu est incapable de rompre son engagement; car c'est un contrat sacré que celui qui se forme par le

Rappelons, en passant, que l'on sollicite aujourd'hui le retour à cette législation.

La troisième loi est le Code du 3 brumaire an IV, qui ne tarda pas à abroger la disposition de la loi du 29 septembre 1791, concernant les inculpés de délits correctionnels. Le Code de l'an IV décide, en effet, que pour ces délits l'emprisonnement est de droit commun, mais que les prévenus pourront être maintenus en liberté provisoire sous une caution de 3,000 livres [1]. .

La quatrième loi est à la date du 29 thermidor an IV. Elle revient de nouveau sur les textes précédents.

Elle est ainsi conçue :

« Le Conseil.... Considérant que le cautionnement, tel qu'il est prescrit par l'art. 222 du Code des délits et

cautionnement entre le prévenu, qui évite ainsi le malheur de la détention, et les amis qui lui donnent en le cautionnant la plus haute preuve de leur confiance et de leur estime. » — Instruction du 29 septembre 1791.

[1] Code des délits et des peines, du 3 brumaire an IV (25 octobre 1795). Art. 222 : Lorsque le délit qui a donné lieu au mandat d'arrêt n'emporte pas une peine afflictive, mais seulement une peine infamante ou moindre, le directeur du jury met provisoirement le prévenu en liberté, si celui-ci le demande, et si, en outre, il donne caution solvable de se représenter à la justice toutes les fois qu'il en sera requis. — Pour cet effet, la caution offerte par le prévenu fait sa soumission, soit au greffe du directeur du jury, soit par-devant notaire, de payer à la République, entre les mains du receveur du droit d'enregistrement, une somme de 3000 livres, en cas que le prévenu soit constitué en défaut de se représenter à la justice. — Ce payement est effectué, le cas arrivant, sur une ordonnance du directeur du jury, rendue d'après la réquisition du pouvoir exécutif, au nom duquel le directeur des droits d'enregistrement et des domaines en poursuit l'exécution.

des peines, prive souvent la République des amendes auxquelles elle a droit, ainsi qu'un grand nombre de citoyens
des restitutions et des amendes qui leur sont dues, et
qu'il est instant de faire cesser ces abus... prend la
résolution suivante :

» Art. 1". — Le cautionnement prescrit par l'art. 222
de la loi du 3 brumaire sur les délits et les peines aura
lieu ainsi qu'il est prescrit par les articles suivants.

» Art. 2.—Lorsque le délit aura pour objet des larcins,
filouteries ou simples vols, le directeur du jury admettra
le prévenu sous caution de se représenter. Cette caution
devra être d'une somme triple de la valeur des objets
volés; elle sera fixée sur cette base par le directeur du
jury, et jamais elle ne pourra être au-dessous de la somme
de 3,000 livres, valeur fixe.

» Art. 3. — En toute autre matière qui n'emporterait
pas une peine afflictive, mais seulement une peine infamante, le directeur du jury admettra également le prévenu
sous caution de se représenter. La caution, dans ce cas,
ne pourra être moindre de 2,000 ni excéder 6,000 francs,
valeur fixe.

» Art. 4. — Lorsque le délit n'emportera point peine
infamante, mais seulement des peines correctionnelles,
le directeur du jury admettra également le prévenu sous
caution de se représenter. La caution, en ce cas, ne
pourra être moindre de 1,000 francs, ni excéder le triple
de l'amende à laquelle le délit pourra donner lieu.

» Art. 5. — En aucun cas, le directeur du jury ne

pourra mettre provisoirement en liberté sous caution les gens sans aveu et les vagabonds... »

La loi du 29 thermidor an IV divisait donc les délits correctionnels en deux catégories : 1° les larcins, filouteries et simples vols, pour lesquels la caution était fixée à 3,000 francs, valeur fixe, c'est-à-dire comme minimum ; 2° tous les autres délits, pour lesquels le minimum était de 1,000 francs seulement. C'était rendre le cautionnement impossible pour la plupart des délinquants, à une époque surtout où le numéraire était si rare et où la fortune publique était tombée si bas. On peut critiquer, d'ailleurs, la distinction entre les délits de la première catégorie et ceux de la seconde, qui comprend des faits beaucoup plus graves que les larcins, les filouteries ou simples vols. Quant aux gens sans aveu et aux vagabonds, il était juste de les priver du droit d'échapper à l'emprisonnement préventif.

Le Code d'instruction criminelle de 1808 (livre Ier, chapitre VIII), a réglementé la mise en liberté provisoire sous caution dans 14 articles (113 à 127), que nous allons examiner et commenter un à un.

La forme du commentaire est plus longue ; mais elle permet d'embrasser tous les détails d'une loi qu'il faut saisir sous tous les aspects, sans en négliger un seul, puisque nous voulons démontrer la nécessité de son abrogation.

En vertu de l'article 113, la liberté provisoire ne peut jamais être appliquée au prévenu, lorsque le titre de l'accusation emporte une peine afflictive ou infamante.

Parmi les quatre lois que nous venons d'analyser, une seule, celle du 22 juillet 1791, n'admettait pas de cautionnement en matière criminelle. Il est vrai qu'elle n'eut qu'une durée bien courte, puisqu'elle fit place, deux mois après, à la loi du 29 septembre de la même année. Le Code de 1808 est revenu au système du 22 juillet 1791.

La loi du 29 septembre 1791, le Code de brumaire an IV et la loi du 29 thermidor suivant, accordaient la liberté provisoire, en matière criminelle, aux inculpés de crimes n'emportant que des peines infamantes. Conformément aux dispositions de ces lois, un projet, qui fut soumis au conseil d'État dans la séance du 24 juin, proposait de limiter l'emprisonnement préventif aux crimes emportant des peines afflictives. Il fut repoussé.

Il est intéressant de rapporter les principaux arguments qui furent invoqués par les partisans de la restriction et ceux que leur opposaient les partisans du *statu quo*.

Dans l'exposé des motifs, M. Treilhard s'exprime ainsi :

« Lorsque le fait n'emportera ni peine afflictive ni peine infamante, l'inculpé pourra obtenir sa liberté provisoire en donnant caution ; mais cet avantage est entièrement refusé aux vagabonds et aux repris de justice, parce que leur personne ne présente aucune espèce de garantie. La liberté provisoire sera également refusée toutes les fois qu'il s'agira d'un fait qui emporte peine afflictive ou infamante : c'est surtout dans ces occasions que l'exemple de la peine infligée est utile à la société ; et, si l'on admettait ici des libertés provisoires sous caution, il serait bien à craindre que les hommes opulents ne trouvassent toujours le moyen de se soustraire à l'application des peines qu'ils paraissaient cependant mériter plus que les autres, parce que, jouissant de tous les avantages de la société, ils étaient plus fortement obligés à ne pas en troubler l'harmonie. »

M. Treilhard ne justifie que bien faiblement l'opinion qui a triomphé.

Dans le cours de la discussion, M. Berlier avait été plus heureux pour défendre l'opinion contraire :

« Il dit que la question doit être envisagée sous le rapport des principes : il est un principe éternel qui n'admet pas de rigueurs inutiles ; or ne serait-ce point une rigueur inutile que de retenir en prison, lorsqu'il offre caution pour l'amende et les intérêts civils, celui que nulle peine corporelle ne peut atteindre, dans la supposition même de sa culpabilité ? Voilà toute la question ; et, d'après ce simple exposé, elle est facile à résoudre. Cependant, et pour écarter l'application du principe, on allègue des inquiétudes sur la non-représentation du prévenu ; mais une telle crainte est frivole, car le prévenu n'ira point s'expatrier, c'est-à-dire s'imposer une peine plus forte que celle que la loi inflige à son crime. De plus, la peine simplement morale de l'infamie, prononcée même par un arrêt de contumace, l'atteindra quelque part qu'il soit ; enfin la fuite avant le jugement ne serait qu'un faux calcul, puisqu'elle le priverait gratuitement de la chance de l'absolution, et que, s'il est définitivement condamné, il lui sera loisible de quitter le pays après sa condamnation : c'est un pis-aller. »

La controverse est vive; l'argumentation de M. Berlier est saisissante en faveur des personnes riches.

Quant aux pauvres, voici ce qu'en avait dit M. Régnauld:

« Il n'y a pas d'avantage à retenir jusqu'au jugement un ouvrier, un homme du peuple. On est bien certain que la crainte de perdre son cautionnement le déterminera à se représenter. Au reste, le projet laisse le juge libre d'admettre ou de refuser la demande en liberté provisoire; ainsi tous les inconvénients sont sauvés. »

M. Louis avait ajouté « que la liberté provisoire ne devrait être accordée qu'à ceux dont le travail nourrit la famille; quiconque trouve dans ses revenus des ressources pour faire vivre les siens peut garder prison jusqu'au jugement. »

M. Berlier reprend « qu'il lui semble impossible de scinder le bénéfice de la mise en liberté provisoire sous caution, de manière qu'il ne soit accordé qu'au prévenu dont le travail serait nécessaire à la subsistance de sa famille : quelque respectable que soit cette idée, dictée par des vues d'humanité, elle n'atteindrait pas son but, car rarement le pauvre trouvera des cautions, et elle n'aurait pour résultat que de diviser les prévenus en deux classes, tandis que la loi, qui n'est juste qu'autant qu'elle est égale, repousse cette distinction dont l'application serait accompagnée de beaucoup d'arbitraire.... Du reste, ce qu'il convient de remarquer, c'est que tout allégement qui n'ôte pas à l'ordre public sa garantie est un devoir; car, s'il y a des prévenus coupables, il y en a d'innocents[1]. »

Il est incontestable que la question avait été parfaitement étudiée, et lorsque M. Treilhard, dans l'exposé des motifs, se borna à justifier la restriction de la liberté provisoire sous caution dans le cercle des matières correctionnelles, sous le double prétexte qu'en matière criminelle l'exemple de la peine infligée est utile à la société, et que, le cautionnement une fois admis, les hommes opulents sauraient toujours s'y soustraire, il ne fit aucune mention des idées émises par MM. Régnauld, Louis et Berlier.

Cependant, elles méritaient qu'on s'y arrêtât. Comme l'explique très-bien M. Berlier, l'inculpé n'a aucun intérêt à se soustraire à une peine simplement infamante. Il est bien inutile de le retenir en prison, lorsqu'il offre caution pour l'amende et les intérêts civils. Sa fuite ne serait qu'un faux calcul : il attendra toujours, pour s'expatrier, que la condamnation soit irrémissible.

On comprend que le riche, dans toute autre matière que celle-ci, puisse faire l'abandon de son cautionnement, et se dérober par la fuite aux conséquences du jugement ou de l'arrêt qu'il redoute beaucoup plus qu'une perte d'argent; il n'en est pas de même pour l'ouvrier, pour le pauvre, pour l'homme du peuple : suivant l'observation judicieuse de M. Régnauld, la crainte de perdre son cautionnement le déterminera à se représenter, sur-

[1] Locré, tome XXV, pag. 181 et suivantes.

tout alors que la peine n'est pas corporelle. L'ouvrier ne se décidera que bien exceptionnellement à faire le sacrifice de son cautionnement, même quand il sera sous le coup de peines corporelles : son cautionnement est le fruit de ses économies ; il lui a fallu plusieurs années pour amasser quelques centaines de francs, et, pour les conserver, il se résoudra facilement à subir quelques mois de détention.

Reste la proposition de M. Louis, qui voulait que la liberté provisoire ne fût accordée qu'à ceux dont le travail nourrit la famille. Ce serait renverser les termes du problème. Le cautionnement est surtout applicable à ceux dont le travail n'est pas nécessaire pour nourrir leur famille. Ceux dont le travail nourrit la famille ne trouvent pas, en général, une somme d'argent ou des répondants qui consentent à s'engager pour eux. Pour ceux-là, il est une autre mesure bien plus simple : c'est la mise en liberté *sans caution*, quand elle n'est pas nuisible à la paix publique.

Ce qui paraît avoir entraîné, dans le sein du Conseil d'État, l'approbation de l'exposé des motifs du Code d'instruction criminelle présenté par M. Treilhard, c'est la considération suivante : les hommes opulents méritent plus que les autres d'être traités avec sévérité, parce que, jouissant de tous les avantages de la société, ils sont plus fortement obligés à ne pas en troubler l'harmonie. Mais on oublie que la détention préventive n'est pas un châtiment et qu'il est injuste, par conséquent, de l'appliquer à un homme riche qui se trouve sous le coup d'une peine purement infamante, par cela seul qu'il est riche.

Il est donc fâcheux que le Code d'instruction criminelle ait limité la mise en liberté provisoire aux matières
correctionnelles. Il eût été mieux inspiré, s'il eût écouté
les avis de M. Berlier, et s'il se fût reporté aux lois anté-
rieures de 1791 et de l'an IV.

Art. 114.—Si le fait n'emporte pas une peine afflictive
ou infamante, mais seulement une peine correctionnelle,
le juge d'instruction pourra, sur la demande du prévenu
et sur les conclusions du procureur impérial, ordonner
que le prévenu sera mis provisoirement en liberté, moyennant caution solvable de se représenter à tous les actes de
la procédure, et pour l'exécution du jugement, aussitôt
qu'il en sera requis. La mise en liberté provisoire avec
caution pourra être demandée et accordée en tout état de
cause. (Loi du 17 juillet 1856.)

Depuis que la Chambre du conseil a été supprimée
par la loi du 17 juillet 1856, c'est au juge d'instruction
seul qu'il appartient, conformément ou contrairement aux
conclusions du procureur impérial, de déterminer si le
fait emporte ou n'emporte pas, soit une peine afflictive et
infamante, soit une peine simplement infamante.

Le titre de l'accusation, dont parle l'art. 113, est
fixé par son ordonnance, favorable ou défavorable à l'inculpé, mais non par les plaintes ou les procès-verbaux.

Le deuxième paragraphe de l'art. 114 dispose que la
liberté provisoire avec caution pourra être demandée et
accordée en tout état de cause; cela doit s'entendre de
toutes les phases de la procédure qui précèdent le juge-

ment, en première instance comme en appel et pendant les délais du pourvoi en cassation.

Le procureur impérial, la partie civile et le prévenu, peuvent former opposition à l'ordonnance du juge d'instruction. L'opposition devra être formée dans un délai de vingt-quatre heures, qui court: contre le procureur impérial, à compter du jour de l'ordonnance; contre la partie civile et contre le prévenu non détenu, à compter de la signification qui leur est faite de l'ordonnance au domicile par eux élu dans le lieu où siège le tribunal; contre le prévenu détenu, à compter de la communication qui lui est donnée de l'ordonnance par le greffier. L'opposition est portée devant la Chambre des mises en accusation de la Cour impériale, qui statue, toute affaire cessante [1].

Un arrêt de la Cour de Rouen, en date du 9 septembre 1822, a décidé avec raison que, dans le cas où la liberté provisoire a été refusée au prévenu, sur le motif que le fait était de nature à emporter une peine afflictive ou infamante, elle peut ultérieurement lui être accordée, lorsque par un arrêt de la Chambre des mises en accusation il a été renvoyé en police correctionnelle.

Mais réciproquement, si le titre de l'accusation s'est modifié pendant le cours de l'instruction, la concession de la liberté provisoire sous caution n'empêche pas qu'il puisse être décerné contre le prévenu une ordonnance de prise de corps. Le juge d'instruction n'est pas lié par sa

[1] Art. 135 du Code d'instruction criminelle.

première ordonnance; il est libre de décerner un nouveau mandat d'amener ou d'arrêt.

Il s'est élevé une très-grave controverse dans la jurisprudence, sur la signification du mot *pourra*, qui est inscrit dans le premier paragraphe de l'article 114.

Cinq arrêts de la Cour de cassation, en date des 21 avril 1815, 15 juillet 1837, 27 mars 1841, 22 avril et 17 juillet 1841, avaient décidé que ce mot exprimait le pouvoir, la compétence, la juridiction, et que tous les prévenus qui se trouvaient placés dans les conditions de l'article 114 avaient un droit absolu à la liberté provisoire sous caution.

Le plus important de ces arrêts, rendu par la Chambre criminelle le 15 juillet 1837, sous la présidence de M. de Bastard, s'exprime ainsi :

« Il résulte, de la combinaison des articles 114 et 119 du Code d'instruction criminelle, que tout individu prévenu d'un fait qui n'emporte pas peine afflictive ou infamante a le droit d'obtenir sa liberté provisoire sous caution, et que les tribunaux n'ont que celui de fixer le montant du cautionnement d'après les éléments du procès et dans les limites déterminées par l'article 119.

» Le mot pourra, employé dans l'article 114, exprime que la loi donne à la Chambre du conseil pouvoir, compétence et juridiction, pour accorder la liberté provisoire sous caution, dans le cas déterminé par cet article; le verbe pouvoir exprime la même délégation d'autorité et de compétence dans les articles 330, 407 et 542 du même Code, et n'exprime rien de plus; le mot pourra ne signifie donc pas, dans l'article 114, que les juges peuvent arbitrairement accorder ou refuser la liberté sous caution, et faire directement ce qu'ils ne peuvent pas faire indirectement.

» Le mot accordé du dernier paragraphe de l'article 114 doit être entendu comme le mot pourra, avec cette acception que la liberté provisoire sera toujours accordée aux prévenus qui seront dans le cas déterminé par l'article 114, et auxquels on ne pourra appliquer aucune exclusion légale.

» Interprété dans ce sens, l'article 114 est conforme au principe posé par l'article 12 du titre 3 du chapitre v de la Constitution de 1791, et par l'article 222 du Code des délits et des peines du 3 brumaire an IV, lesquels articles sont conçus dans un sens absolu et impératif, et constituent un droit formel pour les prévenus, droit que la Constitution de 1791 proclame sous la garantie de l'interdiction faite aux juges d'y porter atteinte, droit dont le Code de l'an IV organise l'exercice, sans laisser aux tribunaux la possibilité de le paralyser.

» Enfin l'article 114 du Code d'instruction criminelle n'a fait que reproduire le principe posé par l'article 222 du Code des délits et des peines, et n'a employé le mot pourra que pour indiquer le changement de compétence introduit à cet égard par la loi nouvelle, qui n'a donné qu'au tribunal en corps le droit qu'avait le directeur du jury sous le Code de l'an IV. »

Malheureusement, cette jurisprudence n'était conforme

ni au texte, ni à l'esprit du Code de 1808, qui a refusé la liberté provisoire aux inculpés de crimes emportant des peines infamantes, et qui jamais n'a eu l'intention de l'accorder, sans aucune exception, dans les matières correctionnelles; il est bien loin de s'être montré si généreux.

Nous avons pensé qu'il était utile de la rappeler; car l'un des principaux articles de notre projet de loi n'exclut du bénéfice de la mise en liberté provisoire que les inculpés de délits très-graves. Il ne fait donc que remettre en vigueur les principes contenus dans l'arrêt de 1837; mais cet arrêt était prématuré et illégal.

Aussi la Cour de cassation revint-elle bientôt sur ses décisions précédentes, et voici comment, le 23 février 1844, sous la présidence de M. le premier président Portalis et sur les conclusions conformes de M. le procureur général Dupin, toutes chambres réunies en audience solennelle, elle abrogeait la jurisprudence consacrée en 1837 :

« La législation antérieure au Code d'instruction criminelle consacrait, en termes clairs et impératifs, en faveur de tout prévenu d'un fait n'emportant pas application d'une peine afflictive, le droit à la liberté provisoire sous caution; ce droit était établi d'une manière trop précise pour qu'on puisse penser que, si les auteurs du Code d'instruction criminelle eussent entendu le consacrer de nouveau, ils ne s'en fussent pas expliqués avec la même netteté et la même précision.

» Loin de se servir, à cette occasion, des formules

impératives qu'ils trouvaient écrites dans les lois anté-
rieures, et qui, seules, étaient faites pour exprimer
convenablement l'obligation imposée aux tribunaux d'accorder toujours la liberté provisoire dans les cas prévus
par la loi, les auteurs du Code d'instruction criminelle
se sont contentés de dire, dans l'article 114, que, « si
le fait n'emporte pas une peine afflictive ou infamante,
la Chambre du conseil pourra ordonner que le prévenu
sera mis provisoirement en liberté moyennant caution
solvable.... » Le mot pourra, employé dans cet article,
a pour objet d'exprimer un pouvoir facultatif. Cette
signification devient encore plus manifeste quand on lit :
1° dans l'article 113, que la liberté provisoire ne pourra
être accordée au prévenu lorsque le titre de l'accusation
emportera une peine afflictive ou infamante ; 2° dans le
paragraphe final de l'article 114, que la liberté provisoire pourra être demandée et accordée en tout état de
cause. De cet ensemble de dispositions, il résulte que la
loi a entendu confier à la prudence et à l'impartialité des
tribunaux le soin de discuter les cas où le prévenu pourrait, sans inconvénient pour la découverte de la vérité
ou la sûreté de l'action publique, être admis à jouir de
la liberté provisoire moyennant caution¹. »

¹ On lit dans un autre arrêt de la Cour de Colmar, à la date du
31 octobre 1839 : « Le législateur a si bien voulu remettre à la décision de la Chambre du conseil l'appréciation de l'opportunité de
l'admission à la caution que, par opposition à l'article 114 du
Code d'instruction criminelle, où il dit que le juge pourra l'accorder, il a édicté, dans l'article 28 de la loi du 26 mai 1819,
que toute personne inculpée d'un délit de la presse contre la-

En abrogeant l'ancienne jurisprudence, l'arrêt de 1814 n'a fait que restituer à l'article 114 le sens grammatical et légal qui lui appartient. Il est évident que le mot pourra énonce une faculté, une alternative, une détermination à prendre, une réponse affirmative à donner au prévenu, ou bien un refus à opposer à sa supplique. En un mot, le juge d'instruction est maitre d'accueillir ou de repousser la demande du prévenu, suivant qu'il estime qu'elle comporte ou non des inconvénients pour la manifestation de la vérité ou pour la sûreté de l'action publique.

Aucun doute ne peut plus, aujourd'hui, prévaloir à cet égard.

Mais est-il bon qu'il en soit ainsi? Ne serait-il pas préférable que la liberté provisoire fût le droit commun pour tous les prévenus, au lieu d'être une faveur arbitrairement concédée à ceux-ci et refusée à ceux-là?

C'est une tout autre question, qui était résolue, avant 1814, dans le sens le plus large et le plus libéral. Les cinq arrêts de la Cour de cassation admettaient que le juge d'instruction était obligé de maintenir en liberté le prévenu qui offrait une caution solvable. Ils interprétaient l'article 114 comme ne donnant aux magistrats

quelle il aura été décerné un mandat de dépôt, obtiendra sa mise en liberté provisoire moyennant caution. Cette disposition impérative est évidemment une dérogation, en faveur de l'inculpé, à la règle de l'article 114, une disposition appliquée à un délit spécial qui supprime toute alternative laissée au juge par la loi commune. » — Vide Dalloz, verbo *Instruction criminelle*, n° 707, p. 192.

que le pouvoir de discerner si l'inculpé se trouvait sous le coup d'une accusation dont le titre emportait une peine correctionnelle, et rien de plus.

Depuis 1844, la question est demeurée dans le même état. Le juge d'instruction examine non-seulement le titre de l'accusation, mais il a encore le pouvoir de refuser, sauf le droit d'opposition dont le prévenu est maître d'user, la mise en liberté provisoire sous caution, alors même que le titre de l'accusation n'emporte qu'une peine correctionnelle. M. Faustin Hélie blâme le législateur d'avoir attribué un tel droit au juge d'instruction.

« En considérant la question au point de vue théorique et en dehors des textes du Code, il nous paraît qu'il ne doit pas appartenir au juge de prononcer sur la nécessité de la détention et de la liberté. Cette question n'est pas d'instruction judiciaire, mais de droit public. Elle dépend de la mesure des garanties que la loi veut accorder à la liberté des citoyens; elle est subordonnée à des considérations générales qui sont placées au-dessus du magistrat et qu'il ne peut entrevoir: car il s'agit de savoir si, à l'égard de telle ou telle classe de prévenus, la détention préalable est inutile ou nécessaire à l'instruction; il s'agit d'apprécier les droits de la justice et les droits des citoyens. Or une question si haute peut-elle être soumise à un juge? Comment pèsera-t-il les justes garanties que la loi doit assurer à tous les membres de la société? Il ne verra que les avantages et les convenances de la poursuite; il ne verra que sa responsabilité engagée par une concession dont il exagérera les con-

séquences ; il ne verra que l'individu, et non le droit
général dont celui-ci invoque l'application. C'est donc
une règle qu'il faut, et non une simple faculté qui, en
substituant le juge à la loi, ne laisse subsister qu'un
seul des éléments de la décision, l'intérêt de la justice.

• Ensuite, abandonner au juge le pouvoir suprême
d'ouvrir et de fermer à son gré les portes de la prison,
n'est-ce point introduire dans une matière si délicate
l'incertitude la plus évidente, la plus odieuse inégalité?
Qui assurera que, sur tous les points du territoire,
tous les juges auront le même système, les mêmes idées
théoriques, sur l'utilité de la mise en liberté provisoire?
Qui assurera que, dans tel ressort, elle ne sera pas
accordée libéralement, que dans tel autre elle ne ren-
contrera pas d'insurmontables entraves? Les décisions
les plus contradictoires ne seront que l'application d'une
puissance facultative, par conséquent irresponsable;
aucune jurisprudence ne pourra, comme une seconde
loi, suppléer à la première et corriger l'arbitraire des
solutions; les inculpés ne trouveront, au lieu d'une
règle quelconque, que les systèmes des tribunaux, qui,
armés d'un droit suprême, l'exerceront sans contrôle.
Mais, quand il s'agit de la liberté, ne faut-il pas une
mesure égale, ne faut-il pas une règle uniforme? Ne
faut-il pas surtout que la responsabilité pèse, non sur
le juge, mais sur la loi [1]?

Le juge d'instruction aura le pouvoir de fixer le taux

[1] Faustin Hélie, *Traité de l'instruction criminelle*, tom. V,
page 847 et suivantes.

du cautionnement dans chaque affaire, parce que l'évaluation de la fortune et de la position pécuniaire de chaque inculpé exige un examen spécial; mais là doivent
s'arrêter ses attributions.

La nouvelle loi sera donc appelée tout d'abord à choisir
entre la doctrine du Code de 1808, sanctionnée par la
jurisprudence de 1844, et celle du 19 septembre 1791.

Accorder *de plano*, comme droit commun, la liberté
provisoire à tous les inculpés de délits correctionnels,
dont l'arrestation ne sera jamais considérée comme profondément nuisible, soit à la sécurité publique, soit aux
nécessités de la procédure et aux intérêts de la justice:
réserver, au contraire, au juge d'instruction, la faculté
d'enlever le bénéfice de la mise en liberté provisoire sous
caution à ceux qui lui paraîtront dangereux; en un mot,
faire une règle générale et universelle, sans d'autres
exceptions que celles qui seront tout particulièrement
prévues et dénommées par la loi elle-même; ou bien poser
un principe qui ne sera jamais stable, que l'on pourra
violer impunément dans les circonstances les plus critiques et qui sera traité tantôt avec sympathie, tantôt avec
un esprit d'opposition non déguisé, suivant le caractère
variable des magistrats, leurs dispositions du moment,
les idées libérales ou antilibérales qu'ils auront conçues
sur l'instruction criminelle, et suivant aussi les usages
établis dans les divers ressorts des Cours impériales: tel
est le problème qu'il importe de résoudre.

En Belgique, qui est par excellence le pays de l'éclec-
tisme en politique, en religion et en législation, il a été

résolu dans l'art. 2 de la loi du 18 février 1852 sur la détention préventive.

Lorsque l'inculpé, dit cet article, est domicilié et que le fait donne lieu à un emprisonnement correctionnel, le juge d'instruction ne peut décerner un mandat de dépôt que dans des circonstances graves et exceptionnelles. Ce mandat ne sera maintenu que tout autant que, sur le rapport du juge d'instruction, il sera confirmé dans les cinq jours de sa délivrance par la Chambre du conseil.

C'est une transaction entre les deux principes. En règle générale, le juge d'instruction ne peut décerner des mandats de dépôt lorsque le titre de l'accusation n'emporte que des peines correctionnelles ; la liberté provisoire est le droit commun. L'arrestation et le dépôt des prévenus dans la maison d'arrêt n'a lieu qu'exceptionnellement, dans des circonstances graves et sortant de l'ordinaire ; encore faut-il que, dans les cinq jours de sa délivrance, le mandat de dépôt soit confirmé par la Chambre du conseil.

Dans l'art. 3 de la même loi, il est édicté que, si le fait est de nature à entraîner une peine seulement infamante, la réclusion ou les travaux forcés à temps, le juge d'instruction décernera un mandat de dépôt. Il pourra néanmoins, sur l'avis du procureur du roi, laisser l'inculpé en liberté.

Il ressort bien du rapprochement de ces deux articles que la loi belge a voulu éviter les thèses absolues et inflexibles.

L'article 113 de notre Code d'instruction criminelle

déclare que la prison préventive sera toujours et nécessairement encourue, si le fait est de nature à n'entraîner qu'une peine infamante. La loi belge imite et copie notre article, en ordonnant au juge d'instruction de décerner un mandat de dépôt dans les circonstances identiques; mais elle ajoute tout de suite un tempérament : néanmoins, sur l'avis conforme du procureur du roi, l'inculpé pourra être laissé en liberté. Elle mitige la rigueur de notre article 113; elle corrige et atténue ce qu'il a d'exagéré; elle divise en deux classes les accusés de crimes emportant des peines infamantes : les uns sont moins dangereux et moins coupables que les autres; leur arrestation est moins importante; l'administration de la justice ne gagnera rien à ce qu'elle soit opérée. C'est le juge d'instruction qui appréciera l'innocuité du maintien de la liberté provisoire à leur égard, sur les conclusions ou réquisitions du ministère public.

Quant à l'article 2, remarquez aussi combien sa rédaction est différente de celle de notre article 114. Notre article 114 dispose que, si le fait n'emporte pas une peine afflictive ou infamante, mais seulement une peine correctionnelle, le juge d'instruction *pourra* ordonner la mise en liberté provisoire. L'article 2 de la loi belge est bien plus généreux : lorsque l'inculpé est domicilié et que le fait donne lieu à un emprisonnement correctionnel, le juge d'instruction *ne peut* décerner un mandat de dépôt que dans des circonstances graves et exceptionnelles.

Notre article 114 ne concède la liberté provisoire

qu'avec regret ; l'article 2 de la loi belge l'accorde pleinement, sans arrière-pensée, sans intention de reprendre
d'une main ce qu'il a donné de l'autre. Celui-ci se sert
du mot élastique, de l'expression atténuante : *pourra*;
celui-là emploie un terme énergique et impératif : *ne
peut.*

Sans aucun doute, les recommandations de M. Faustin
Hélie ne sont pas observées. M. Faustin Hélie, on se le
rappelle en effet, nous enseigne que la mise en liberté
provisoire n'est pas d'instruction judiciaire, mais de
droit public. Il veut que les inculpés tiennent leur
liberté, non pas de la volonté quelquefois capricieuse
du juge, mais du bienfait stable de la loi. En matière de
liberté, il réclame une règle uniforme, une mesure égale,
un principe invariablement appliqué à toute une classe
de prévenus, la classe des prévenus de délits correctionnels. C'est sur la loi seule, et non sur le juge, que
doit retomber la responsabilité de pareilles mesures, qui
se rapportent aux droits les plus précieux des citoyens.

L'article 2 de la loi belge du 18 février 1852 ne serait
pas approuvé par M. Faustin Hélie, et c'est regrettable
selon nous, car nous professons un grand respect pour
les de   le l'éminent criminaliste. Cependant, nous
estim   la loi belge a sagement agi, en réservant
le droit d'arrestation provisoire et de détention préventive dans les circonstances graves et exceptionnelles. Il
est fâcheux que l'autorité si puissante de M. Faustin
Hélie se soit rangée au système absolu de 1791 ; mais il
nous semble que, même en matière correctionnelle, il

11

existe des inculpés dangereux, dont l'état de liberté
pourrait nuire à la sécurité publique et surtout entraver
les investigations de la justice, les annihiler, et frapper
d'impuissance la magistrature, soit en la mettant dans
l'impossibilité de rassembler toutes les preuves du délit,
soit en facilitant aux coupables de trop nombreux moyens
de se dérober par la fuite à l'exécution des sentences
judiciaires. Nous croyons qu'il faut savoir, en France,
nous contenter d'améliorations progressives, surtout en
des matières aussi brûlantes. Commençons par rendre
plus général l'usage de la mise en liberté provisoire sous
caution ; la pratique nous apprendra peu à peu ce qu'il
y aura de bon ou de mauvais dans le nouveau système
que l'on expérimentera, et plus tard, s'il est démontré
que rien ne s'y oppose, on étendra encore le cercle des
institutions libérales.

Pour le moment, nous nous bornerions à rédiger
l'article 114 avec des restrictions qui nous paraissent
indispensables ; nous le calquerions sur le texte même
de la loi belge, en nous exprimant ainsi :

Si le fait n'emporte pas une peine afflictive ou infamante, mais seulement une peine correctionnelle, le
juge d'instruction ordonnera que le prévenu sera mis
ou maintenu provisoirement en liberté, moyennant caution solvable de se représenter à tous les actes de la
procédure, et pour l'exécution du jugement, aussitôt
qu'il en sera requis. Dans les causes graves et exceptionnelles, il pourra, sur les conclusions du procureur
impérial, décerner un mandat de dépôt.

Dans le texte actuel de l'article 114, la liberté provisoire ne peut être prononcée que sur la demande du
prévenu ; dans le nouveau texte, elle serait acquise *de
plano*, sans qu'il fût besoin de la requérir. Il faudrait
des conclusions spéciales du ministère public, dans les
cas exceptionnels, pour qu'elle fût supprimée acciden-
tellement.

Du reste, nous reviendrons plus tard sur ce sujet,
dans l'exposition de notre projet de loi.

M. Dalloz rapporte que, dans un projet de loi qui fut
présenté à la Chambre des pairs, en 1831, l'article 114
consacrait le principe du droit absolu à la liberté provisoire sous caution en matière correctionnelle ; mais,
dans un article suivant, il énumérait vingt cas d'exception, dans lesquels l'arrestation et l'emprisonnement
préalables pouvaient être ordonnés par le juge. « Néanmoins, disait l'article 115 révisé, la mise en liberté sous
caution pourra être refusée aux inculpés des délits d'infraction de ban, de mendicité, de vagabondage, d'association illicite, d'excitation à la débauche et à la corruption des mœurs, d'abus de confiance, de concussion
et de détournement de deniers publics, de destruction
de titres, de vols, d'escroquerie, de coalitions d'ouvriers, et de fabrication, débit et distribution de poudre,
armes ou autres munitions de guerre, de menaces
écrites, de menaces verbales avec ordre ou sous condition, d'entraves à la circulation des grains, de violences
envers un magistrat à l'occasion ou dans l'exercice de
ses fonctions, de banqueroute simple, de concussion

et de corruption de fonctionnaires. Il en sera de même
à l'égard des inculpés de délits déjà condamnés à plus
d'un an d'emprisonnement ou condamnés pour vagabondage. » Il est évident qu'un tel projet de loi n'abou-
tissait à rien et que les réformes étaient annulées sous le
poids et le nombre des exceptions. Il méritait bien d'être
abandonné ; il le fut sans peine.

Retomberons-nous dans les mêmes erreurs, en voulant
déterminer et énumérer les cas graves et exceptionnels
que la loi belge s'est bien gardée d'énumérer elle-même ?
N'est-il pas préférable de laisser à la prudence, à l'hon-
nêteté et à la conscience du juge d'instruction le soin de
les apprécier en parfaite connaissance de cause dans
chaque procédure, dont il construit lentement et sa-
vamment l'édifice ? Qui est donc mieux placé pour signaler les malfaiteurs dangereux ? Vous objectez qu'il
sera fréquemment entraîné et aveuglé par ses propres
passions et par une partialité regrettable. Mais sa décision est-elle sans recours ? Ne peut-on pas former opposition et soumettre son ordonnance à la censure de la
Chambre des mises en accusation ? Tout est donc légitimement prévu et concilié.

Art. 115. — Néanmoins, les vagabonds et les repris de
justice ne pourront, en aucun cas, être mis en liberté
provisoire.

La mise en liberté sous caution ne peut être appliquée
qu'à la condition de présenter une garantie égale à celle
que présentait l'emprisonnement préventif.

« Le prévenu ne recouvre qu'une liberté condition-

nelle et limitée ; le lien du cautionnement l'attache et
le retient dans le ressort du tribunal saisi. Il est rendu
à ses travaux, à ses affaires ; mais la justice ne fait que
relâcher la chaîne dont elle tient le bout ; il reste à sa
disposition. Ainsi, cette mesure tend à concilier l'intérêt de la répression et l'intérêt du prévenu ; elle assure
l'exécution de la peine en retenant celui-ci ; elle repousse
une inutile rigueur en le retenant en dehors de la prison.
La société ne peut se plaindre : ses droits sont garantis :
le délit, s'il a été commis, sera réparé. Les droits du
prévenu sont également protégés, et, si la poursuite est
injuste, il n'en aura du moins souffert que le moins
possible [1]. »

Mais la première condition de l'égalité de garantie
entre la liberté provisoire sous caution et la détention
préventive, personne n'en doutera, est la fixité du domicile de l'inculpé.

Si le prévenu n'a pas de domicile, il n'est pas lié par
le cautionnement ; il n'est pas attaché dans le ressort
du tribunal saisi, et, par conséquent, la justice a non
pas seulement relâché, mais brisé la chaîne dont elle
tient le bout.

C'est pourquoi le Code a exclu du bénéfice de la mise
en liberté provisoire sous caution trois catégories d'inculpés : les vagabonds, les repris de justice et les prévenus qui ont laissé contraindre leur caution.

D'après l'article 270 du Code pénal, les vagabonds,

[1] Faustin Hélie, *Traité de l'instruction criminelle*, tom. V,
page 832.

ou gens sans aveu, sont ceux qui n'ont ni domicile certain, ni moyens de subsistance, et qui n'exercent habituellement ni métier, ni profession.

Il n'est pas nécessaire, pour que la mise en liberté provisoire sous caution soit refusée, que l'état de vagabondage ait été constaté par un jugement antérieur, dont il reste trace au casier judiciaire; il suffit que l'inculpé soit actuellement dans la situation qui est prévue par l'article 270 du Code pénal.

L'exclusion pèse également sur les mendiants, les individus qui sont en rupture de ban ou qui se sont évadés d'une prison où ils étaient détenus.

Quant aux repris de justice, c'est-à-dire aux individus qui ont déjà été condamnés à des peines afflictives ou infamantes, on comprend sans peine qu'il soit prudent de se montrer très-sévère à leur égard : leur arrestation est nécessaire à la sécurité publique.

L'article 126 joint aux vagabonds et aux repris de justice le prévenu qui aurait laissé contraindre sa caution au payement. Ce prévenu a manqué une première fois à la parole qu'il avait jurée; il a trahi et violé ses engagements; il n'est plus digne de confiance.

Art. 116. — La demande en liberté provisoire sera notifiée à la partie civile, à son domicile ou à celui qu'elle aura élu.

Lorsque la partie civile n'est pas domiciliée dans l'arrondissement du tribunal où se fait l'instruction et qu'elle n'y a pas élu domicile, le prévenu est dispensé de toute notification.

Art. 117. — La solvabilité de la caution offerte sera discutée par le procureur impérial et par la partie civile, dûment appelée. Elle devra être justifiée par des immeubles libres pour le montant du cautionnement et une moitié en sus, si mieux n'aime la caution déposer dans la caisse de l'enregistrement et des domaines le montant du cautionnement en espèces.

Depuis la loi du 28 avril 1816 (art. 110) et l'ordonnance royale du 3 juillet de la même année, c'est à la caisse des dépôts et consignations qu'est versé le montant du cautionnement en espèces, et non dans la caisse de l'enregistrement et des domaines.

Art. 118. — Le prévenu sera admis à être sa propre caution, soit en déposant le montant du cautionnement, soit en justifiant d'immeubles libres pour le montant du cautionnement et une moitié en sus, et en faisant, dans l'un ou l'autre cas, la soumission dont il sera parlé ci-après.

Dans l'un ou l'autre cas, rédaction vicieuse : la soumission, dont il est parlé dans l'art. 120, est inutile, lorsque le cautionnement est immédiatement versé en espèces.

On entend par immeubles libres ceux qui ne sont pas grevés d'hypothèques ou qui, défalcation faite des hypothèques dont ils sont grevés, ont encore une valeur égale au montant du cautionnement et à une moitié en sus.

Art. 119. — Si la peine correctionnelle était à la fois l'emprisonnement et une amende dont le double excé-

derait 500 francs, le cautionnement ne pourrait pas
être exigé d'une somme plus forte que le double de
cette amende. S'il avait résulté du délit un dommage
civil appréciable en argent, le cautionnement sera triple
de la valeur du dommage, ainsi qu'il sera arbitré, pour
cet effet seulement, par le juge d'instruction, sans néanmoins que, dans ce cas, le cautionnement puisse être
au-dessous de 500 francs.

La Cour de cassation a décidé plusieurs fois, notamment
dans trois arrêts des 24 avril 1807, 30 novembre 1832
et 28 avril 1836[1], que le prévenu ne peut être, en aucun
cas, mis en liberté sans caution.

L'article 9 de la loi belge du 18 février 1852 décide,
au contraire, que la mise en liberté provisoire pourra,
dans tous les cas, être subordonnée à l'obligation de
fournir caution. Cela revient à dire implicitement que la
mise en liberté provisoire *sans* caution est le droit commun, puisqu'elle peut être par exception assujettie à la
garantie du cautionnement.

En France, deux dispositions de lois spéciales auto-
risent la mise en liberté provisoire avec ou sans caution.
La première est l'article 9 de la loi du 7 juin 1848 sur les
attroupements, qui est encore en vigueur; la seconde est
l'article 18 de la loi du 28 juillet 1848 sur les clubs, qui
a été abrogé par le décret du 25 mars 1852.

L'article 149 a été modifié par le décret suivant, daté

[1] Ces arrêts sont cités par M. Dalloz, verbo *Instruction criminelle,* nº 757, p. 199.

des 23 et 24 mars 1848, au lendemain de la révolution de Février :

« Le gouvernement provisoire, sur le rapport du ministre de la justice ;

» Vu l'article 119 du Code d'instruction criminelle, portant que les cautionnements que doivent fournir les prévenus de délits, lorsqu'ils obtiennent la liberté provisoire, ne peuvent être au-dessous de 500 francs ;

» Considérant que cette disposition consacre une flagrante inégalité parmi les prévenus ; qu'elle a pour résultat d'exclure du bénéfice de la liberté provisoire tous ceux qui ne peuvent déposer une somme de 500 francs ;

» Considérant que les garanties de la représentation devant la justice d'un prévenu de simple délit peuvent se puiser, non-seulement dans sa fortune, mais dans sa position personnelle, dans son domicile, dans sa profession, dans ses antécédents, enfin dans la nature même du fait qui lui est imputé,

» Décrète : le § 1er de l'article 119 du Code d'instruction criminelle est abrogé. »

Le premier paragraphe de l'ancien article 119 était ainsi conçu : Le cautionnement ne pourra être au-dessous de 500 francs.

En l'abrogeant, le décret des 23 et 24 mars 1848 n'a pas osé consacrer le principe de la mise en liberté provisoire sans caution. Sans aucun doute, le juge aura la faculté de descendre le chiffre du cautionnement jusqu'à une somme insignifiante, puisqu'il a toute latitude, mais il est tenu de fixer un chiffre. Un arrêt de la Cour de

Poitiers, du 18 mai 1850, l'a jugé ainsi avec raison : il a décidé que le taux du cautionnement pouvait être abaissé au-dessous de 500 francs, mais qu'il était impossible de dispenser le prévenu de fournir un cautionnement quelconque. Telle est bien, en effet, l'exacte interprétation du décret de 1848. Par la radiation du premier paragraphe de l'article 119, il n'y a plus de minimum.

L'abrogation de ce premier paragraphe est un bienfait réel. Il est peut-être regrettable que le principe de la liberté provisoire sans caution n'ait pas été franchement consacré ; mais on doit reconnaître que, le juge d'instruction ayant le pouvoir d'abaisser le taux du cautionnement jusqu'à une somme insignifiante, cinq francs, deux francs, un franc même, le cautionnement est accessible à toutes les bourses, et les prévenus les plus pauvres pourront toujours se le procurer.

Mais là ne devait pas s'arrêter la prévoyance du gouvernement provisoire de 1848. Puisqu'il touchait aux dispositions du Code d'instruction criminelle qui concernent la mise en liberté sous caution, il eût été d'une politique habile de s'engager plus avant dans l'examen d'une législation que l'on a toujours regardée comme insuffisante, despotique et trop peu soucieuse des droits les plus sacrés des citoyens.

Les articles 113 à 127 du Code de 1808 ne restaient pas seulement inappliqués, parce que le minimum du cautionnement les rendait inabordables pour les classes pauvres et les fortunes minimes ; ils restaient et restent encore inappliqués même pour les classes riches et surtout pour les fortunes opulentes, parce que le maximum du cautionnement est mal réglementé.

Nous le savons, en effet : le but du cautionnement est d'offrir à la justice une garantie égale à celle de l'emprisonnement préventif ; le prévenu ne doit pas cesser d'être lié : la chaîne dont la justice tient le bout n'est que relâchée, elle n'est pas brisée. Le cautionnement n'offre pas une garantie égale à celle qui résulterait de l'emprisonnement préventif, s'il n'est pas exactement proportionné et à la gravité de la prévention et aux ressources pécuniaires du prévenu.

L'article 119 répond-il aux besoins, aux exigences et aux vœux que nous signalons ?

D'abord, il déclare que, si la peine correctionnelle est à la fois l'emprisonnement et une amende dont le double excéderait 500 francs, le cautionnement ne pourra pas être exigé d'une somme plus forte que le double de cette amende. C'est tout simplement absurde. Le maximum du cautionnement est fixé à 500 francs ! Quel est le prévenu qui, s'il est, non pas riche, mais dans une situation aussi humble que possible, se trouvera lié par un tel cautionnement et enchaîné par la crainte de le perdre ? Le législateur de 1808 est tombé là dans une erreur grossière.

Il est vrai qu'il existe une différence entre l'interprétation que le sens grammatical des mots donne à la première partie de l'article 119, et celle que les commentateurs y ont attachée. En suivant le sens grammatical de cette phrase : Si la peine correctionnelle était à la fois l'emprisonnement et une amende dont le double excéderait 500 francs, le cautionnement ne pourrait pas être exigé d'une somme plus forte que le double de cette amende — n'en résulte-t-il pas que le législateur a voulu que le cautionnement n'outrepassât jamais la somme de 500 francs? La jurisprudence a décidé le contraire. Elle a bien fait; car il vaut mieux interpréter les textes obscurs, en leur assignant une signification raisonnable et intelligible. Voilà donc ce qu'exprime la première partie de l'article. Lorsque le maximum de l'amende est de 250 francs, le maximum du cautionnement sera de 500 francs ; lorsque l'amende est de 500 ou de 1,000 francs, le cautionnement sera de 1,000 ou de 2,000 francs. On sait, du reste, que notre législation pénale ne contient que très-peu d'amendes élevées : il n'y a guère qu'en matière d'usure, d'escroquerie, de faux et certaines matières spéciales, que la quotité est assez forte. L'argument subsiste donc dans toute son énergie. Un cautionnement de 1,000 francs, de 5,000 francs, n'est pas moins insuffisant qu'un cautionnement de 500 francs, s'il est imposé à un inculpé dont la fortune se compose de plusieurs millions.

Dans le second paragraphe, l'article 119 ajoute que, s'il est résulté du délit un dommage civil appréciable en argent, le cautionnement sera triple de la valeur du dommage, sans néanmoins que le cautionnement, dans ce cas, puisse descendre au-dessous de 500 francs.

La rédaction de ce second paragraphe a été conservée telle qu'elle existait dans le texte de 1808. Cependant, depuis le décret du 24 mars 1848, on peut se demander si cette disposition a été abrogée.

Dans les éditions du Code postérieures à 1848, on a maintenu les termes mêmes de ce paragraphe. Il est vrai que le décret du 24 mars n'a abrogé que l'ancien premier paragraphe et qu'il n'a nullement parlé des deux autres. Cependant, M. Faustin Hélie pense que le juge d'instruction, même dans l'évaluation des dommages civils, peut descendre au-dessous de 500 francs. « Le cautionnement n'a plus de minimum : c'est la règle nouvelle de la matière, règle générale qui s'applique à toutes les poursuites [1]. »

Le cumul existe-t-il entre le maximum du cautionnement relatif à l'action publique et le maximum du cautionnement relatif à l'action privée? Les auteurs sont divisés sur cette question. Quelques-uns estiment que le juge d'instruction doit choisir entre le double de l'amende et le triple du dommage causé; mais l'opinion la plus conforme au bon sens et au texte de la loi s'est rangée vers le cumul. Quel est l'objet principal du cautionnement? C'est de garantir à la justice, tout en suppléant aux rigueurs inutiles de la prison préventive, que le prévenu se représentera devant le tribunal et obéira à toutes les réquisitions qui lui seront adressées. Il importe donc que le cautionnement comprenne les deux aspects de la poursuite, au point de vue de l'action

[1] Faustin Hélie, *Traité de l'instruction criminelle*, tome V, page 865.

publique comme au point de vue de l'action privée.
Le législateur lui-même a interprété ainsi l'article 119.
Dans l'article 28 de la loi du 26 mai 1819, l'inculpé
d'un délit de presse est admis au bénéfice de la liberté
provisoire moyennant une caution qui ne peut être double
de l'amende qu'il a encourue. Si le législateur de 1819
n'a pas voulu qu'en matière de délits de presse l'appréciation des dommages causés à la partie civile entrât
comme base d'évaluation dans le cautionnement à fournir, il est évident que cette exception confirme la règle,
et que, dans les matières ordinaires, le cumul peut avoir
lieu.

Un cautionnement peut-il être fixé, lorsque le délit
est frappé d'une peine d'emprisonnement sans adjonc-
tion d'amende, et lorsqu'il n'a causé aucun dommage ?
Oui. Le juge le fixera conformément au vœu de la loi.
Dans ce cas, il ne sera jamais supérieur à 500 francs,
et il pourra être réduit à une somme d'argent en quelque
sorte dérisoire.

Il est inutile de traiter d'autres questions qui ont été
soulevées par les auteurs : une législation aussi défectueuse n'est pas appelée à durer.

Art. 120. —La caution admise fera sa soumission, soit
au greffe du tribunal, soit devant notaire, de payer entre
les mains du receveur d'enregistrement le montant du
cautionnement, en cas que le prévenu soit constitué en
défaut de se représenter. — Cette soumission entraînera
la contrainte par corps contre la caution ; une expédition en forme exécutoire en sera remise à la partie civile,

avant que le prévenu soit mis en liberté provisoire [1].

La caution est autorisée à fournir partie du cautionnement en immeubles et partie en espèces.

Lorsque le cautionnement est fourni en immeubles, on exige une moitié en sus, afin de pourvoir aux frais d'expropriation, dans le cas où il y aurait lieu d'en venir jusque là.

Il est bien entendu que le prévenu est toujours reçu à être sa propre caution; il est même bien préférable qu'il en soit ainsi, car il est alors plus directement intéressé à se représenter devant la justice. Il y est intéressé matériellement et non plus moralement.

[1] Il ne faut pas oublier les dispositions des articles 2040, 2018 et 2019 du Code Napoléon. Art. 2040: Toutes les fois qu'une personne est obligée, par la loi ou par une condamnation, à fournir une caution, la caution offerte doit remplir les conditions prescrites par les articles 2018 et 2019. Lorsqu'il s'agit d'un cautionnement judiciaire, la caution doit, en outre, être susceptible de contrainte par corps. — Art. 2018: Le débiteur obligé à fournir une caution doit en présenter une qui ait la capacité de contracter, qui ait un bien suffisant pour répondre de l'objet de l'obligation et dont le domicile soit dans le ressort de la Cour impériale où elle doit être donnée. — Art. 2019: La solvabilité d'une caution ne s'estime qu'en égard à ses propriétés foncières, excepté en matière de commerce, ou lorsque la dette est modique. On n'a point égard aux immeubles légitimes, et dont la discussion deviendrait trop difficile par l'éloignement de leur situation. —Cependant, on est généralement d'accord à admettre la soumission d'une caution dont les immeubles seraient à de grandes distances. La faveur qui est due à la liberté comporte cette dérogation à l'article 2019 du Code Napoléon. D'ailleurs, le procureur impérial pourra facilement, par la correspondance des parquets, obtenir des renseignements très-précis sur la nature et la valeur des biens pourtant très-éloignés de son arrondissement.

Lorsque le prévenu, en vertu de l'article 100 du Code d'instruction criminelle, est arrêté hors de l'arrondissement où le délit a été commis et maintenu en prison préventive sous mandat de dépôt du procureur impérial, le cautionnement peut néanmoins être reçu par le juge d'instruction du lieu où il est détenu.

Art. 121. — Les espèces déposées et les immeubles servant de cautionnement seront affectés par privilége : 1° au payement des réparations civiles et des frais avancés par la partie civile ; 2° aux amendes ; le tout néanmoins sans préjudice du privilége du trésor impérial, à raison des frais faits par la partie publique. Le procureur impérial et la partie civile pourront prendre inscription hypothécaire sans attendre le jugement définitif. L'inscription, prise à la requête de l'un ou de l'autre, profitera à tous deux. (Art. 124 du décret du 18 juin 1811.)

Voici, par conséquent, l'ordre à suivre : on prélèvera d'abord : 1° les frais faits par le Trésor ; 2° les frais faits par la partie civile, et le montant des indemnités qu'elle a obtenues ; 3° les amendes qui ont été prononcées.

L'hypothèque n'étant pas générale, l'inscription ne sera prise que sur les biens qui y seront spécialement affectés et qu'elle désignera.

Art. 122. — Le juge d'instruction rendra, le cas arrivant, sur les conclusions du procureur impérial ou sur la demande de la partie civile, une ordonnance pour le payement de la somme cautionnée. — Ce payement sera poursuivi à la requête du procureur impérial et à la diligence du directeur de l'enregistrement. Les sommes recouvrées seront versées dans la caisse de l'enregistrement, sans préjudice des poursuites et des droits de la partie civile.

Nous arrivons maintenant à la partie la plus défectueuse de la théorie du Code d'instruction criminelle de 1808. Il est utile de la faire connaître tout au long.

Quel est l'objet du cautionnement? Si nous ne consultons que les textes, nous aurons des réponses bien contradictoires.

L'article 114 porte que le prévenu pourra être mis provisoirement en liberté, moyennant caution solvable de se représenter à tous les actes de la procédure et pour l'exécution du jugement, aussitôt qu'il en sera requis.

L'article 125 porte aussi que le prévenu, s'il y a lieu, outre les poursuites contre la caution, sera saisi et écroué dans la maison d'arrêt, en exécution d'une ordonnance du juge d'instruction.

Il en résulte que la comparution seule des prévenus est garantie par le cautionnement.

Mais l'article 121 porte à son tour que les espèces déposées et les immeubles servant de cautionnement seront affectés par privilége au Trésor impérial, à raison des frais faits par les parties publiques, au payement des réparations civiles et des frais avancés par la partie civile, et enfin au payement des amendes.

Il en résulte que le cautionnement est uniquement affecté à garantir, non pas la comparution des prévenus, mais l'exécution du jugement, amendes, réparations civiles et frais.

Pour détruire les contradictions apparentes que l'on

découvre dans les articles 114, 121 et 125, M. Dalloz rapporte les cinq hypothèses suivantes, qui sont consignées dans les documents de la jurisprudence : 1° le prévenu se représente aussi bien à tous les actes de l'instruction que pour l'exécution du jugement; 2° il fait défaut, il manque à l'appel de la justice, soit dans le cours de l'instruction, soit après que la condamnation a été prononcée contre lui par le tribunal correctionnel ; 3° il comparaît à la fois et aux actes d'instruction et à l'audience, mais il refuse d'obéir au jugement de condamnation et de se constituer prisonnier; 4° il fait défaut aux actes d'instruction, mais il se présente pour exécuter le jugement de condamnation ; 5° il n'a comparu ni aux actes de la procédure écrite, ni à l'audience du tribunal, et il est acquitté par défaut [1].

Première hypothèse : le prévenu s'est représenté à tous les actes de l'instruction, et il se représente encore pour l'exécution du jugement qui l'a condamné.

La caution est déchargée; le montant du cautionnement lui est rendu, s'il avait été versé à la caisse des dépôts et consignations; les hypothèques qui ont été inscrites sur ses biens sont radiées.

Il n'en saurait être autrement. Comme le démontre très-bien un jugement du tribunal civil de Lyon, rendu contre l'administration de la Caisse des dépôts et consignations, à la date du 25 août 1842, si la caution n'était pas déchargée, « la disposition sur la liberté provisoire,

[1] Dalloz, verbo *Instruction criminelle*, page 203, n° 763.

ce tempérament si sagement apporté à la rigueur de la détention préventive, deviendrait complétement illusoire par la difficulté de trouver des cautions qui consentissent à faire dépendre la restitution du montant du cautionnement, non de la représentation du prévenu, mais de son acquittement, et à fournir ainsi, au lieu d'un simple cautionnement d'obéissance à la justice de la part d'un prévenu, tel qu'il est institué par la loi, un cautionnement de son innocence[1]. »

Le caractère du cautionnement est bien nettement et heureusement défini : cautionnement d'obéissance à la loi, et non pas d'innocence du prévenu.

Deuxième hypothèse : le prévenu manque à l'appel de la justice, soit dans le cours de l'instruction, soit après que la condamnation a été prononcée contre lui par le tribunal correctionnel.

Le cautionnement est acquis de plein droit à l'État. Néanmoins, M. Dalloz pense que, si le condamné parvient à prescrire sa peine, le reliquat du cautionnement qui n'aura pas été employé pour couvrir toutes les dépenses énumérées dans l'article 121 lui sera nécessairement restitué. C'est une grande faute, selon nous, mais c'est toujours la conséquence du système du Code de 1808.

Troisième hypothèse : le prévenu comparaît à la fois et aux actes de l'instruction et à l'audience ; mais, une fois condamné, il refuse d'obéir au jugement, et il ne se constitue pas prisonnier.

[1] Jugement confirmé, le 1er août 1845, par la Cour de cassation.

Même solution que pour l'hypothèse précédente: le cautionnement est acquis au Trésor et à la partie civile.

Quatrième hypothèse : il fait défaut aux actes d'instruction, mais il se présente pour exécuter le jugement de condamnation.

Que deviendra le cautionnement ? Sera-t-il restitué ?

Un arrêt célèbre de la Cour de cassation, du 19 octobre 1821, ordonne la restitution.

M. Cauchois-Lemaire, poursuivi pour délit de presse, à l'occasion d'un article publié dans le journal *le Miroir*, avait été maintenu provisoirement en liberté, moyennant une caution de 20,000 francs. Cité devant la Cour d'assises de la Seine à l'audience du 9 août 1821, il s'abstint de comparaître, en invoquant le prétexte d'une maladie imaginaire. Il fut condamné par défaut, et son cautionnement fut adjugé à l'Etat. Le 31 août suivant, il forma opposition. Les débats contradictoires aboutirent au même résultat : condamnation au fond par le jury; arrêt de la Cour d'assises portant ensuite confiscation du cautionnement de 20,000 francs. M. Cauchois-Lemaire se pourvut en cassation ; il revendiquait son cautionnement, et la Cour suprême lui donna gain de cause dans un arrêt trop longuement motivé pour que nous puissions le citer en entier. Nous n'en rapporterons que les principaux passages.

«... Un prévenu reçu à caution, qui ne se représente pas à tous les actes de la procédure, trompe la foi promise; il commet une faute, mais il ne se rend pas coupable d'un délit. Sa faute doit lui faire supporter les frais frustra-

toires qui en sont résultés ; elle donne ouverture à l'exécution de la soumission prescrite par l'article 120 ; elle
le dépouille de la confiance de la loi et le soumet aux
dispositions des articles 125 et 126 ; mais là finissent les
actes de rigueur qu'elle lui fait encourir. Ce prévenu peut
être définitivement déclaré innocent du délit pour lequel
il est poursuivi : dans ce cas, la perte de son cautionnement serait contraire à l'équité. S'il est déclaré coupable
de ce délit, sa présence pour l'exécution de sa condamnation désintéresse la vindicte publique, qui ne peut avoir
tout à la fois le droit de le retenir dans les liens de la
peine et celui de le priver du gage qu'il avait fourni pour
l'exécution de cette peine. Dans toutes les matières civiles et criminelles, les condamnations par défaut s'anéantissent par la comparution dans les délais réglés par la loi ;
admettre qu'un prévenu, par un défaut de se représenter
à un acte de procédure, aurait irrévocablement perdu son
cautionnement, ce serait refuser, pour une simple faute,
l'application d'un principe de justice et d'humanité admis
même pour les crimes. Aucun article du Code d'instruction criminelle ne renferme des dispositions dont on
puisse même induire que, par le fait de la non-compa-
rution du prévenu à un acte de la procédure, le cautionnement pour sa liberté provisoire soit acquis à l'État.....
La somme versée dans la caisse du receveur de l'enregistrement n'y entre pas comme la propriété du fisc ; elle y
conserve, jusqu'après le jugement définitif, la qualité de
nantissement et de dépôt[1]... »

[1] Dalloz, verbo *Instruction criminelle,* n° 768, p. 205 et 206.

Certes, cet arrêt est rédigé avec une connaissance parfaite des textes du Code d'instruction criminelle. Il est
inattaquable en droit; mais il a rendu à jamais impraticable la mise en liberté provisoire sous caution, tant que
la loi ne sera pas changée. Le cautionnement n'est plus
qu'une garantie stérile et chimérique, s'il n'est pas acquis
à l'État par le fait seul de la désobéissance du prévenu aux
injonctions de la justice.

La loi belge a su éviter l'écueil que nous indiquons.
Dans les articles 13, 23 et 24, elle prévoit chacune des
hypothèses que nous venons de poursuivre, et elle résout
prudemment toutes les difficultés.

Art. 13.—Le cautionnement garantit: 1° la représentation de l'inculpé à tous les actes de la procédure et pour
l'exécution du jugement, aussitôt qu'il en sera requis;
2° le payement des frais, des amendes, et, s'il y a lieu, des
réparations dues à la partie civile jusqu'à concurrence de
de la somme arbitrée par les juges, conformément à l'article précédent. — L'ordonnance ou arrêt de mise en
liberté déterminera spécialement la somme affectée à chacune de ces garanties.

Art. 23. — La première partie du cautionnement sera
acquise à l'État, du moment que l'inculpé sera, sans
motif légitime d'excuse, resté en défaut de se présenter
à un ou plusieurs actes de la procédure, ou se sera soustrait à l'exécution du jugement. — Néanmoins, en cas
de renvoi des poursuites ou d'acquittement, le jugement
ou l'arrêt *pourra* ordonner la restitution de cette partie
du cautionnement, sauf prélèvement, dans tous les cas,

des frais extraordinaires auxquels le défaut de se présenter aura donné lieu.

Art. 24. — La deuxième partie du cautionnement restera, dans tous les cas de condamnation, affectée au payement des frais, des amendes et des réparations civiles; le
surplus sera restitué. En cas d'acquittement ou de renvoi
des poursuites, cette partie du cautionnement sera restituée, sans préjudice des dispositions portées en l'article précédent.

Sous l'empire de notre Code d'instruction criminelle,
au contraire, le cautionnement n'est jamais confisqué.
Lorsque le prévenu a refusé de comparaître aux divers
actes de la procédure, et lorsque plus tard, condamné
à l'emprisonnement, il s'est soustrait par la fuite à
l'exécution du jugement qui pèse sur lui, l'excédant du
cautionnement n'appartient pas à l'État. Après le payement des frais avancés par le Trésor impérial et des
réparations accordées à la partie civile, le reliquat doit
être restitué, soit au condamné, soit à sa caution.

Ne comprend-on pas, dès lors, pourquoi la magistrature s'est montrée si hostile à la mise en liberté provisoire, et comment les articles 113 et suivants du Code
d'instruction criminelle sont en quelque sorte tombés
en désuétude? Le cautionnement de ces articles n'offre,
en effet, aucun gage, aucune sûreté à la justice. Aussi
avons-nous vu que, en 1862, 520 prévenus seulement en
ont profité. 520 individus laissés en liberté sur 67,000
emprisonnés préventivement: ce sont des chiffres qui
suffisent à nous faire juger le système.

Quant à la cinquième et dernière hypothèse, elle est aussi réglée par la loi belge. En France, sous l'empire du Code de 1808, un jugement d'acquittement ayant été prononcé par défaut, la caution est déchargée de plein droit, sous la déduction des frais occasionnés par le défaut[1]. En Belgique, la restitution n'a pas lieu de plein droit, et cela est bien naturel, la première partie du cautionnement étant affectée à la garantie de la représentation des prévenus devant la justice; pourtant, le jugement ou l'arrêt *pourra* ordonner la restitution, suivant les circonstances de la cause.

Il nous reste à mentionner trois articles, qui n'ont pas besoin de commentaire.

Art. 123. — Le juge d'instruction délivrera, dans la même forme et sur les mêmes réquisitions, une ordonnance de contrainte contre la caution ou les cautions d'un individu mis sous la surveillance spéciale du gouvernement, lorsque celui-ci aura été condamné par un jugement devenu irrévocable, pour un crime ou un délit commis dans l'intervalle déterminé par l'acte de cautionnement.

Art. 124. — Le prévenu ne sera mis en liberté provisoire sous caution qu'après avoir élu domicile dans le lieu où siége le tribunal correctionnel, par un acte reçu au greffe de ce tribunal.

Art. 125. — Outre les poursuites contre la caution, s'il y a lieu, le prévenu sera saisi et écroué dans la maison d'arrêt, en exécution d'une ordonnance du juge d'instruction.

[1] Cassation, Crim. rej., 13 mai 1837, affaire Bastide.

Le dernier article, le n° 126, concerne le prévenu qui a laissé contraindre sa caution ; nous l'avons fait figurer sous l'article 115 : les vagabonds, les repris de justice, et le prévenu qui a laissé antérieurement contraindre sa caution, sont placés dans une situation identique : ils sont déclarés indignes de la mise en liberté provisoire et ils en sont déchus. La même fin de non-recevoir leur est opposée à tous les trois : au premier, parce qu'il n'a aucun gage à offrir à la justice ; au second, parce qu'il est en état de rébellion permanente contre la société ; au troisième, parce que sa parole est déjà discréditée et ne mérite plus de confiance. Cette assimilation n'est peut-être pas très-équitable. Nous examinerons s'il ne conviendrait pas de rendre la fin de non-recevoir facultative, et non pas aussi absolue qu'elle l'est dans le Code de 1808, pour les vagabonds et les repris de justice eux-mêmes, à plus forte raison pour ceux qui ont laissé précédemment contraindre leur caution. Nous estimons, en effet, contrairement à l'opinion de M. Faustin Hélie, que l'opportunité ou l'inopportunité de la mise en liberté provisoire est toujours une question de fait, qui varie suivant les circonstances de chaque procès criminel, et que le législateur doit abandonner au juge d'instruction le soin de la trancher.

VII

En regard de notre Code d'instruction criminelle, et pour mieux en apprécier l'insuffisance et les lacunes regrettables, plaçons la loi publiée en Belgique, le 18 février 1852, sur la détention préventive. Nous y trouverons d'utiles enseignements. Elle est ainsi conçue :

CHAPITRE I"

Des mandats d'arrêt et de dépôt

Art. 1". — Après l'interrogatoire de l'inculpé, le mandat de comparution ou d'amener sera converti, s'il y a lieu, en mandat de dépôt ou en mandat d'arrêt.

Art. 2. — Lorsque l'inculpé est domicilié et que le fait donne lieu à un emprisonnement correctionnel, le juge d'instruction ne peut décerner un mandat de dépôt que dans des circonstances graves et exceptionnelles. Ce mandat ne sera maintenu que pour autant que, sur le rapport du juge d'instruction, il soit confirmé dans les cinq jours de sa délivrance par la Chambre du conseil.

Art. 3. — Si le fait est de nature à entraîner une peine seulement infamante, la réclusion ou les travaux forcés à temps, le juge d'instruction décernera un mandat de dépôt. Il pourra, néanmoins, sur l'avis conforme du procureur du roi, laisser l'inculpé en liberté.

Art. 4. — Si le fait emporte une autre peine afflictive et infamante, le juge d'instruction, après avoir entendu le procureur du roi, décernera un mandat d'arrêt.

CHAPITRE II
De la mise en liberté provisoire

Art. 5. — Lorsqu'un mandat de dépôt aura été décerné, le juge d'instruction pourra, dans le cours de l'instruction et sur les conclusions conformes du procureur du roi, mettre provisoirement l'inculpé en liberté, à charge pour celui-ci de se représenter à tous les actes de la procédure aussitôt qu'il en sera requis, et sans préjudice d'un nouveau mandat à décerner, s'il y a lieu.

Art. 6. — L'inculpé pourra également demander à la Chambre du conseil sa mise en liberté provisoire. — La requête sera transmise au juge d'instruction. — Le juge d'instruction n'est tenu de faire un rapport, dans le cas prévu par l'article 2, que dix jours après la décision de la Chambre du conseil, et, dans le cas prévu par l'article 3, que dix jours après l'exécution du mandat de dépôt. — La Chambre du conseil, après avoir entendu le ministère public, statuera immédiatement, ou, au plus tard, dans les deux jours qui suivront le rapport. — Si la demande est rejetée, elle ne pourra être reproduite que dix jours après cette décision. — La Chambre du conseil, en statuant sur l'inculpation, pourra, néanmoins, d'office et dans tous les cas, accorder la mise en liberté provisoire.

Art. 7. — Si, après la mise en liberté provisoire de l'inculpé, les circonstances semblent exiger qu'il soit remis en état de détention, le juge d'instruction pourra, sur l'avis conforme de la Chambre du conseil, délivrer un nouveau mandat de dépôt. — Toutefois, l'intervention de la Chambre du conseil ne sera pas requise dans les cas prévus par les articles 3 et 5 de la présente loi.

Art. 8. — La liberté provisoire pourra, en outre, être demandée en tout état de cause : à la Chambre de mise en accusation, lorsque cette Chambre est saisie de l'affaire; — au Tribunal correctionnel, si l'affaire y est pendante; — à la Cour d'appel, si appel a été interjeté; — à la Cour ou au Tribunal qui aura prononcé la peine d'emprisonnement, lorsque le condamné, pour rendre son pourvoi admissible, voudra se faire autoriser à rester en liberté, conformément à l'article 421 du Code d'instruction criminelle. Toutefois, dans ce cas, si la condamnation a été prononcée par une Cour d'assises, la demande sera portée devant le Tribunal correctionnel du lieu où siégeait cette Cour. — Dans tous les cas, il sera statué par une ordonnance ou un arrêt rendu en la Chambre du conseil, le ministère public entendu.

Art. 9. — La mise en liberté provisoire pourra, dans tous les cas, être subordonnée à l'obligation de fournir caution.

Art. 10. — L'inculpé renvoyé devant la Cour d'assises sera mis en état d'arrestation, en vertu de l'ordonnance de prise de corps rendue par la Chambre des mises en accusation, nonobstant la mise en liberté provisoire.

Art. 11. — La demande en liberté provisoire sera notifiée à la partie civile, à son domicile réel, lorsqu'elle demeure dans l'arrondissement, sinon à celui qu'elle a dû élire conformément à l'article 68 du Code d'instruction criminelle. — La partie civile pourra, dans tous les cas, adresser ses observations à la Chambre du conseil, sur le cautionnement à exiger de l'inculpé.

Art. 12. — L'ordonnance ou arrêt de mise en liberté provisoire déterminera le montant du cautionnement, selon les circonstances et eu égard à la nature de l'infraction. — Si l'infraction donne lieu à des dommages-intérêts, le montant du cautionnement, s'il y a une partie civile ainsi en cause, sera déterminé par la nature du dommage, qu'il sera arbitré, pour cet effet seulement, par les juges.

Art. 13. — Le cautionnement garantit : 1° la représentation de l'inculpé à tous les actes de la procédure et pour l'exécution du jugement, aussitôt qu'il en sera requis ; 2° le payement des frais, des amendes, et, s'il y a lieu, des réparations dues à la partie civile jusqu'à concurrence de la somme arbitrée par les juges, conformément à l'article précédent. — L'ordonnance ou arrêt de mise en liberté déterminera spécialement la somme affectée à chacune de ces garanties.

Art. 14. — Le montant du cautionnement et la solvabilité de la caution offerte seront discutés devant les juges saisis de la demande par l'inculpé, par le ministère public, et la partie civile dûment appelée s'il y a lieu.

Art. 15. — La solvabilité de la caution offerte devra être justifiée par des immeubles libres pour le montant du cautionnement et une moitié en sus, si mieux n'aime la caution déposer dans la caisse des dépôts et consignations le montant du cautionnement en espèces.

Art. 16. — Lorsque le cautionnement sera fourni en immeubles, la caution admise fera au greffe du tribunal sa soumission d'en verser le montant à la caisse des dépôts et consignations, au cas où l'inculpé serait constitué en demeure de se représenter. — Cette soumission entraînera la contrainte par corps.

Art. 17.—L'inculpé sera admis à être sa propre caution, soit en déposant le montant du cautionnement, soit en justifiant d'immeubles libres pour le montant du cautionnement et une moitié en sus, et en faisant, dans ce dernier cas, la soumission dont il est parlé à l'article précédent.

Art. 18. — Les espèces déposées conformément au n° 2 de l'article 13 seront affectées par privilége : 1° au payement des réparations civiles et des frais avancés par la partie civile ; 2° aux amendes. Le tout, néanmoins, sans préjudice du privilége du Trésor public, à raison des frais faits par la partie publique. Si le cautionnement est fourni en immeubles, ces immeubles seront affectés hypothécairement : 1° au payement des créances reprises plus haut et dans l'ordre qui y est déterminé ; 2° aux droits de l'État, jusqu'à concurrence de la somme déterminée pour la garantie de la représentation de l'inculpé, conformément au n° 1 de l'article 13.

Art. 19.—Les actes auxquels le cautionnement donnera

lieu seront enregistrés et visés pour timbre en débet. Les droits ne seront dus par l'inculpé que pour autant qu'il ait été frappé d'une condamnation définitive.

Art. 20. — Le ministère public et la partie civile pourront prendre inscription hypothécaire sans attendre le jugement définitif. L'inscription, prise à la requête de l'un ou de l'autre, profitera à tous les deux.

Art. 21. — L'inculpé ne sera mis en liberté qu'après avoir, par acte reçu au greffe, élu domicile dans le lieu où se fait l'instruction, si elle dure encore, sinon dans le lieu où siége le Tribunal ou la Cour qui doit connaître de l'infraction. En cas de pourvoi en cassation, l'élection de domicile devra être faite dans le lieu où siége le Tribunal ou la Cour qui a ordonné la mise en liberté provisoire.

Art. 22.— Le président de la Chambre ou du Tribunal qui aura statué sur la mise en liberté provisoire rendra, le cas échéant, sur le réquisitoire du ministère public ou sur la demande de la partie civile et à la diligence du directeur de l'enregistrement, une ordonnance pour le payement de la somme cautionnée. Les sommes recouvrées seront versées dans la caisse des dépôts et consignations, sans préjudice des poursuites et des droits de la partie civile.

Art. 23. — La première partie du cautionnement sera acquise à l'État du moment que l'inculpé sera, sans motif légitime d'excuse, resté en défaut de se présenter à un ou plusieurs actes de la procédure, ou se sera soustrait à l'exécution du jugement. Néanmoins, en cas de renvoi des poursuites ou d'acquittement, le jugement ou l'arrêt pourra ordonner la restitution de cette partie du caution-

nement, sauf prélévement, dans tous les cas, des frais
extraordinaires auxquels le défaut de se présenter aura
donné lieu.

Art. 24. — La deuxième partie du cautionnement restera, dans tous les cas de condamnation, affectée au payement des frais, des amendes et des réparations civiles. Le
surplus sera restitué. En cas d'acquittement ou de renvoi
des poursuites, cette partie du cautionnement sera restituée sans préjudice des dispositions portées en l'article
précédent.

Art. 25.—Outre les poursuites contre la caution, s'il y
a lieu, l'inculpé sera saisi et écroué en exécution d'un
mandat d'arrêt décerné par le juge d'instruction, ou d'une
ordonnance de prise de corps rendue par le tribunal ou
la cour saisie de l'affaire.

Art. 26. — L'inculpé et le ministère public pourront
appeler, devant la Chambre de mise en accusation, des
ordonnances de la Chambres du conseil ou du tribunal
correctionnel qui statuent sur une demande de mise en
liberté provisoire, conformément aux articles 6 et 8 ci-
dessus. La partie civile pourra attaquer la partie de l'ordonnance qui détermine le montant du cautionnement
en ce qui la concerne sans que son appel puisse retarder
la mise en liberté provisoire de l'inculpé.

Art. 27.—L'appel devra être interjeté dans un délai de
vingt-quatre heures, qui courra contre le ministère public
à compter du jour de l'ordonnance, et contre l'inculpé
ou la partie civile du jour où elle aura été signifiée. L'appel
sera consigné sur un registre spécial tenu au greffe à cet
effet.

Art. 28. — Les articles 8 et suivants sont applicables aux condamnés dont la mise en liberté provisoire peut être autorisée aux termes de la présente loi.

CHAPITRE III

De la mise au secret

Art. 29. — Lorsque le juge d'instruction croira devoir prescrire, à l'égard de l'inculpé, une interdiction de communiquer, il ne pourra le faire que par une ordonnance qui sera transcrite sur le registre de la prison.

Art. 30. — Cette interdiction ne pourra s'étendre au delà de dix jours. Elle pourra toutefois être renouvelée ; mais, dans ce cas, l'inculpé, ou pour lui, un de ses parents ou amis, pourra présenter une requête à la Chambre du conseil, pour demander la main-levée de l'interdiction. La Chambre du conseil, après avoir entendu le juge d'instruction et le procureur du roi, statuera dans les deux jours de la requête. Si la demande est rejetée, elle ne pourra être reproduite que dix jours après cette décision.

Art. 31. — Dans tous les cas où le juge d'instruction croira devoir renouveler l'interdiction de communiquer, il en rendra compte au procureur général.

La loi du 17 juillet 1856 a aboli, en France, l'institution de la Chambre du conseil, dont les attributions ont été confiées au juge d'instruction.

Sous le Code de brumaire an IV, le renvoi des inculpés, soit en simple police, soit en police correction-

13

nelle, était ordonné par un magistrat que l'on appelait directeur du jury; mais, lorsque le titre de l'accusation emportait une peine afflictive ou infamante, la compétence de ce magistrat cessait, et il n'était chargé que de déférer l'appréciation de l'affaire au jury d'accusation.

La loi du 7 pluviôse an IX avait diminué déjà la compétence du magistrat directeur du jury. Lorsque sa décision n'était pas conforme aux réquisitions du ministère public, le tribunal d'arrondissement était appelé à vider le différend.

Le Code d'instruction criminelle de 1808 avait organisé un système qui paraissait appelé à rendre de grands services.

Une fois par semaine, le juge d'instruction était tenu de rendre compte, devant la Chambre du conseil, composée de trois juges au moins, des affaires dont il était saisi. La Chambre du conseil statuait sur la prévention; elle approuvait ou rectifiait les qualifications légales: toutes les fois qu'elle était d'avis que le fait ne constituait ni un crime, ni un délit, ni une contravention, elle déclarait qu'il n'y avait pas lieu à suivre et ordonnait l'élargissement de l'inculpé, s'il était détenu préventivement; dans le cas contraire, elle le renvoyait en simple police ou en police correctionnelle. S'il s'agissait d'un crime, soit que tous les juges estimassent, soit que l'un d'eux seulement pensât que le fait était de nature à emporter une peine afflictive ou infamante, les pièces d'instruction, le procès-verbal constatant le corps du

délit et un état des pièces servant à conviction étaient
immédiatement adressés, par les soins du procureur
impérial, au procureur général, pour être soumis à la
Chambre des mises en accusation.

La loi du 17 juillet 1856 a supprimé la Chambre du
conseil ; elle est revenue en partie au Code de brumaire
an IV, en ce sens qu'elle laisse entre les mains d'un seul
magistrat la responsabilité d'actes aussi graves que ceux
qui attaquent l'honneur, quelquefois la fortune, et
presque toujours la liberté des citoyens; elle y est
revenue encore en ce sens qu'elle a conféré à ce
même magistrat le pouvoir de statuer seul aussi, en
matière criminelle, pour le renvoi des inculpés devant
la Chambre des mises en accusation ; de même que, dans
le Code des délits et des peines, le directeur mettait
seul en mouvement l'action du jury d'accusation, qui était
chargé de décider si des preuves assez accablantes s'élevaient contre l'accusé pour motiver un renvoi devant
le jury de jugement.

En 1808, on avait pensé qu'il ne convenait pas d'a-
bandonner à l'arbitrage d'un seul magistrat la mise en
prévention des citoyens ; on avait eu recours à l'institution de la Chambre du conseil, qui formait un premier
degré de juridiction. Chaque affaire peut donner lieu
à tant de questions difficiles et embarrassantes, qu'il
semblait utile que le magistrat instructeur ne fût pas
isolé de ses collègues. En matière civile, la compétence
du juge unique, du juge de paix, est limitée à une somme
de 150 francs. En matière criminelle, où les biens les

plus précieux de l'homme, son existence et son nom
sont en jeu, un juge unique aurait eu le droit de faire
ce qui était interdit au juge civil ! Voilà ce que les rédacteurs du Code d'instruction criminelle n'admettaient
pas.

Avaient-ils raison ? L'institution de la Chambre du
conseil ne répondait-elle pas à des nécessités sociales
que l'expérience du Code de brumaire an IV avait
révélées?

Néanmoins, vivement critiquée et battue en brèche par
plusieurs criminalistes et notamment par M. Bonneville
de Marsangy, magistrat distingué, alors président du
tribunal civil de Versailles, que l'on peut considérer
comme l'inspirateur de la nouvelle loi, elle tomba, en
1856, sous les attaques qui étaient, depuis quelques
années, dirigées contre les nombreux inconvénients de
son application. On l'accusait de faillir à sa mission de
vigilance et de protection ; elle n'était plus qu'un rouage
inutile qui entravait la marche de la procédure.

La considération la plus importante que l'on faisait
valoir pour obtenir son abrogation était tirée de l'ancien
article 133, d'après lequel il suffisait que le fait parût
établi aux yeux des juges ou de l'un d'eux seulement, et
qu'il emportât une peine afflictive ou infamante, pour
que le dossier de l'affaire fût nécessairement transmis à
la Chambre des mises en accusation. Il en résultait que
l'opinion de la Chambre du conseil était fort indifférente,
puisqu'il était toujours réservé à la Chambre des mises
en accusation de rendre un arrêt définif. C'était compli-

quer mal à propos l'instruction préparatoire et multiplier les juridictions outre mesure.

M. Bertin blâme la suppression[1] de la Chambre du conseil. Selon lui, ce n'était pas une superfétation dans l'organisation judiciaire, ce n'était ni un rouage inutile, ni une juridiction parasite. Il s'efforce de prouver que le législateur de 1856 a commis une grande faute, qu'il ne faudra pas tarder à réparer. Cependant, il y a huit ans que la nouvelle loi est exécutée, elle n'a pas produit de mauvais résultats. D'ailleurs, les protestations de M. Bertin n'ont pas eu d'écho. Il a renouvelé, dans sa récente brochure sur les réformes de l'instruction criminelle, les critiques qu'il avait précédemment formulées dans divers articles publiés par le journal *le Droit;* mais jusqu'ici les faits ne lui ont pas donné raison.

La loi belge de 1852 a conservé la Chambre du conseil; nous ne croyons pas qu'elle l'ait abolie postérieurement à 1856. Du reste, peu nous importe; car nous ne proposons pas le retour au Code de 1808 sur ce point, et ce serait dépasser les bornes de notre étude que de reprendre et d'examiner tous les arguments qui démontreraient l'utilité ou l'inutilité d'une institution dont le rétablissement est bien problématique et nous paraît surtout bien peu nécessaire.

Nous acceptons donc les réformes de la loi belge, abstraction faite des dispositions relatives à la Chambre du

---

[1] *Des Réformes de l'instruction criminelle*, p. 85 et suivantes. Nous regrettons d'être en désaccord avec lui sur ce point.

conseil, que nous tenons pour heureusement supprimées en France. Le but de la loi de 1856 était d'imprimer plus de célérité à l'instruction des procédures criminelles, et il a été atteint. Sans doute, c'est un juge unique qui décide préventivement du sort, de l'honneur et de la liberté des citoyens; mais ne vaut-il pas mieux qu'il en soit ainsi ?

La Chambre du conseil, dans les tribunaux chargés d'affaires, était dans l'impossibilité de se livrer à un examen approfondi de tous les dossiers qui lui étaient soumis; dans les tribunaux dont les travaux sont moins importants, la communication des procédures par les juges d'instruction était une cause de retards continuels et ne servait à rien. Du reste, les tendances actuelles sont toutes dans le sens de la simplicité et de la célérité. La loi de 1856 a été favorablement accueillie partout, parce qu'elle permet aux juges d'instruction, sous leur responsabilité personnelle il est vrai, d'activer la marche des procédures. Les tendances de l'opinion publique sont si bien dans le sens de la simplicité et de la célérité, qu'il y a quelques mois on réclamait la création de juges uniques, pour Paris et les villes les plus importantes de France, à l'imitation des juges de police qui existent à Londres[1].

---

[1] « Je demandai à Humbug s'il n'était pas effrayé de son pouvoir. Avoir dans ses mains la fortune, l'honneur et la liberté de tant d'accusés, être seul à en disposer, c'est une responsabilité terrible; ne vaudrait-il pas mieux la partager ? — Non, répondit Humbug, l'intérêt de la justice s'y oppose. Former un tribunal de trois ou quatre juges, ce n'est pas multiplier la responsabilité, c'est la diviser; l'accusé y perd sa meilleure garantie. Seul, et sous l'œil du public, il me semble que Dieu me regarde; je sens toute la

C'eût été, selon nous, une imitation déplorable. Nos tribunaux correctionnels, même pour les affaires les plus
insignifiantes, sont nécessaires à l'administration de la
justice; ils sauvegardent beaucoup mieux tout à la fois les
intérêts de la société et ceux des prévenus. Le gouvernement avait d'abord été tenté de souscrire à l'idée émise
par quelques publicistes possédés de la manie de copier

sainteté du devoir que je remplis. Plus j'aurais de confrères, moins
je me croirais engagé. Qu'est-ce qu'un tiers, un cinquième, un
dixième de responsabilité? Et si le jugement est inique ou cruel,
à qui s'en prendra l'opinion? — Cependant, lui dis-je, voyez le
jury. — C'est l'exemple que j'allais vous citer, me dit-il. En ce
pays, la majorité est souveraine; c'est le nombre qui, en toutes
choses, fait la loi. La justice seule est en dehors de cette condition. L'accord de onze jurés ne peut enlever à l'accusé ni la
vie, ni l'honneur; il suffit de l'abstention d'un seul homme pour
tenir leur verdict en échec. D'où vient cela? C'est qu'il y a ici
une question morale et non pas un problème d'arithmétique; la
voix qui absout a peut-être plus de poids que les onze voix qui
condamnent. Aussi, ce que demande le législateur, ce n'est pas
la majorité, c'est l'unanimité. Ce qu'il lui faut, ce n'est pas une
responsabilité divisée en douze parties, ce sont douze respon-
sabilités. Vous voyez qu'il n'y a pas même en ceci l'apparence
d'une exception; c'est toujours la même règle, mais renforcée:
unité de juge, pleine et entière responsabilité.» — *Paris en Amérique*, l'*Audience d'un juge de paix*, p. 271 et 272. — Pour
répondre à un paradoxe, il n'y a rien de tel qu'un autre paradoxe. Nous lisons dans les *Lettres persanes* de Montesquieu:
«Rieu lui-même, l'homme badin et léger, remarquant que dans les
tribunaux de justice, pour rendre la sentence, on prend les voix
à la majeure (à la majorité), ajoute par manière d'épigramme:
Mais on dit qu'on a reconnu qu'il vaudrait mieux les recueillir
à la mineure; et cela est assez naturel, car il y a très-peu d'esprits justes, et tout le monde convient qu'il y en a une infinité
de faux.» — Comparez les deux systèmes!

aveuglément toutes les lois anglaises; mais il n'a pas, heureusement, donné suite à son projet, si projet il y a eu, ce qui est contestable. Mais il y a une bien grande différence entre un juge unique chargé d'appliquer la loi, de condamner des inculpés à des peines pécuniaires et corporelles, et le juge d'instruction chargé de rassembler tous les documents qui pourront plus tard servir à éclairer les délibérations des juges du fond; il est difficile qu'on ne l'aperçoive pas, et cette différence justifie la loi du 17 juillet 1856.

Ceci bien entendu, la loi belge du 18 février 1852 contient-elle des dispositions dont l'emprunt puisse nous être profitable? Qui le nierait?

Déjà, nous avons insisté sur le mérite de l'article 2, qui consacre la règle générale de la liberté en matière correctionnelle, avec un seul tempérament, qui nous a paru légitime : dans les causes graves et extraordinaires, le juge d'instruction aura, exceptionnellement, la faculté de décerner un mandat de dépôt.

En matière correctionnelle, la liberté est donc le droit commun, sauf de rares exceptions. En matière criminelle, le droit commun est l'emprisonnement préventif; néanmoins, lorsque le titre de l'accusation n'emporte qu'une peine infamante, le juge d'instruction pourra, sur l'avis conforme du ministère public, laisser l'inculpé en liberté. Peut-être la loi belge, qui est déjà si généreuse, aurait-elle pu aller plus loin, en ne bornant pas aux accusations n'emportant que des peines infamantes l'autorisation accordée au juge d'instruction de faire fléchir le principe du droit commun. Il est beaucoup de crimes emportant à la fois des peines afflictives et infamantes, qui ne devraient pas être traités avec une sévérité impitoyable. La liberté provisoire avec caution leur serait concédée sans inconvénient, car ils ne jettent pas le trouble dans la cité, ils n'excitent pas le courroux populaire et ne détruisent pas, au moins momentanément, la paix publique. Dès que l'on consent à relâcher, en matière criminelle, les liens de la détention préalable, il faut franchir tous les degrés du possible et du réalisable.

Nous approuvons sans restriction l'article 2; nous regrettons que les articles 3 et 4 n'aient pas été plus libéraux. Nous aurions voulu qu'il fussent réunis en un seul texte, dont la rédaction eût été conçue à peu près dans ces termes ou dans d'autres équivalents : en matière criminelle, l'emprisonnement préventif sera de droit commun ; néanmoins, sur la demande de l'accusé et sur les conclusions conformes du ministère public, lorsque les circonstances du fait ne seront ni très-graves, ni de nature à troubler la paix publique, le juge d'instruction aura la faculté d'accorder la mise en liberté provisoire moyennant une caution efficace.

L'article 9, que nous avons également approuvé, renferme une disposition qu'il serait important de faire passer dans la loi française : la mise en liberté provisoire sans caution. En France, la liberté sans caution existe pour tous les inculpés qui sont cités directement par le ministère public devant le tribunal de police correctionnelle; cette liberté sans caution existe aussi en Belgique, indépendamment de celle que nous réclamons pour la France.

En un mot, nous désirons que la loi ne fixe ni un maximum, ni un minimum de cautionnement, et qu'elle autorise le juge, dans certains cas abandonnés à son appréciation, à mettre l'inculpé en liberté, sans l'astreindre à verser à la caisse des dépôts et consignations aucune somme d'argent, si minime qu'elle soit.

Le cautionnement est divisé en deux parties : l'une garantit la représentation de l'inculpé à tous les actes de la procédure et sa représentation même pour l'exécution du jugement ; l'autre garantit le payement des frais du procès, des amendes et des réparations dues à la partie civile. L'ordonnance de mise en liberté détermine spécialement la somme affectée à chacune de ces garanties. Soit un cautionnement de 5,000 francs : l'ordonnance déterminera, par exemple, l'affectation d'une somme de 1,000 francs au payement des frais, des amendes et des réparations dues à la partie civile, et elle affectera 4,000 francs à la garantie de la représentation de l'inculpé à tous les actes de la procédure, aussi bien pour les interrogatoires, les expertises, les visites domiciliaires, que pour l'exécution du jugement de condamnation.

N'est-il pas urgent d'introduire cette excellente division dans la loi française? C'est ainsi que le cautionnement cesserait d'être impuissant. Tel qu'il est organisé chez nous, il n'est qu'un piége tendu à la bonne foi des magistrats ; tel qu'il est organisé en Belgique, il est un ferme instrument de justice, d'humanité et d'équité.

Les articles 23 et 24 nous indiquent ce que devient chaque partie du cautionnement.

1° L'inculpé a négligé de se présenter, sans aucune excuse légitime, soit à un seul, soit à plusieurs des actes de la procédure, ou bien, s'étant présenté à tous les actes de la procédure, il s'est soustrait à l'exécution du jugement de condamnation : la première partie du cautionnement est acquise à l'État.

2° Il a négligé de se présenter soit à un seul, soit à plusieurs, soit à tous les actes de la procédure; mais il a été acquitté. Si l'on n'écoutait que la rigueur des principes, la première partie du cautionnement n'en devrait pas moins être acquise à l'État, pour le fait seul de désobéissance à la justice, qu'il importe de réprimer toujours énergiquement. Cependant, l'article 23 déclare que le jugement ou l'arrêt pourra ordonner la restitution de cette partie du cautionnement, sauf prélèvement, dans tous les cas, des frais extraordinaires auxquels le défaut de se présenter aura donné lieu; mais il n'est pas impératif. Le magistrat pourra, s'il le juge convenable, ordonner cette restitution; il pourra aussi ne pas l'ordonner. Vainement on soutiendrait, comme dans l'arrêt Cauchois-Lemaire, que le prévenu commet une simple faute, sans se rendre coupable d'un délit; que sa présence pour l'exécution de la condamnation désintéresse la vindicte publique; que, dans toutes les matières civiles et criminelles, les condamnations par défaut s'anéantissent par la comparution dans les délais de la loi, et enfin surtout que, dans le cas d'acquittement, il serait inique

de lui enleve par la perte de son cautionnement le
bénéfice de la d ision judiciaire qui a proclamé son innocence. La désobé sance aux injonctions de la justice est
plus qu'une faute, c'est un délit contre lequel il est indispensable quelquefois de recourir à des mesures coër-
citives. C'est pourquoi la loi belge a laissé aux magistrats
le soin d'apprécier si, même en cas d'acquittement, la
première partie du cautionnement devra être restituée,
et elle a très-prudemment agi.

3° Le prévenu s'est représenté à tous les actes de la procédure; il a été condamné et il s'est constitué prisonnier:
la première partie de son cautionnement lui sera restituée.
Quant à la seconde partie, dès que les frais du procès, le
chiffre des amendes et des réparations ou indemnités
dues à la partie civile auront été liquidés, elle servira à
les payer. Le surplus sera restitué également.

4° Le prévenu ne s'est représenté ni pour les actes de
la procédure, ni pour l'exécution du jugement de condamnation. La première partie de son cautionnement, nous
le savons, est acquise de plein droit à l'État. Mais retien-
dra-t-on le reliquat de la seconde partie, lorsque les frais
de toute nature du procès auront été acquittés? Pourquoi
non? Quoique divisé en deux parties, le cautionnement
forme un ensemble, un chiffre que le juge a fixé, croyant
y trouver une garantie égale à celle qui résultait de l'emprisonnement préventif. C'est le total de la somme qui a
déterminé sa décision. D'ailleurs, sa condescendance ne
peut être sollicitée en faveur d'un condamné qui, non-
seulement a trompé la foi promise, mais encore s'est

assuré l'impunité par la fuite et s'est soustrait au châtiment que la loi de son pays lui infligeait.

La loi belge de 1852 se termine par un chapitre sur
la mise au secret, que nous louerons volontiers Elle té-
moigne d'une véritable sollicitude pour les inculpés. Mais
l'interdiction de communiquer est encore une nécessité
de l'instruction, surtout dans certaines affaires où les
complices sont nombreux et où la moindre révélation
serait mise à profit pour faire disparaître les preuves.
Toutefois, les magistrats ne l'emploient qu'avec répugnance, et, dans tous les temps, des instructions émanées
du ministère de la justice leur ont recommandé de ne l'appliquer qu'avec des ménagements infinis. S'il s'est produit quelques abus, ils ont été aussitôt réprimés.—La loi
belge donne à la Chambre du conseil le droit de statuer
sur la main-levée de l'interdiction. C'est une erreur : l'interdiction n'est qu'une mesure de l'instruction; c'est
donc à la Chambre d'accusation que l'inculpé devrait
s'adresser.

En résumé, la loi belge, qui est fille de la loi française,
ne s'en est pas toujours tenue à une copie servile, à une
contrefaçon ou à un plagiat inintelligent des textes de
nos codes; elle les a quelquefois modifiés et améliorés,
tout en s'aidant et de sa propre expérience et de la nôtre.
Les améliorations qu'elle a introduites dans le système de
la détention préventive et de la mise en liberté provisoire,
pour n'être pas encore complètes, n'en sont pas moins
propres à frapper notre attention. La Belgique nous
a trop fréquemment emprunté et notre législation et

notre jurisprudence même, pour qu'il ne nous soit pas permis, à notre tour, de lui emprunter quelque chose. Il y a plus. Les institutions belges prennent, en général, le milieu, un juste milieu, comme on dit vulgairement, entre les institutions anglaises ou américaines et les institutions françaises. En France, si l'on y regarde de bien près, la majorité ne se compose pas d'esprits aventureux. Que de gens seraient effrayés et se croiraient perdus, si on leur imposait tout d'un coup, sans aucune transition, le régime anglais ou américain ! Quoi qu'on puisse prétendre, le législateur est obligé à compter un peu avec l'opinion publique. Il faut prendre garde de trop heurter les sentiments d'un peuple et de choquer trop ouvertement ses mœurs. Vous ne cessez de dire que le sol américain et le sol anglais ne sont pas les mêmes que le sol français, et que le peuple français ne s'identifiera que bien lentement aux peuples d'une race si opposée à la sienne : sa personnalité est trop fortement dessinée pour qu'elle s'efface en peu de jours. Eh bien ! si vous redoutez les conséquences de l'application immédiate d'un régime aussi tranché et aussi antipathique à nos mœurs, n'avez-vous pas sous la main une transition toute naturelle ? La loi belge, dont l'origine est française, réunira les suffrages des novateurs qui ne se laissent pas emporter par la fougue de leur imagination; elle s'implantera parmi nous sans perturbations, sans secousses violentes, et nous en ressentirons bien vite les salutaires bienfaits.

VIII.

Nous n'en avons pas fini, pourtant, avec les régimes anglais et américain. Au risque de lasser la patience du lecteur, nous le prions de nous suivre dans une dernière et rapide excursion en Angleterre.

La mise en liberté provisoire sous caution existe, en Angleterre, pour toutes les infractions aux lois pénales, contraventions de simple police, délits correctionnels ou crimes. Il n'y a pas même, à proprement parler, d'exceptions pour certains crimes qualifiés *treason;* dans ces cas mêmes, lorsqu'ils le jugent convenable, les secrétaires d'État et la cour supérieure de la reine ont le droit de l'ordonner.

La liberté provisoire sous caution constitue bien réellement le droit commun; mais il ne faut pas en conclure qu'elle soit toujours et forcément acquise aux inculpés. Les magistrats sont maîtres, suivant la gravité des circonstances, ou de la leur accorder ou de la leur refuser.

En France et en Belgique (la loi belge paraît incomplète sous ce rapport), la mise en liberté provisoire est entravée par la longue série des formalités que nous connaissons :

1° Le prévenu adresse par écrit une demande au juge d'instruction ;

2° La demande est notifiée à la partie civile, lorsqu'il s'en est constitué une ;

3° Elle est communiquée au procureur impérial, qui fournit ses conclusions ;

4° Sur les conclusions du procureur impérial intervient l'ordonnance du juge d'instruction ;

5° L'ordonnance du juge d'instruction n'est pas rendue en dernier ressort ; il peut y être formé opposition, soit par le procureur impérial, soit par l'inculpé, soit même par la partie civile ; alors, nouveaux retards jusqu'à la solution de l'affaire par la Chambre des mises en accusation ;

6° Avant l'ordonnance, la caution est discutée par le procureur impérial et la partie civile ; il s'élève quelquefois de longs débats sur sa solvabilité ;

7° La caution fait sa soumission, soit au greffe, soit devant notaire ;

8° Lorsque le cautionnement est en immeubles, le procureur impérial prend hypothèque : s'il est versé en espèces, il faut une quittance de la caisse des dépôts et consignation ou de ses succursales.

Que de lenteurs ! que de démarches ! que de complications !

Chez nos voisins, les choses se passent tout différemment. Les préliminaires et les lenteurs du système français sont évités au moyen d'une formule de cautionnement qui est la même pour tous les inculpés ; elle est imprimée d'avance ; le magistrat remplit les intervalles laissés en blanc, et l'inculpé et ses garants apposent leur signature au bas de cette espèce de procès-verbal, qui constate les engagements que chacune des parties vient de prendre[1].

On ne se livre à aucune enquête sur la solvabilité des garants et de l'inculpé lui-même ; on ne les contraint à aucune consignation d'espèces ; on n'exige pas une hypothèque en rang utile sur leurs immeubles ; bref, on se

---

[1] M. Ernest Bertrand, dans sa brochure sur la détention préventive en France et en Angleterre, p. 19, donne la traduction littérale d'une formule de cautionnement, que l'on nomme reconnaissance pour la comparution du défendeur, lorsque l'affaire est ajournée ou qu'il n'est pas procédé de suite :

« Constatons que le (date), le nommé (nom, prénoms, demeure et profession du défendeur) et le nommé (nom, prénoms, demeure et profession du garant ou des garants), ont comparu en personne devant le soussigné....... et reconnu, chacun en particulier, devoir à la reine, notre souveraine, les sommes suivantes : c'est-à-dire, ledit (nom du défendeur), la somme de...... et ledit (nom du garant) la somme de.... bonne et..... légale monnaie de la Grande-Bretagne, à réaliser et prendre sur tous les biens et meubles, terres et maisons respectivement, au profit de notre dite dame la reine, ses héritiers et successeurs, si ledit...... manque à la condition écrite au dos. Fait et reconnu, etc.... »

Au dos de la formule imprimée, il est écrit :

« La condition de la reconnaissance ci-incluse est que, si ledit........ comparait personnellement le...... jour, de...... courant, à........ heure de l'après-midi, à........ devant tels juges de paix dudit comté qui s'y trouveront pour répondre à la déclaration ou à la plainte du nommé........ faite contre ledit...... et être ensuite procédé conformément à la loi, ladite reconnaissance deviendra nulle et de nul effet, ou autrement elle conservera toute sa force et sa valeur. »

L'original de cet acte reste entre les mains du juge ; des copies en sont délivrées à l'inculpé et à ses garants

14

contente purement et simplement de leurs signatures.
C'est d'une simplicité exemplaire. Mais, si l'inculpé ne
comparaît pas devant les juges de paix du comté au jour
qui est fixé sur la formule, il est traité avec une sévérité
qui nous semble très-dure et qui est cependant la conséquence de sa faute. Il se place ainsi volontairement dans
une situation très-douloureuse. Le clerc du comté poursuit immédiatement, et sur ses biens et sur ceux de ses
garants, le recouvrement intégral du montant du cautionnement. Si l'inculpé et ses garants sont tous insolvables,
ils sont condamnés à un emprisonnement dont la durée
est proportionnée à l'importance des sommes à payer pour
lesquelles ils se sont laissé contraindre.

Chaque formule de cautionnement est une sorte de
citation, et elle est renouvelée pour tous les actes de la
procédure; elle se termine ainsi : si l'inculpé comparaît
personnellement, la présente reconnaissance sera nulle
et de nul effet, ou autrement elle conservera toute sa
valeur. — Le juge est maître de la renouveler, ou d'en-
voyer l'inculpé en prison préventive, ou de le mettre en
liberté sous caution.

Il n'y a pas que l'inculpé qui soit assujetti à fournir
un cautionnement; le plaignant lui-même peut y être
astreint par le constable, lorsqu'il s'agit d'un crime ou
d'un délit très-grave. Cela se comprend bien. Nous
savons qu'il n'existe pas de ministère public en Angleterre; il est donc rationnel d'exiger du plaignant qu'il
prenne l'engagement formel, sous une sanction pénale,
de se représenter en personne à l'audience où compa-
raîtra l'inculpé, afin d'y soutenir sa plainte contre lui.

Dans le cas où le plaignant se refuserait à fournir caution, le constable serait autorisé à élargir l'inculpé, en exigeant toutefois de lui un cautionnement.

Les constables, en effet, ont le droit de recevoir à caution, dans un grand nombre de cas, les individus qu'ils arrêtent sur la voie publique, soit pour des contraventions, soit pour des délits minimes, et qui ne peuvent être traduits sans désemparer à l'audience du juge de paix, pour un motif quelconque.

Toute personne maintenue en état d'arrestation est déposée par le constable dans la prison des prévenus, prison cellulaire, où la détention est toujours fort courte. De là, elle est amenée, le plus souvent au bout de quelques heures, à la plus prochaine audience de la Cour ou du juge de police. Quand sa détention se prolonge, elle peut invoquer l'acte célèbre d'*habeas corpus*, pour mettre en demeure le lord haut chancelier, ou les juges des Cours supérieures de la reine, d'enjoindre au geôlier de représenter le prisonnier, de montrer son corps. Le lord haut chancelier, ou l'un des juges des Cours supérieures, délivre le writt d'*habeas corpus*. Le prisonnier est conduit devant lui, et il est statué sur son sort: ou bien il est admis à fournir caution, ou bien il est renvoyé devant la Cour pour le jugement de son procès.

Les writts d'*habeas corpus* ne sont pas fréquemment employés; il en est délivré moins de 80, en moyenne, par année[1].

[1] *Les Institutions politiques, judiciaires et administratives de l'Angleterre*, par Ch. de Franqueville, p. 200.

Il existe encore en Angleterre un usage bien curieux, dont M. Charles de Franqueville rend compte en ces termes :

« Si le délit ne peut être matériellement prouvé et que la Cour considère, néanmoins, comme vraisemblable la culpabilité du prévenu, elle prononce son acquittement, en le forçant à fournir une caution de bonne conduite pour l'avenir (*to find sureties or recognizances*). Cette caution, dont le chiffre est fixé dans chaque cas, n'est pourtant pas pécuniaire ; elle consiste dans l'engagement que prend une personne connue de cautionner le prisonnier. Si la caution ne peut être trouvée, la Cour a le droit de faire emprisonner le prévenu pour un délai qui n'excède pas un an. On a prononcé, en 1861, 10,747 acquittements sous caution.

» Ce système, inconnu en France, est essentiellement moral et produit les meilleurs résultats. L'admonestation, toujours courte et sérieuse, mais généralement prononcée avec ce ton de bienveillance paternelle propre aux magistrats anglais, produit presque toujours une salutaire impression ; l'accusé, d'ailleurs soumis à la surveillance de celui qui l'a cautionné et mis en garde contre lui-même, est retenu par la crainte d'être frappé d'une punition plus sévère en cas de récidive, et de voir la caution devenir effective[1]. »

En cas de condamnation, qu'une caution soit exigée pour le payement de l'amende et pour l'exécution de la

[1] *Les Institutions de l'Angleterre*, p. 203.

peine corporelle, cela est bon; mais, en cas d'acquittement, c'est une exigence qui étonnerait singulièrement
les esprits français. Du reste, en cas de condamnation,
le cautionnement est presque toujours réclamé pour assurer l'exécution du jugement et pour prévenir les récidives.

M. Ernest Bertrand rappelle un jugement, mentionné
dans le numéro du *Galignani's* du 31 juillet 1862, par
lequel le magistrat, après avoir condamné un mari à six
mois de prison avec travail forcé pour avoir battu sa
femme, l'astreignait, en outre, à trouver, à l'expiration
de sa peine, deux garants pour la somme de 500 francs
chacun (20 livres sterling), et à s'engager lui-même, sous
la caution de 1,000 francs (40 livres), à garder la paix
(*to keep the peace*) pendant six mois[1].

En dehors des affaires qui ont été portées à l'audience
et suivies d'une condamnation ou d'un acquittement,
nous devons signaler aussi ce que l'on appelle la caution
de bonne conduite pour un temps déterminé ou pour toute
la vie. Elle a été instituée par le roi Édouard le Confesseur. Au chapitre des cautions *de pace et legalitate tuenda*,
Blackstone énumère toutes les catégories d'individus qui
méritent d'être assujetties à la caution de bonne conduite : ce sont à proprement parler tous les suspects.

Il faut lire dans Blackstone cette énumération, qui
comprend tous ceux qui ne jouissent pas d'une bonne
réputation, qui causent quelque scandale, troublent la
paix publique ou les bonnes mœurs : les rôdeurs de nuit,

[1] *Loco citato*, p. 25, en note.

les ivrognes, les vagabonds, les souteneurs de filles, les *pères putatifs de bâtards*..... et bien d'autres. La nomenclature est infinie. « De même, quand un particulier a de bonnes raisons pour craindre qu'un autre ne brûle sa maison ou ne lui fasse une injure corporelle, ou qu'il ne procure aux autres les moyens de le faire, il peut demander sûreté de la paix contre cette personne, et tout juge de paix est obligé de l'accorder, si celui qui la demande offre de prêter serment qu'il a réellement lieu de craindre qu'on ait dessein de lui nuire, qu'il prouve que sa crainte est fondée, et qu'il affirme, en outre, qu'il ne requiert point cette sûreté par malice ou par pure vexation. » Il est évident que la loi du roi Édouard le Confesseur n'est pas exécutée à la lettre ; autrement, tous les sujets de la Grande-Bretagne seraient ou cautionnés ou garants. Ne croyez pas, pourtant, qu'elle soit tombée en désuétude. En 1859, le nombre des individus poursuivis à défaut d'avoir fourni caution *de pace et legalitate tuenda*, c'est-à-dire des gens suspects, de moralité douteuse, n'ayant contrevenu sur le moment à aucun règlement judiciaire ou administratif, mais prêts à tout événement et capables de toutes les actions les plus audacieuses, enfin, constamment en guerre contre la société, s'est élevé à 10,697 [1]. Pour Londres seulement, 1,341 suspects ont fourni caution pendant l'année 1860. Il est difficile, on en conviendra, de pousser plus loin l'usage du cautionnement.

---

[1] Consulter l'intéressante brochure de M. Ernest Bertrand p. 26 et 27, en note.

Chez nous, le jour où il serait permis à un particulier, sous le prétexte que son ennemi est homme à incendier sa maison, à le rouer de coups, à lui causer un préjudice quelconque, s'il lui était permis, disons-nous, de s'abriter derrière le cautionnement *de pace et legalitate tuenda*, nos parquets seraient encombrés de solliciteurs effrontés ou pusillanimes, dont les obsessions causeraient plus de scandales encore que d'embarras. Le flegme anglais n'est pas altéré sans quelque peine; notre esprit est plus vif, il tourne trop promptement à l'exagération et à l'emportement.

Quant à l'idée d'astreindre à fournir caution de bonne conduite, pendant un temps déterminé ou pour toute la vie, tous les individus qui ne jouissent pas d'une bonne réputation, quelles objections ne soulèverait-elle pas? Animée de sentiments honorables, mais plus attachée à la superficie qu'à la réalité des choses, et comptant plus avec ses impressions personnelles qu'avec les faits qui s'accomplissent chaque jour devant elle, sans qu'elle les reconnaisse, une école de fausse philanthropie fait entendre déjà d'énergiques protestations contre la surveillance de la haute police! Que serait-ce donc si on lui proposait d'ajouter à la surveillance de la haute police — entrave très-pénible, nous l'avouons, mais sauvegarde de la société contre les malfaiteurs, qu'elle a le droit de suivre d'un œil inquiet et sans cesse vigilant — les arbitraires et surabondantes précautions du cautionnement de bonne conduite, avec les conséquences qu'elles entraînent, en cas d'impossibilité pour l'homme suspect — et ce sera le

cas le plus ordinaire — de trouver des répondants? Déjà,
on blâme l'interdiction qui frappe les repris de justice à
l'égard du séjour dans certaines grandes villes comme
Paris et Lyon. Que serait-ce si tous ces repris de justice,
qui trouveront moins de répondants que tous les autres,
étaient emprisonnés à défaut d'avoir fourni caution? C'est
à l'emprisonnement, en effet, qu'aboutit la caution juratoire de bonne conduite, quand elle ne peut pas être
fournie, et nos maisons de correction ne seraient pas
assez vastes pour contenir indéfiniment un personnel qui
s'accroîtrait tous les jours.

Nous avons vu, dans le chapitre relatif à la liberté
individuelle, avec quelle facilité les arrestations préliminaires sont opérées dans le royaume de la Grande-
Bretagne. Elles y sont de douze à treize fois plus nombreuses qu'en France, en tenant compte du chiffre de
la population des deux pays : la relation, en 1859, a
même dépassé le chiffre 13, sans y comprendre toutefois
les individus arrêtés et emprisonnés à l'occasion de la
caution juratoire.

Cette facilité des arrestations, que les Anglais supportent très-patiemment, a servi à développer l'institution de la mise en liberté provisoire sous caution.
La cédule imprimée du cautionnement, qui tient lieu
d'ajournement et supprime tous les frais de citation ou
d'assignation, n'a pas peu contribué, non plus, à étendre
dans la pratique l'emploi d'une mesure qui corrigeait
tout naturellement ce que les arrestations avaient d'outré.

On comprend aussi que les constables soient auto-

risés, dans des affaires d'une importance secondaire, à
recevoir eux-mêmes les inculpés à caution : l'absence
de ministère public explique comment leurs pouvoirs
ont dû être armés d'une latitude presque discrétionnaire.
Les constables ont également le droit d'obliger à fournir
caution les plaignants et les témoins qui leur paraîtraient
suspects, parce que la poursuite, ayant lieu au nom
d'un intérêt privé et non pas de l'intérêt public, sera
quelquefois dictée par la passion, la vengeance, la cupidité et le mensonge. Il est arrivé fréquemment qu'un
plaignant, après avoir fait arrêter et emprisonner préventivement un individu qu'il accusait d'un délit ou
d'un crime, ne s'est pas représenté à l'audience du juge
de police ou de la Cour du comté pour soutenir sa
plainte. Cela est d'autant plus à craindre que la partie
civile, alors même qu'elle n'a pas agi par mauvaise foi
et que sa plainte est légitime, peut être désintéressée
par les parents ou les amis du prisonnier, et s'empresse
d'abandonner l'affaire.

Chez nous, il serait inutile de confier aux commissaires de police la faculté d'admettre les inculpés à caution. En général, les arrestations ne sont opérées que
pour des causes graves et exceptionnelles. Il suffit que
les commissaires de police aient le droit d'élargir purement et simplement les inculpés sans caution, dans les
causes insignifiantes qui ne constituent ni crime ni délit.
Lorsque l'affaire est plus importante, le prévenu doit
être conduit au parquet du procureur impérial; c'est
plus sage. Si zélés, éclairés et modérés, que soient les

commissaires de police, surtout dans les grandes villes, leur autorité ne doit être que temporaire, et, dès qu'il s'agit d'une décision aussi délicate que celle qui consiste à accorder ou à refuser la liberté provisoire, il vaut mieux, dans tous les cas, qu'elle émane uniquement du procureur impérial et du juge d'instruction.

Blackstone fait reposer l'institution du cautionnement de bonne conduite sur les bases mêmes de la justice préventive, qui est toujours préférable à la justice qui punit.

La justice préventive a été bien à tort bannie de notre Code d'instruction criminelle, qui ne s'est attaché qu'à la poursuite et à la répression des infractions à la loi pénale : c'est un reproche qu'on lui adresse légitimement.

La justice a une triple mission : prévenir, punir et amender. Notre Code d'instruction criminelle ne vise qu'à la répression dans le sens de l'intimidation, et à la correction dans le sens de l'amendement. Il a négligé d'attribuer à la magistrature l'une des plus belles prérogatives qui lui appartiennent essentiellement et qui consolideraient sa puissance, son autorité et surtout sa popularité : la mission préventive !

Cette mission est confiée à la magistrature anglaise, qui en retire un éclat et une force dont nous manquons. Notre magistrature est plus savante, plus éclairée, plus imposante; elle est moins populaire. Elle n'apparaît aux yeux des justiciables qu'armée du glaive redoutable de la loi; elle frappe, elle blesse, elle tue! Elle vit dans

un sanctuaire inviolable: elle est entourée d'un prestige
magnifique; elle est grande et noble. Mais elle châtie
les hommes et ne les pacifie point. Elle est placée trop
loin et trop au-dessus d'eux pour leur venir en aide,
pour leur distribuer ses conseils ou ses avertissements,
et les arrêter dans la voie du mal, quand ils sont prêts
à s'y engager. Combien elle serait et plus grande et plus
noble, si son intervention pouvait aller au-devant du
crime, pour s'interposer quand il va se commettre, au
lieu de n'agir que quand il est consommé! Combien son
rôle provoquerait de sympathies! Quelle reconnaissance
ne mériterait-elle pas! Les traits quelquefois si durs de
sa physionomie seraient moins sombres et moins sinis-
tres; ses austères fonctions s'embelliraient de tout le
bien qu'elle accomplirait ainsi, et c'est alors vraiment
que la justice, la miséricorde et la charité chrétienne,
indissolublement unies, se confondraient dans un seul
nom et dans une commune admiration pour l'opinion
publique!

Prévenir les crimes, est-ce possible? Non, le plus ordinairement; oui, dans de nombreuses circonstances.

Prévenir les crimes, c'est le premier devoir du gouvernement : *est boni principis malis obviam ire, consulendo,
providendo*. Comme le remarque judicieusement M. Bonneville de Marsangy, le gouvernement impérial a rempli,
mieux que tout autre peut-être, ce devoir supérieur de
tutelle, en s'efforçant d'adoucir les mœurs, de propager le
travail et de diminuer la misère; il montre un intérêt
profond et incessant pour l'amélioration du sort des classes

pauvres; il répand à profusion l'éducation gratuite, et, par les lumières de l'éducation, il combat et il détruit la brutalité et la perversité, qui sont les tristes filles de l'ignorance.

Prévenir les crimes, c'est aussi le devoir de la magistrature. Mais comment y parviendra-t-elle? Exigera-t-on qu'elle les prévienne tous et qu'elle aille au-devant de ceux dont elle n'est pas informée? Non, évidemment: il ne faut vouloir que ce qui est possible.

Or il y a deux sortes de crimes : les crimes instantanés, imprévus, et les crimes imminents, qui, avant leur perpétration, s'annoncent par des antécédents et des symptômes. Les uns ne peuvent pas être prévenus; les autres sont dénoncés par le plaignant ou par la rumeur publique et peuvent être l'objet de mesures de préservation. Ceux-là appellent l'intervention de la magistrature, et la loi anglaise, notamment, les atteint par l'institution des cautionnements *aut bene vivendi*, *aut pacis tuendæ*. Ces cautionnements avertissent le suspect ; ils ont pour but de l'amener à résipiscence, en lui faisant comprendre que la justice veille sur lui, en lui signalant la gravité des actes qu'il est enclin à commettre, et en lui persuadant que son intérêt bien entendu consiste plutôt à rester dans la voie de l'honneur qu'à se perdre dans celle de l'immoralité et de la désobéissance aux lois sociales.

Que l'on ne veuille pas introduire dans notre Code d'instruction criminelle les cautionnements de bonne vie, de bonne mœurs et de bonne paix à garder, surtout avec cette conséquence extrême de l'emprisonnement contre ceux qui ne seraient pas en mesure de les fournir, nous y consentons facilement.

Néanmoins, l'introduction de ces cautionnements ne serait que le retour à un usage antique que l'on nommait asseurement et qui se trouve consigné dans les Établissements de saint Louis[1].

L'asseurement était requis en justice par celui qui redoutait de son ennemi une attaque contre sa personne ou un dommage contre sa propriété.

L'homme requis jurait solennellement qu'il s'abstiendrait, soit par lui-même, soit par les siens, de toute attaque et de tout dommage, pendant un temps déterminé qui prenait le nom de trêve de paix.

Enfreindre cette trêve, dit la coutume de Beauvoisis, est une des grandes trahisons qui soit! L'infraction à cette parole d'honneur, à cette promesse solennellement jurée, entraînait la peine de mort[2].

L'analogie entre la caution *pacis tuendæ* et l'asseurement est frappante. Du reste, l'asseurement n'existait pas seulement en France : il avait pénétré en Espagne et en Portugal, et, tandis qu'il a disparu de nos lois, il a conservé toute sa force dans les législations anglaise, espagnole et portugaise.

[1] M. Bonneville de Marsangy en donne le texte : « Quant aucuns se doute (a soupçon), il doit venir à la justice et requérir asseurement.»

[2] *De l'Amélioration de la loi criminelle*, par M. Bonneville de Marsangy, conseiller à la cour impériale de Paris, officier de la Légion d'honneur (chapitre de la mission préventive de la justice, t. II, p. 203.)

M. Bonneville de Marsangy regrette que cette institution se soit peu à peu effacée de nos lois et de nos mœurs
sous la rouille du temps, et il propose d'en rétablir, non
pas la pénalité, mais l'esprit général de préservation sociale et de justice préventive, en insérant dans l'article
290 du Code d'instruction criminelle un seul paragraphe
qui aurait le double avantage de remplacer et l'asseurement et les cautions de bonne vie, de bonnes mœurs et
de conservation de la paix.

L'article 290 est ainsi conçu : Il (le procureur impérial
au criminel) rendra compte au procureur général, une
fois tous les trois mois, et plus souvent s'il en est requis,
de l'état de la justice du département en matière criminelle, de police correctionnelle et de simple police.

Le procureur impérial au criminel résidait, d'après
l'article 285, dans le chef-lieu du département. Il était
chargé du service des assises et des appels de police correctionnelle. Ses fonctions ont été supprimées par la loi
du 25 décembre 1815.

Ce sont les procureurs impériaux du chef-lieu du département et des chefs-lieux d'arrondissement qui ont été
investis de ses attributions.

Le paragraphe que M. Bonneville de Marsangy ajou-
terait à l'article 290 serait ainsi conçu : « Le procureur
impérial rendra également compte de toutes les plaintes
et procès-verbaux laissés sans suite, avec indication sommaire des mesures prises, des *avertissements donnés* et
de leurs résultats. »

Le compte de toutes les plaintes et procès-verbaux

laissés sans suite, avec indication sommaire des mesures prises, se fait chaque semaine, par l'envoi des notices hebdomadaires au parquet de la Cour, qui surveille et centralise l'administration de la justice criminelle dans son ressort.

La véritable innovation consisterait donc dans les mots *avertissements donnés* et leurs résultats.

Toutes les fois que le procureur impérial serait informé, soit par la rumeur publique, soit par les réclamations des plaignants, qu'un individu, dont la conduite scandaleuse, les menaces contre la sécurité des personnes et des propriétés soulèvent de vives appréhensions, se trouve en quelque sorte sur la pente du crime ou du délit, il le manderait au parquet pour lui donner des conseils bienveillants et paternels, ou des avertissements énergiques, s'ils sont nécessaires. Ces avertissements seraient inscrits sur un registre spécial, et l'individu mandé au parquet saurait que, dans le cas où il ne tiendrait aucun compte des admonestations comminatoires qu'il aurait ainsi reçues, la justice se montrerait pour lui beaucoup plus sévère.

Avertir avant de frapper, c'est plus humain et plus moral.

Sans doute, les avertissements comminatoires n'empêcheront que peu de crimes et de délits; mais il suffit qu'ils puissent en empêcher quelques-uns, ou par l'intimidation produite, ou par l'influence des conseils donnés, et il est incontestable qu'ils auront cet effet. Bien que la loi ne leur concède pas un tel pouvoir, quelques procureurs impériaux emploient les mandements au parquet dans certains cas, et ils n'ont eu qu'à s'en louer presque toujours. Il serait utile d'en généraliser l'usage.

Qu'on n'allègue pas que les parquets seraient encombrés de solliciteurs effrontés ou pusillanimes, dont les obsessions causeraient plus de scandales encore que d'embarras, et que, sur des dénonciations perfides, l'honnête homme se verrait exposé à être inutilement mandé au parquet : le procureur impérial apprécie les plaintes et les dénonciations qui lui parviennent, et son intervention purement officieuse n'aurait lieu que dans les circonstances qui la légitimeraient.

A cette heureuse idée des avertissements comminatoires, donnés officieusement par le procureur impérial et destinés à prévenir l'infraction à la loi pénale, nous rattachons le système de l'admonition répressive, que M. Bonneville recommande à toute l'attention du législateur. Avertir avant de frapper, ce n'est pas tout ; la mission de la justice préventive ne finit point là. En vertu de l'article 463, les magistrats ont le droit d'abaisser la peine jusqu'à des degrés qui l'atténuent singulièrement. Mais, si faible que soit le châtiment, il est quelquefois encore trop fort, alors même que l'emprisonnement est écarté et qu'une amende d'un franc est prononcée contre le délinquant. Une admonition répressive serait bien préférable à cette condamnation, qui laisse des traces sur le casier judiciaire. N'oublions pas qu'il n'est question ici que des petits délits, *des infiniment petits*, auxquels une réprimande convient mieux

qu'un châtiment quelconque. Notre ancienne jurisprudence se servait avec profit de ces réprimandes, de ces
corrections par la bouche des juges, qui s'exprimaient
ainsi : « La Cour vous admoneste et vous fait grâce : soyez
plus circonspect à l'avenir! » On y joignait parfois une
aumône en faveur des pauvres. Il est fâcheux qu'une
aussi miséricordieuse institution, qui existe en Angleterre et en Portugal, ait été proscrite de nos codes.
C'est avec raison que M. Bonneville en demande le rétablissement, et, pour cette innovation comme pour tant
d'autres dont il s'est fait le champion et le vulgarisateur, on ne peut que le féliciter de ses généreux
efforts [1].

Nous connaissons maintenant la loi belge et la loi
anglaise; nous allons présenter et soumettre à l'appréciation des lecteurs un projet de loi que nous avons
calqué sur ces deux législations si différentes de la nôtre.
En voici d'abord le texte. Après le texte, nous donne-
rons le commentaire.

[1] Nous prions le lecteur de ne pas s'en tenir à cette analyse
incomplète des deux chapitres de la mission préventive de la
justice et de l'admonition répressive, pages 175 à 219, du
deuxième volume de l'Amélioration de la loi criminelle. Qu'il
veuille bien parcourir lui-même ces deux chapitres, il y trouvera lumineusement exposé et éloquemment traité ce que nous
n'avons pu rapporter que bien imparfaitement. Tous les travaux
de M. Bonneville de Marsangy portent le cachet d'un libéralisme
puisé aux meilleures sources. Nous le considérons comme l'un
des plus distingués des criminalistes de notre temps.

IX

Texte d'un projet de loi proposé par l'auteur pour remplacer le chapitre VIII du livre Ier du Code d'instruction criminelle.

Art. 1er. — En matière criminelle, la liberté provisoire, avec ou sans caution, sera accordée par le juge d'instruction, sur l'avis conforme du procureur impérial, lorsqu'elle ne nuira ni à la sûreté publique, ni à l'instruction, ni à la future exécution des condamnations qui seront prononcées.

Art. 2. — En matière correctionnelle, la liberté provisoire ne sera refusée au prévenu, avec ou sans caution, que dans des circonstances graves. La mise en liberté provisoire pourra être demandée et accordée en tout état de cause.

Art. 3. — Néanmoins, les vagabonds, les repris de justice et les individus qui auraient précédemment désobéi aux injonctions de la présente loi, pourront être, dans tous les cas, exclus du bénéfice de la liberté provisoire.

Art. 4. — La demande en liberté provisoire sera notifiée à la partie civile à son domicile ou à celui qu'elle aura élu, si elle s'est constituée; lorsqu'elle ne se sera pas constituée, elle ne sera cependant pas déchue du droit d'adresser ses observations sur le cautionnement à exiger de l'inculpé, soit au juge d'instruction, soit à la juridiction compétente.

Art. 5. — Le montant du cautionnement sera fixé eu égard à la nature de l'inculpation, aux antécédents et à la situation de fortune de l'inculpé. Il pourra être divisé entre l'inculpé et un ou plusieurs garants qui s'engageront pour lui. S'il est résulté du délit un dommage civil appréciable en argent, le maximum du cautionnement destiné à garantir ce dommage sera triple de la valeur de l'objet soustrait, ou du préjudice causé.

Art. 6. — Le cautionnement garantit : 1° la représentation de l'inculpé à tous les actes de la procédure et pour l'exécution du jugement, aussitôt qu'il en sera requis ; 2° le payement des frais, des amendes et des réparations dues à la partie civile. L'ordonnance du juge d'instruction déterminera spécialement la somme affectée à chacune de ces garanties.

Art. 7. — Si l'inculpé reste en défaut de se présenter à un ou à plusieurs actes de la procédure, ou s'il se soustrait à l'exécution du jugement, dès qu'il en est requis, la première partie du cautionnement sera acquise à l'État. En cas de renvoi des poursuites ou d'acquittement, l'ordonnance du juge d'instruction, le jugement ou l'arrêt pourront ordonner la restitution de tout ou partie de cette première moitié du cautionnement, sauf prélèvement, dans tous les cas, des frais extraordinaires auxquels le défaut de se présenter aura donné lieu.

Art. 8. — La deuxième partie du cautionnement, en cas de condamnation, sera affectée au payement des frais, des amendes et des réparations civiles. Le surplus sera restitué, si le condamné exécute volontairement la peine qui a été prononcée contre lui.

Art. 9.—La solvabilité du prévenu et celle de ses cautions seront discutées par le procureur impérial et la partie civile, dûment appelée, quand elle s'est constituée. Elles devront être justifiées par des immeubles libres pour le montant du cautionnement et une moitié en sus, si mieux n'aiment le prévenu et ses cautions verser dans la caisse des dépôts et consignations le montant du cautionnement en espèces.

. Art. 10.—Lorsque le cautionnement sera fourni en immeubles, le prévenu et ses cautions feront au greffe du Tribunal leur soumission d'en verser le montant entre les mains du receveur de l'enregistrement, dans le cas où le prévenu serait constitué en demeure de se représenter. Cette soumission entraînera la contrainte par corps. Lorsque le cautionnement sera fourni en espèces, il en sera, sur la production du récépissé de la caisse des dépôts et consignations ou de ses préposés, dressé procès-verbal par le juge d'instruction, lequel procès-verbal, signé par le procureur impérial, la partie civile, je prévenu et ses répondants, sera annexé au dossier de la procédure. Sera également annexée à la procédure une expédition de la soumission faite au greffe.

Art. 11.—Le ministère public et la partie civile pourront prendre inscription hypothécaire, sans attendre le jugement définitif. L'inscription prise à la requête de l'un ou de l'autre profitera à tous les deux.

Art. 12. — Les espèces déposées et les immeubles servant de cautionnement seront affectés par privilége : 1° au Trésor impérial, à raison des frais faits par la partie publique; 2° aux amendes; 3° au payement des frais avancés par la partie civile et des réparations qui lui auront été accordées. En cas d'acquittement, en cas de renvoi des poursuites, ou lorsque l'inculpé se sera représenté fidèlement à toutes les réquisitions qui lui ont été adressées, les espèces déposées porteront intérêt à 3 pour 100, conformément à l'article 5 de l'ordonnance du 3 juillet 1816, pourvu qu'elles soient restées 30 jours à la caisse des dépôts et consignations. Si la restitution des sommes déposées n'est ordonnée que partiellement, cette partie seulement du cautionnement donnera lieu à la production de l'intérêt.

Art. 13. — Les actes auxquels le cautionnement donnera lieu seront enregistrés et visés pour timbre en débet. — Les droits d'enregistrement et de timbre ne seront dus par l'inculpé que lorsqu'il aura été frappé d'une condamnation définitive.

Art. 14. — Le prévenu ne sera mis en liberté provisoire sous caution qu'après avoir élu domicile dans le lieu où siége le Tribunal correctionnel, par un acte reçu au greffe de ce Tribunal. — En cas d'appel, l'élection de domicile sera faite dans le lieu où siége la Cour impériale; — en cas de pourvoi en cassation, dans le lieu où siége le Tribunal ou la Cour qui a ordonné la mise en liberté provisoire.

Art. 15. — Le recouvrement des cautionnements sera

poursuivi à la requête du procureur impérial et à la diligence du directeur de l'enregistrement. Les sommes
recouvrées seront versées dans la caisse de l'enregistrement, sans préjudice des poursuites et des droits de la
partie civile.

Art. 16. — Si, après la mise en liberté provisoire de
l'inculpé, les circonstances exigent qu'il soit remis en
état de détention, le juge d'instruction, sur les réquisitions du procureur impérial, délivrera un nouveau
mandat de dépôt. — Le procureur impérial pourra
requérir et le juge d'instruction décerner ce mandat, si
le prévenu est en défaut de se représenter à l'un ou à
plusieurs des actes de la procédure. — Enfin, le cautionnement pourra toujours, s'il y a lieu, être augmenté
dans le cours de la procédure.

Art. 17. — La durée de la détention préalable sera
toujours calculée dans l'exécution des peines temporaires.

X

Nous avons successivement exposé les principales théories et les controverses que la détention préventive et la mise en liberté provisoire sous caution ont fait naître parmi les criminalistes. Jusqu'ici, notre rôle s'est en quelque sorte borné à celui d'un rapporteur; il nous sera permis maintenant d'exprimer des opinions et des convictions qui nous seront toutes personnelles.

La détention préventive est une nécessité regrettable. Bien que légalement elle ne soit pas une peine, elle en a tous les effets. Elle inflige un châtiment, quelquefois très-dur et très-long, à des inculpés dont l'innocence sera peut-être constatée plus tard. Elle exerce son action coercitive indistinctement et aveuglément : ou bien elle frappe un innocent, et alors elle est irrémissible, puisque la justice ne répare pas ses erreurs; ou bien elle frappe le coupable, et alors elle le retient, sans aucun droit, sans jugement de condamnation, dans une maison d'arrêt, où il subit une pénible captivité, non pas au même titre, mais avec les mêmes conséquences physiques que dans une maison de correction ou de réclusion, sauf la contrainte au travail et la dénomination du lieu où il est renfermé.

Acquitté ou renvoyé des poursuites, le détenu ne reçoit

aucune réparation du préjudice énorme qu'il a souffert; condamné, il ne serait pas écouté s'il exigeait que l'on comprit, dans la durée de sa peine, le temps de l'emprisonnement préalable. Ce sont là deux bien fâcheuses situations!

Accordera-t-on une indemnité à l'innocent qui a été détenu préventivement? Est-ce possible? est-ce désirable? Son innocence, d'ailleurs, n'est pas toujours invinciblement établie. Que de fois le jugement qui l'acquitte, loin d'exprimer qu'il n'est pas coupable, déclare seulement qu'il n'existe pas contre lui des charges suffisantes!

Calculera-t-on dans la durée de la peine les quelques jours ou les mois passés dans la détention préventive? Les articles 23 et 24 du Code pénal s'y opposent[1]. La logique ne s'y oppose pas moins. Les commentateurs de ces deux articles sont d'accord pour démontrer qu'il est impossible que le condamné ait commencé, pendant sa détention préalable, à exécuter une peine qui n'avait pas encore été prononcée, et ils reviennent de nouveau

[1] Art. 23. — La durée des peines temporaires comptera du jour où la condamnation sera devenue irrévocable.

Art. 24. — Néanmoins, à l'égard des condamnations à l'emprisonnement prononcées contre les individus en état de détention préalable, la durée de la peine, si le condamné ne s'est pas pourvu, comptera du jour du jugement ou de l'arrêt, nonobstant l'appel ou le pourvoi du ministère public et quel que soit le résultat de cet appel ou de ce pourvoi. Il en sera de même dans le cas où la peine aura été réduite sur l'appel ou le pourvoi du condamné.

sur leur argument favori : la détention préalable n'est pas une peine : c'est une mesure de police, d'instruction et de sûreté.

Il n'y a rien à faire contre la logique. Cependant, S. Exc. M. le Garde des sceaux affirme, dans le rapport qui précède le Compte général de l'administration de la justice criminelle pendant l'année 1862, que les juges font toujours la part, dans l'application de la peine qu'ils prononcent, de l'emprisonnement déjà subi préventivement. Voilà donc la pratique en lutte avec la théorie et avec la loi. Mieux vaudrait donner pleine satisfaction à l'équité et aux vœux de l'opinion publique, en promulguant une loi nouvelle.

Cette loi nouvelle est en projet. S. Exc. M. le Garde des sceaux l'annonce dans le même rapport[1].

[1] « Ces observations prouvent que les instructions se sont faites, en 1862, avec toute la rapidité compatible avec l'état de la législation. La loi du 20 mai 1863, sur les flagrants délits, s'est efforcée de résoudre un grave problème qui a divisé en deux camps les publicistes et les jurisconsultes, partagés entre le respect de la liberté individuelle et les nécessités de la répression. Elle a voulu réduire à ses dernières limites de durée la détention provisoire, essentiellement protectrice de l'ordre social, sans exposer la justice à perdre en sûreté ce qu'elle gagnerait en célérité.

L'application de plus en plus intelligente de cette loi modifiera profondément tous les résultats obtenus jusqu'ici et consignés dans nos comptes statistiques. Les renseignements qui me sont déjà parvenus me donnent lieu d'espérer que les résultats partiels que constatera le Compte général de 1863 seront très-satisfaisants. J'ai déjà pu soumettre à Votre Majesté un projet nouveau de réforme des lois relatives à la mise en liberté provisoire. »

Quelle sera-t-elle? Complétement libérale, ou encore restrictive? Fera-t-elle table rase de tous les articles du Code d'instruction criminelle? Copiera-t-elle la législation anglaise ou seulement la législation belge? Édictera-t-elle, comme droit commun, le principe absolu de la mise en liberté provisoire sous caution? Ne contiendra-t-elle pas, au contraire, de nombreuses réserves qui affaibliront ce principe?

Il y a quelque témérité de notre part à devancer ainsi le législateur. Nous ne connaissons pas le nouveau projet, qui n'a pas été publié; il serait plus prudent, sans doute, de l'attendre. Toutefois, notre modeste rôle se réduisant à exprimer des vœux, nos scrupules n'auraient pas de raison d'être. D'ailleurs, nous avons rassemblé les principaux documents; il ne nous reste qu'à faire un choix entre la loi belge et la loi anglaise. Nous ne nous lançons pas dans les aventures, le terrain est ferme sous nos pieds.

Le projet de loi que nous émettons, pour remplacer le chapitre VIII du livre Iᵉʳ du Code d'instruction criminelle, se compose de dix-sept articles, que nous allons essayer de justifier un à un.

Art. 1ᵉʳ. — En matière criminelle, la liberté provisoire, avec ou sans caution, sera accordée par le juge d'instruction, sur l'avis conforme du procureur impérial, lorsqu'elle ne nuira ni à la sûreté publique, ni à l'instruction, ni à la future exécution des condamnations qui seront prononcées.

Nous savons que l'article 113 interdit absolument,

en matière criminelle, la mise en liberté provisoire avec ou sans caution. Quant à la loi belge, elle l'interdit également lorsque le titre de l'accusation emporte à la fois une peine afflictive et infamante; elle l'autorise quand il n'emporte qu'une peine infamante seulement.

Nous rayons l'article 113; nous allons plus loin que la loi belge, et nous nous rapprochons un peu de la loi anglaise.

Est-ce introduire une réforme périlleuse et dépassant une mesure raisonnable? Ne compte-t-on pas un très-grand nombre de crimes, tels que coups et blessures ayant occasionné la mort, duels, infanticides, concussions des fonctionnaires publics, enlèvement de mineures et tant d'autres, qui n'ont pas le caractère des attentats atroces contre lesquels la société ne saurait prendre trop de précautions énergiques de sauvegarde et de répression?

Mais que d'objections n'est-on pas prêt à nous opposer?

C'est d'abord M. Faustin Hélie qui critique, on s'en souvient, le pouvoir en quelque sorte illimité que la loi, en général, abandonne aux juges d'instruction, et que nous accroissons encore.

La liberté provisoire, en matière criminelle, n'est pas un droit pour l'accusé: s'il l'obtient, ce sera une concession, une faveur que l'on accordera à celui-ci et que l'on refusera à celui-là. Quelle énorme responsabilité reposera donc sur le juge d'instruction! Un seul homme peut-il suffire à une tâche pareille? Ne redoutez-vous pas quelques défaillances, ou quelques sévérités arbitraires ? Vous répondez que le procureur impérial est là et qu'il saura bien s'opposer à une mise en liberté intempestive. Oui, et ce ne sont pas les mises en liberté trop facilement accordées qui sont à craindre; il vaut mieux se préoccuper de l'excès contraire. Les tendances naturelles du procureur impérial et du juge d'instruction sont tournées vers les mesures de rigueur qui favorisent la marche de l'instruction, de telle sorte que la liberté individuelle se trouvera souvent en danger.

Cette argumentation ne nous touche point. N'oublions pas, en effet, que l'accusé est libre de former opposition contre l'ordonnance du juge d'instruction. Si la Chambre des mises en accusation repousse sa requête, il se pourvoira en cassation: peu à peu les principes domineront les faits ; la jurisprudence se fixera, et le juge d'instruction, magistrat éclairé et honnête, ne résistera jamais aux prescriptions de la loi et de la jurisprudence, qu'il lui serait, du reste, impossible de surmonter.

« Une loi qui essayerait de déterminer à l'avance tous les cas où l'on doit arrêter un particulier et le détenir préventivement serait, dans l'application, toujours incomplète et insuffisante, et le plus souvent injuste et tyrannique ; elle ne protégerait pas suffisamment la société, parce qu'elle entraverait l'action de la justice; elle laisserait libres, dans un grand nombre de cas, des coupables dangereux ; et, en même temps, elle obligerait à détenir des inculpés dont l'arrestation serait inutile. Il est impossible au législateur de prévoir toutes les circonstances qui peuvent modifier un fait, tous les indices qui peuvent charger ou disculper un accusé, toutes les exigences d'une instruction criminelle. Quoi que l'on fasse, on ne peut éviter la nécessité de laisser au magistrat une certaine latitude d'appréciation, et principalement le droit d'ordonner ou de ne pas ordonner l'arrestation ou la détention préventive, suivant qu'il le juge nécessaire. Il vaut encore mieux s'en rapporter à ses lumières, à sa prudence et à sa conscience, et s'exposer même à quelques erreurs, que de lui imposer une loi inflexible et aveugle qui frapperait au hasard. C'est ce qui a été compris en Angleterre comme en France [1].... »

La loi ne pouvant pas déterminer à l'avance tous les cas particuliers qui nécessiteront la détention préventive, c'est au juge d'instruction qu'il appartiendra de les fixer lui-même, à moins qu'on ne rétablisse la Chambre du conseil, supprimée en 1856, ce qui ne nous parait pas désirable.

Une objection plus importante est tirée de la gravité même des faits qui sont imputés aux accusés en matière criminelle. Sans doute, il y a des crimes de diverses classes : les uns n'entraînent que des peines infamantes : le bannissement et la dégradation civique ; les autres entraînent des peines afflictives et infamantes, et parmi celles-ci on trouve encore des catégories nombreuses : peine de mort, travaux forcés à perpétuité, travaux forcés

---

[1] M. Ernest Bertrand, *de la Détention préventive en France et en Angleterre*, p. 28.

à temps, réclusion, détention. Sans doute aussi, l'indulgence du jury bouleverse ces classifications et fait très-fréquemment descendre les peines criminelles au rang des peines correctionnelles. Mais l'accusé ne sera préoccupé que des conséquences possibles de l'accusation. L'indulgence du jury est aléatoire. Il préférera prendre la fuite plutôt que d'attendre paisiblement le résultat d'un procès qui se terminera peut-être par une condamnation aux travaux forcés à temps ou à la réclusion, si ce n'est même par une condamnation plus lourde encore. Accorder la liberté provisoire en matière criminelle, ce serait toujours une folie dont on ne tarderait pas à se repentir; suivant la formule des anciens jurisconsultes, ce serait donner aux accusés les grands chemins pour prison, et tous les grands chemins mènent à la frontière.

Nous croyons que ces craintes sont exagérées. Le juge d'instruction exclura, évidemment, du bénéfice de la liberté provisoire, les accusés de crimes qui sont passibles de la peine de mort ou de peines perpétuelles. Ceux-là, en effet, si élevé que fût le cautionnement qu'on leur imposerait, préféreraient toujours la perte de leur fortune à celle de leur existence ou à leur éternelle servitude.

Quant aux accusés de crimes passibles des travaux forcés à temps, seront-ils exclus comme les précédents? « Cette peine n'est pas seulement infamante par sa nature légale, elle l'est encore par son exécution matérielle; elle brise la carrière de ceux qu'elle frappe; elle ne les rend à la société que flétris et suspects. Il n'est point de cautionnement qui soit un lien sûr en face d'une telle condamnation; il n'est point de domicile, point de famille, point d'établissement qui puisse enchaîner le prévenu. Elle est plus redoutable que toutes les pertes que sa fuite entraîne, que toutes les angoisses que la poursuite jette au-devant de ses pas. Et puis, il faut le dire, elle s'applique généralement à une classe de faits qui supposent une telle criminalité que la mise en liberté provisoire ne peut s'étendre jusque là[1]. » En supposant que le juge d'instruction ou la Chambre des mises en accusation accorde quelquefois la liberté provisoire à des accusés de cette catégorie, ce ne sera guère qu'avec une extrême réserve et dans des circonstances exceptionnelles.

Toutes les accusations criminelles n'aboutissent pas à la peine de mort, ni aux travaux forcés à perpétuité, ni aux travaux forcés à temps. Comme nous le disions tout à l'heure, il y a un grand nombre de crimes en quelque sorte secondaires, *minoris gradûs*, suivant l'expression de M. Bonneville de Marsangy, qui, n'entraînant que la détention, la réclusion, la dégradation civique et le bannissement, sont moins redoutés, surtout lorsque le châtiment peut être si facilement atténué, en vertu de l'article 463, par l'indulgence inépuisable du jury. Pour les crimes qui emportent le bannissement et la dégradation civique, peines non corporelles, la détention préalable ne se comprend pas ; pour ceux qui emportent la détention et la réclusion, « ils sont séparés des simples délits par le titre de la peine plus que par son intensité, par la qualifi-

[1] Faustin Hélie, *Traité de l'instruction criminelle*, t. V, p. 859.

cation légale des actes plus que par leur gravité intrinsèque[1]. » Il n'est donc pas téméraire d'attribuer au juge
d'instruction le pouvoir de mettre provisoirement en
liberté les accusés qui, sous sa responsabilité directe et
celle du procureur impérial, et sous le contrôle de la
Chambre des mises en accusation, lui paraîtront dignes
d'une faveur spéciale, pourvu, toutefois, que leur mise en
liberté ne nuise ni à l'instruction de la procédure, ni à la
future exécution de la sentence à intervenir, ni à la sécurité publique. En matière de duel, par exemple, ou bien
en matière de crimes excusables : homicides accomplis en
état de légitime défense, meurtres commis par l'époux sur
l'épouse et son complice surpris en flagrant délit dans la
maison conjugale, l'emprisonnement préventif ne devrait
jamais être appliqué. Il est vrai qu'une nouvelle loi ne
serait pas nécessaire pour consacrer cette prohibition ; il
suffirait de rappeler au juge d'instruction l'exécution de
l'article 94 du Code d'instruction criminelle, modifié par
la loi du 13 avril 1855, en vertu duquel il est libre absolument, dans le cours de la procédure, et quelle que soit
la nature de l'inculpation, de donner, sur les conclusions
conformes du procureur impérial, main-levée de tout
mandat de dépôt, à la charge par l'inculpé de se représenter à tous les actes de la procédure et pour l'exécution
du jugement, aussitôt qu'il en sera requis. L'ordonnance
de main-levée est même plus favorable aux détenus que
l'ordonnance de mise en liberté provisoire, puisqu'elle

[1] Faustin Hélie, *Traité de l'instruction criminelle*, t. V, p. 810.

n'est pas susceptible d'opposition et qu'elle est délivrée
sans cautionnement. Mais, précisément parce qu'elle n'est
pas susceptible d'opposition et qu'elle est délivrée sans
cautionnement, l'ordonnance de main-levée du mandat
de dépôt ne peut s'appliquer à tous les inculpés. Elle
donne la liberté purement et simplement; elle ne substitue aucun gage à la garantie si complète et si sûre de la
prison préventive. Or la plupart des inculpés ont besoin
d'être retenus dans les liens étroits d'obligations qui ne
soient pas seulement morales : faire un appel à la conscience, à la bonne foi et à l'honorabilité des malfaiteurs,
c'est absurde. Rompez quelquefois, même à leur profit,
les entraves cruelles de la détention préalable; mais rem-
placez-les par des entraves équivalentes, quoique moins
pénibles et moins odieuses, auxquelles ils ne puissent
impunément se soustraire. Voilà pourquoi la loi de 1855
est insuffisante. Elle met en liberté, sans cautionnement,
sans aucun gage matériel, l'inculpé qui est digne d'intérêt et que la mansuétude du juge d'instruction peut
favoriser sans danger; elle reste lettre morte pour ceux
qu'il serait imprudent d'élargir sans cautionnement.
Nous admettons que, même en matière criminelle, la
liberté provisoire peut être accordée sans cautionnement,
et l'on serait mal fondé à nous reprocher notre hardiesse
en face de la loi de 1855; mais nous voulons que le cautionnement devienne la règle générale, qu'il ne sera
permis qu'exceptionnellement d'enfreindre.

Le système est bien simple; il est moins audacieux
qu'on ne serait tenté de le croire à la seule énoncia-

16

tion du principe déposé dans notre premier article.

La mise en liberté provisoire sans cautionnement existe dans notre législation actuelle, même en matière criminelle, puisque la loi de 1855 autorise le juge d'instruction à lever le mandat de dépôt, quelle que soit la nature de l'inculpation.

Nous répétons, avec la loi de 1855, que la liberté provisoire pourra être accordée, en matière criminelle, sans cautionnement. On ne nous reprochera donc pas de proposer une innovation inconsidérée.

La seule innovation contenue dans notre article est relative à la mise en liberté avec caution.

La législation actuelle, en effet, offre cette singularité que nous n'avions pas encore relevée : elle concède la liberté sans caution, en matière criminelle; elle ne l'accorde pas sous caution!

Il est vrai que les mandats de dépôt ne sont levés, en vertu de la loi de 1855, que pour les crimes d'une nature toute spéciale et pour des accusés auxquels est réservé un acquittement presque certain.

Le principe de cette loi subsiste dans notre projet; mais il est augmenté par la mise en liberté sous caution étendue aux inculpés de crimes que le juge d'instruction estimera dignes de l'obtenir.

Notre article ne donne pas l'énumération des crimes qui seront exclus ou qui jouiront de la mise en liberté provisoire ; cependant il nous est loisible, dans un commentaire, d'indiquer quelques exemples qui serviront à mieux préciser le sens du texte.

Lorsque le titre de l'accusation emporte peine afflictive, infamante et perpétuelle, la mort ou les travaux
forcés à perpétuité, il est évident que la mise en liberté
provisoire devra être refusée, alors même que l'accusé
s'empresserait d'offrir toute sa fortune, si considérable
qu'elle fût, comme gage de sa représentation aux divers
actes de la procédure et de l'exécution de l'arrêt de la
Cour d'assises. Dans ce cas, rien ne compense la garantie
de l'emprisonnement préventif.

Lorsque le titre de l'accusation emporte peine infamante seulement, le bannissement et la dégradation
civique, pourquoi la prison préventive serait-elle appliquée? Rien ne la légitimerait. Ce ne sont point là des
peines corporelles, à l'exécution desquelles on ait intérêt
immédiat à se soustraire par l'expatriation.

Avant la loi du 28 avril 1832, le carcan figurait en
première ligne, dans l'ancien article 8 du Code pénal,
parmi les peines infamantes. La loi de 1832 a effacé du
Code pénal cette dégradation avilissante, qui infligeait
au condamné le supplice cruel d'une exposition honteuse
sur la place publique, pendant une heure; c'était un
triste legs de l'ordonnance de 1670.

Tant que la peine du carcan a été appliquée, le législateur pouvait craindre que l'accusé, sur la tête duquel
pesait cette peine que l'on considérait comme exemplaire, ne cherchât à s'y dérober par la fuite; mais,
aujourd'hui, il ne reste plus que la peine du bannissement et de la dégradation civique.

La peine du bannissement est réservée aux crimes

politiques. Cependant, les articles 156, 158 et 229 du
Code pénal l'avaient maintenue à l'égard de divers faits
qui eussent été plus convenablement réprimés, soit
par la réclusion, soit par l'emprisonnement. La loi
du 18 avril 1863 a substitué ces deux peines nouvelles à l'ancienne, dans les articles 156 et 158 ré-
visés, en se fondant sur la nécessité de restituer au
bannissement son véritable caractère de peine politique[1].

[1]Ancien article 156. — Quiconque fabriquera une fausse feuille
de route, ou falsifiera une feuille de route originairement véritable, ou fera usage d'une feuille de route fabriquée ou falsifiée,
sera puni, savoir : d'un emprisonnement d'une année au moins
et de cinq ans au plus, si la fausse feuille de route n'a eu pour
objet que de tromper la surveillance de l'autorité publique; — du
bannissement, si le Trésor impérial a payé au porteur de la fausse
feuille des frais de route qui ne lui étaient pas dus ou qui excé-
daient ceux auxquels il pouvait avoir droit, le tout néanmoins
au-dessous de cent francs; — et de la réclusion, si les sommes
indûment reçues par le porteur de la feuille s'élèvent à cent
francs ou au delà.

Article 156 modifié par la loi du 18 avril 1863. — La peine du
bannissement est remplacée par un emprisonnement d'une année
au moins et de quatre ans au plus; les coupables pourront, en
outre, être privés des droits mentionnés dans l'article 42, pendant cinq ans au moins et dix ans au plus, et être mis sous la
surveillance de la haute police pendant le même nombre d'années,
à compter du jour où ils auront subi leur peine.

Ancien article 158. — Si l'officier public était instruit de la supposition de nom lorsqu'il a délivré la feuille, il sera puni, savoir:
dans le premier cas posé par l'article 156, du bannissement; —
dans le second cas du même article, de la réclusion; — et dans
le troisième cas, des travaux forcés à temps.

Article 158 modifié par la loi de 1863. — Comme dans l'article
156, le bannissement est remplacé par une triple peine d'emprisonnement de un à quatre ans, de privation des droits mentionnés

Dans l'article 229, le bannissement est prononcé contre celui qui, après avoir été condamné à s'éloigner pendant cinq à dix ans, et d'un rayon de deux myriamètres, du lieu où siége le magistrat qu'il avait frappé dans l'exercice de ses fonctions, enfreint les prescriptions du jugement ou de l'arrêt de condamnation avant l'expiration du délai fixé. C'est une sorte de rupture de ban, qu'il eût été plus sage d'abolir, comme on en avait eu d'abord l'intention.

en l'article 42 et de surveillance de la haute police, pendant cinq ans au moins et dix ans au plus.

Quant à l'article 229, la peine du bannissement y a été conservée, bien que, dans l'exposé des motifs de la nouvelle loi, on eût annoncé son abrogation. L'article a été entièrement passé sous silence dans la discussion qui a eu lieu dans le sein du Corps législatif.

L'oubli a-t-il été volontaire ou involontaire? Peu importe. L'abrogation n'a pas été prononcée.

Voici comment s'exprimait l'exposé des motifs à cet égard : « L'article 229, qui se rattache au précédent, serait supprimé. On avait pensé d'abord à le modifier en substituant la prison au bannissement dans le troisième paragraphe. Mais on a reconnu que, ainsi modifié, il faisait double emploi et devenait complétement inutile. L'interdiction locale et temporaire qu'il permet de prononcer, avec la peine éventuelle de l'emprisonnement en cas d'infraction, sont des conditions essentielles du régime de la surveillance, auquel le condamné peut être soumis en exécution de l'article 228 — On supprime du même coup des difficultés bizarres, auxquelles cet article 229 pourrait donner lieu, dans le cas, par exemple, de la mort du magistrat ou de son changement de résidence dans les dix ans de la peine. »

Il est donc fâcheux que l'article 229 n'ait pas été abrogé : les dernières raisons données par l'exposé des motifs sont, en effet, très-concluantes.

Quoi qu'il en soit, dans l'état actuel des deux peines infamantes, qu'il s'agisse de délits politiques ou de droit commun, l'emprisonnement préventif est bien inutile; car les prévenus, s'ils prennent la fuite, ne feront qu'aggraver leur condamnation à la dégradation civique ou devancer leur bannissement.

Le pouvoir du juge d'instruction s'exercera rarement dans les accusations ayant pour objet les peines redoutables de la déportation, de la détention et des travaux forcés à temps; nous en convenons. Mais, plus on descend vers les crimes qui se rapprochent des délits et qui n'en diffèrent que par leur dénomination, par l'intensité du châtiment et non par leur gravité intrinsèque, le juge d'instruction devient plus à l'aise, et sa responsabilité moins pénible. Il lui en coûtera beaucoup moins de concéder la liberté provisoire. Du reste, dans les circonstances les plus favorables, ses attributions sont encore restreintes par notre premier article, qui exige la réunion de trois conditions: il faut que la mise en liberté provisoire, en matière criminelle, ne nuise ni à la paix publique, ni à la future exécution de la condamnation, ni à l'instruction de l'affaire. On nous reprochera peut-être ici de nous être montré trop timide ; c'est le reproche contraire à celui que nous repoussions tout à l'heure. Toutefois, notre pensée est bien claire. C'est en matière criminelle que l'impunité cause les plus grands maux ; il est nécessaire, par conséquent, de prendre toutes les mesures qui sont propres à en préserver la société. Or, dans les crimes que nous appelons secondaires, le péril

social ne se rencontre pas; le péril de l'inexécution des
arrêts de la justice peut être évité au moyen de cautionnements efficaces; enfin le péril d'une procédure désarmée
sera évité à son tour, si l'on ne met l'accusé provisoirement
en liberté que le jour où la preuve est acquise. Il est
certaines affaires dans lesquelles les preuves ne sont pro-
duites que lentement et qui nécessitent de longues et
patientes investigations; il en est beaucoup d'autres dans
lesquelles elle est acquise immédiatement, sans efforts,
sans perte de temps: cependant, dès que la procédure
est terminée, l'accusé ne peut être jugé. Dans la plupart
des ressorts des Cours impériales, les assises ne sont
que trimestrielles; elles ne sont pas permanentes comme
à Paris. L'accusé sera obligé d'attendre pendant un mois,
deux mois, trois mois peut-être, l'ouverture des assises, et
si, par suite d'un accident, maladie d'un témoin, preuves
à compléter sur quelques points imparfaitement éclaircis,
son affaire est renvoyée à une autre session, ce sera un
nouveau retard de trois mois, c'est-à-dire une bien grave
prolongation de l'emprisonnement préventif qu'il sera
condamné à subir. Pourquoi, dès lors, ne pas autoriser
la Chambre des mises en accusation, le juge d'instruction,
le président des assises, suivant les cas qui se présentent,
à accorder la liberté provisoire? Telle est la signification
de notre article. On voit ainsi qu'il est fondé et en droit
et en équité, mais qu'il sauvegarde, pourtant, les intérêts
sociaux, en limitant la liberté provisoire aux crimes
d'une gravité relative.

Art. 2. — En matière correctionnelle, la liberté provisoire ne sera refusée au prévenu, avec ou sans caution, que dans des circonstances graves. La mise en liberté provisoire pourra être demandée et accordée en tout état de cause.

La première proposition de cet article est copiée pour le fond sur l'article 2 de la loi belge; la seconde est la reproduction littérale du deuxième paragraphe de l'article 114 du Code d'instruction criminelle.

La loi belge a édicté un article spécial, l'article 8, pour la seconde proposition, et elle en a puisé les dispositions dans les documents de la jurisprudence française, pour expliquer les mots en tout état de cause. La mise en liberté provisoire peut être demandée en tout état de cause, c'est-à-dire à la Chambre d'accusation, lorsqu'elle est saisie de l'affaire; au tribunal correctionnel, lorsque l'affaire y est pendante; à la Cour impériale, lorsqu'un appel a été interjeté; enfin à la Cour ou au Tribunal qui a prononcé l'emprisonnement, lorsqu'un condamné s'est pourvu en cassation.

La première proposition de notre article 2 se défend d'elle-même. Il est inutile de revenir sur toutes les considérations que nous avons développées plus haut. Il n'importe que de bien s'entendre sur la quotité du cautionnement.

L'article 119 du Code d'instruction criminelle, révisé par le décret du 24 mars 1848, renferme deux bases d'évaluation : l'une se compose du chiffre de l'amende prononcée par le Code pénal accessoirement avec l'emprisonnement, et le chiffre de cette amende peut être élevé jusqu'au double ; l'autre se compose du chiffre des réparations pécuniaires que la partie civile est en droit de réclamer, et le chiffre de ces réparations pécuniaires peut s'élever jusqu'au triple. Nous avons plusieurs fois démontré combien les intérêts de la justice et de la société étaient maladroitement protégés par le maximum du cautionnement de l'article 119 ; nous devons constater, au contraire, que ceux de la partie civile sont parfaitement et pleinement défendus. Le cautionnement à son égard est du triple de la valeur du dommage appréciable en argent ; elle n'a donc rien à craindre des suites de la mise en liberté provisoire.

Pour qu'il en soit de même à l'égard de la justice et de la société, il faut que le premier paragraphe actuel de l'article 119 soit abrogé, comme l'ancien l'a été antérieurement, en 1848[1].

De l'article 119, comme on le verra tout à l'heure, nous ne conservons que le second paragraphe. La loi, en effet, ne doit fixer ni minimum, ni maximum, en matière de cautionnement destiné à sauvegarder l'intérêt public de la représentation du prévenu à tous les actes de la procédure et pour l'exécution du jugement.

Point de minimum, puisque la liberté provisoire peut être accordée sans caution. Point de maximum, parce que le chiffre de la fortune de chaque prévenu doit seul

---

[1] Le premier paragraphe de l'article actuel n'était que le second de l'ancien article 119. Le décret du 24 mars 1848 raya de son texte cette proposition: le cautionnement ne pourra être au-dessous de 500 francs.

servir à fixer le montant du gage qui assurera son obéissance à la loi, et parce que le juge d'instruction, mieux que le législateur, est en mesure de se livrer à une enquête utile sur ce point et à proportionner la somme d'argent qui sera exigée avec la gravité du délit.

Point de minimum, parce qu'un cautionnement de 50 francs, de 20 francs, de 10 francs, n'est plus un gage : presque rien, ici, équivaut à rien.

Point de maximum, parce qu'un cautionnement de 50,000 francs, que celui-ci ne parviendra jamais à fournir, ne sera qu'un jeu pour celui-là, banquier, capitaliste, industriel ou riche propriétaire.

La législation anglaise impose, en général, des cautionnements très-élevés; elle les dédouble même pour les rendre plus efficaces. M. Ernest Bertrand en cite quelques exemples, qu'il a relevés sur un journal publié à Londres[1]. Pour un délit de lettre de change obtenue par fraude, un juge a exigé du prévenu une caution de 7,500 francs; accessoirement, il l'a obligé à présenter deux garants, deux répondants, chargés de fournir chacun une caution de 3,750 francs : le cautionnement intégral pour le prévenu et ses deux répondants était ainsi de 15,000 francs. Pour une mort accidentelle causée par une voiture menée trop vite, quatre garants de 1,250 francs chacun : en tout 5,000 francs. Pour un outrage public à la pudeur, cautions de 3,750 francs pour le prévenu, et de 3,750 francs pour les garants : 7,500 francs en tout.

P. 56, en note.

Serait-il bon d'introduire cette double garantie dans notre législation? C'est incontestable. Sans doute, il est préférable que l'inculpé soit le plus directement intéressé à se représenter à tous les actes de la procédure et à exécuter le jugement, dans la crainte de perdre le cautionnement qu'il a fourni ; cependant il importe quelquefois d'engager avec la sienne la responsabilité de ses parents et de ses amis : le juge d'instruction sera libre de les cumuler ou de ne réclamer que la caution du prévenu, selon qu'il jugera que le cumul est nécessaire ou inopportun. En intéressant les parents et les amis du prévenu à son obéissance stricte aux prescriptions de la loi, le cumul rendra plus certaine sa comparution dans le cabinet du juge d'instruction et à l'audience du tribunal correctionnel, ainsi que sa soumission pour l'exécution de la peine qui aura été prononcée. En outre, sa désobéissance aux injonctions de la justice sera doublement punie, et par la perte de son cautionnement personnel, et par le recours exercé sur ses biens par ses répondants, en recouvrement des sommes qu'ils auront payées pour lui. Mais, s'il est insolvable, ou s'il a emporté dans sa fuite toutes les valeurs qui formaient le gage de ses créanciers et par conséquent celui de ses répondants, est-il équitable que des innocents soient dépouillés de leurs biens pour répondre de délits qu'ils n'ont pas commis? Oui. Ils ont signé volontairement un contrat avec le juge d'instruction, représentant et interprète de la loi. Ils se sont engagés personnellement à l'obéissance du prévenu aux injonctions de la justice, et ils ont consenti à appuyer de leur propre

garantie sa demande de mise en liberté provisoire. Le
contrat est légitime ; il n'a rien d'immoral ; il forme un
lien de droit, *vinculum juris*, aussi énergique et aussi
valide que ceux qui résultent des stipulations loyalement
débattues entre des parties capables de s'obliger l'une
envers l'autre. Les répondants sont maîtres d'intervenir
ou de s'abstenir. Lorsqu'ils sont intervenus, ils avaient
préalablement consulté l'état des ressources du prévenu ;
ils avaient lieu de placer quelque confiance en son honneur,
et surtout ils étaient animés du désir de lui être utile.
Leurs sentiments d'affection pour un parent ou un ami
ont entraîné leur acte de générosité et de protection ; il
est fâcheux que leur intervention n'ait servi qu'à tromper
la justice ; il est regrettable qu'ils soient victimes de la
mauvaise foi et de la perfidie d'un malfaiteur. Pourquoi
se sont-ils engagés ? Une sage abstention les eût préservés
du piége où leur charité et leur compassion ont été
surprises. En conclurons-nous que des engagements de
ce genre seraient très-rares en France ? Non, certes ; ils
ne seraient pas moins nombreux qu'en Angleterre ; le
dévouement n'est pas une vertu inconnue chez nous ; les
entraînements de la générosité et du désintéressement y
seraient plutôt à contenir qu'à exciter.

La garantie du cautionnement étant ainsi répartie sur
la tête du prévenu et de ses répondants, la quotité de la
responsabilité de chacun ayant été prudemment déterminée par le juge, le riche se voyant astreint à prendre
des engagements quelquefois considérables, et le pauvre
des engagements réduits, abaissés et mis à sa portée, le

nombre des emprisonnements préventifs diminuerait dans
des proportions considérables, au grand triomphe de l'humanité, sans que la justice eût à en souffrir. Ce ne serait
qu'un véritable et heureux déplacement de garantie ; car
il est incontestable que cette garantie du cautionnement
serait tout aussi efficace que celle de l'emprisonnement
préventif.

Dans les premiers temps peut-être, avant que les
mœurs s'y adaptassent parfaitement, on aurait à deplorer
quelques abus, quelques fuites scandaleuses ; mais peu à
peu, surtout si le gouvernement ne négligeait en aucune
occasion de réclamer fermement l'application des lois sur
l'extradition (c'est en matière criminelle, en effet, que
la fuite de l'accusé est le plus regrettable, car plus est
grave l'infraction pénale, et plus la répression importe à
la société), les inculpés se soumettraient d'eux-mêmes à
la comparution volontaire dans le cabinet du juge d'instruction toutes les fois qu'ils en seraient requis ; ils com-
prendraient aussi qu'ils n'ont aucun intérêt à éviter les
débats publics de l'audience, où leur innocence peut
triompher et leur culpabilité trouver des juges qui la
traitent avec mansuétude ; enfin ils ne chercheraient pas à
se soustraire à l'exécution des peines qu'ils ont méritées,
parce qu'ils aimeront mieux la privation momentanée de
leur liberté que la perte d'une partie importante de leur
patrimoine, sans compter les angoisses de la poursuite de
la police et les douleurs de l'expatriation, à laquelle ils
seraient obligés de se condamner pendant de nombreuses
années.

Deux objections très-sérieuses nous sont encore opposées par les partisans du maintien de la détention préalable, telle qu'elle est organisée par le chapitre VIII du livre Ier du Code d'instruction criminelle : l'inégalité choquante que nous créons entre le riche et le pauvre, et les difficultés insurmontables dont nous allons semer le chemin toujours si périlleux que parcourt la procédure, alors même qu'elle est munie de l'arme défensive de l'emprisonnement préventif, le plus énergique des moyens d'instruction que le système inquisitorial ait conservé de nos jours.

Inégalité déplorable entre le riche et le pauvre ! N'est-ce pas un vain mot ? N'est-ce pas une de ces phrases pompeuses et déclamatoires dont notre chère France n'est que trop disposée à s'éprendre et à s'étourdir, au détriment du bons sens d'abord et de son repos ensuite ? L'uniformité ne constitue pas l'égalité. Dans le système actuel, l'égalité existe-t-elle ? Appellerez-vous de ce nom une mesure d'exécution brutale qui emprisonne riches et pauvres, sans tenir compte ni du rang, ni du sexe, ni de l'âge, ni de la fortune, ni de la position sociale ? Est-elle sensée, équitable, protectrice des intérêts matériels et politiques d'un peuple, la législation qui passe un niveau impitoyable sur toutes les têtes, et qui, au nom de l'égalité, tue la liberté ?

Les souffrances de l'emprisonnement sont-elles identiques pour tous ? Non, certes. Celui-ci, qui appartient aux classes supérieures de la société, en ressentira très-vivement la honte, l'amertume et le supplice, auxquels restera indifférent celui-là, que son défaut d'éducation, son tempérament robuste, son habitude des privations et des fatigues, ont rendu moins délicat et moins accessible aux impressions morales comme aux douleurs physiques.

Dès que la culpabilité est reconnue, condamnez indistinctement tous les auteurs des délits à l'emprisonnement, et n'acceptez qu'avec répugnance les peines purement pécuniaires, vous tomberez dans des exagérations fâcheuses, contre lesquelles Montesquieu s'est efforcé de vous mettre en garde. Mais on comprend, jusqu'à un certain point, l'uniformité de ces condamnations définitives; on peut même penser, avec M. Treilhard, que le riche qui a transgressé les prescriptions de la loi mérite d'être plus sévèrement frappé que le pauvre.

Or combien de fois n'avons-nous pas répété que l'emprisonnement préventif, mesure d'ordre, de police et de sûreté, n'est pas une peine? On arrête préventivement les malfaiteurs dangereux qui viennent de commettre quelque crime ou quelque délit, comme on arrête les fous et les furieux qui divaguent sur la voie publique. Parmi les malheureux qui sont atteints d'aliénation mentale, il en est dont la maladie est paisible et inoffensive: il en est d'autres, au contraire, qui sont en proie à la fièvre, au délire et à la rage: on laisse les premiers en liberté, en se contentant de les surveiller avec soin; on enferme les seconds. De même, parmi les malfaiteurs, il en est de timides, d'inexpérimentés; il en est d'inoffensifs et que le repentir ne tarde pas à gagner; il en est,

au contraire, de profondément pervertis, qui ont juré
une haine mortelle à la société. Il en est qui, par leurs
antécédents personnels, par leur situation de famille et
de fortune, présentent des garanties véritables à la justice ;
il en est, au contraire, qui, ne possédant rien, n'ont
d'autre gage à offrir que celui de leur propre personne:
l'égalité sera-t-elle blessée, parce que les premiers seront
maintenus en liberté ou élargis après leur arrestation,
et parce que les seconds seront emprisonnés préventivement? Mais la prison préventive, n'étant qu'une mesure
de nécessité et de sûreté, n'a pas de raison de s'appliquer
aux premiers : le besoin de la sûreté cessant, la nécessité
disparaît et la police est désarmée.

L'emprisonnement préventif est un rempart élevé contre un triple péril : le péril social, le péril d'une procédure impuissante et le péril d'une justice désarmée.
Il est indispensable à la sécurité de l'État; cependant,
il n'est personne qui ne regrette qu'il ne puisse être
entièrement supprimé. Comme nous l'avons dit déjà, on
l'a nommé avec raison une injustice nécessaire ; c'est un
mal inévitable ; c'est un empiétement funeste sur les
droits sacrés de la liberté individuelle, empiétement que
justifie l'intérêt général, toujours supérieur à l'intérêt
privé.

On propose un remède contre ce mal ; on veut assigner des bornes à cet empiétement. Les réformateurs du
Code d'instruction criminelle présentent un projet de
loi destiné à réglementer et à étendre la mise en liberté
provisoire, avec ou sans caution.

Aussitôt, les admirateurs du passé, les partisans du *statu quo* éternel et les fidèles serviteurs des antiques traditions, de s'écrier que tout est perdu, parce que les riches vont profiter seuls d'une législation égoïste, immorale et perfide, qui leur attribue des priviléges exorbitants! Le pauvre, autrefois l'égal du riche en face des actes de la procédure aussi bien que de l'exécution des jugements, sera jeté en prison pour n'avoir pas quelques pièces d'or à livrer en gage de son obéissance aux injonctions des magistrats! On foule aux pieds la maxime du chrétien : *Res sacra miser*. Il n'a pas d'argent; il n'a pu fournir un cautionnement avec les ressources chétives que lui procure son salaire de chaque jour, absorbé par son entretien et celui de sa famille : *luat cum corio*, qu'il paye avec sa peau, avec son corps!

Toutes ces déclamations sont vides de raisons vraiment sérieuses. La liberté provisoire peut être accordée avec ou sans caution, avec une caution considérable, avec une caution minime; du riche propriétaire, du capitaliste, de l'homme de finance ou de bourse, de l'industriel et du commerçant, on exigera le dépôt de valeurs importantes; de l'ouvrier, de l'agriculteur, du petit rentier, on exigera un cautionnement abaissé jusqu'à sa portée. Il n'est donc pas juste d'affirmer que le riche seul profitera du bénéfice de la loi, qui s'étendra à tous. N'en seront exclus que les malfaiteurs dangereux, riches ou pauvres, les vagabonds et les repris de justice; en un mot, ceux que la société a le devoir de surveiller activement et de mettre dans l'impossibilité de lui nuire.

17

On rachète à prix d'argent le droit sacré de la liberté individuelle! La liberté est inaliénable; elle n'entre pas dans le commerce, et cependant on l'estime comme une chose vénale, comme une marchandise, on la cote comme une valeur industrielle ou financière, qui sera sujette à la hausse et à la baisse! La loi est immorale et néfaste: elle place l'argent au-dessus de toute chose! Encore une exagération: la garantie que le juge d'instruction et le procureur impérial demandent aux inculpés n'est pas exclusivement pécuniaire : ils rechercheront leurs antécédents sur les tables du casier judiciaire; ils interrogeront leur passé, leur conduite, leurs actions bonnes ou mauvaises; ils discuteront leur moralité et le degré de confiance qu'il sera permis d'avoir en leur parole. Jamais ils n'accorderont la liberté provisoire à un homme, si brillante que soit sa position pécuniaire, qui sera notoirement flétri pour ses actes d'indélicatesse et qui aura souvent encouru la réprobation de l'opinion publique. —C'est donc bien à tort que l'on se préoccupe outre mesure d'une prétendue inégalité qui, dans tous les cas, serait moins choquante que l'inégalité actuelle.

Enfin la mise en liberté provisoire aura pour effet de rendre bien pénible, sinon impossible, la mission du juge d'instruction. Telle est la dernière objection que soulèvent les adversaires des réformes, et nous avouons qu'elle a quelque fondement. Il est incontestable que la marche de la procédure sera gênée par le prévenu, qui, maître de son temps, de ses actions et de sa fortune, emploiera toute son influence à lutter contre le juge d'instruction et à établir solidement son système de défense en regard de l'accusation qui pèse sur lui, accusation qu'il suivra pas à pas et qu'il combattra avec une énergie infatigable. Gardons-nous, pourtant, d'attribuer trop d'importance à cette considération, qui ne doit pas nous effrayer et nous arrêter plus qu'il ne convient.

La lutte entre le juge d'instruction et le prévenu est de droit naturel. Obscureira-t-elle si profondément la vérité que tous les prévenus échapperont à la répression et que l'impunité des coupables, solennellement proclamée, s'imposera comme une humiliation quotidienne à la magistrature impuissante et vaincue? Qui le croira? De quelles ressources la magistrature ne dispose-t-elle pas? D'ailleurs, notre article 2 l'autorise, dans les circonstances graves et exceptionnelles, à refuser la mise en liberté provisoire. Dans les autres affaires, si elle redoute un échec, elle agira avec plus de célérité; le procureur impérial se hâtera de faire rassembler les premiers documents par la police et la gendarmerie, et cette enquête préliminaire, effectuée dans les quelques instants qui ont suivi l'accomplissement du délit, sera immédiatement complétée par le juge d'instruction. La vérité finira bien par se faire jour. S'il se produit de faux témoignages, ils seront poursuivis activement. Le plaignant se mettra en mouvement lui-même, au lieu de rester silencieux et apathique; il apportera son concours à la justice. Aujourd'hui, la personne lésée se borne à adresser sa plainte au parquet, et elle attend ensuite avec une sorte d'indifférence l'issue d'une affaire qui ne semble plus l'intéresser, tant elle est sûre du succès. Désormais, son immobilité cessera. De cette façon, l'initiative privée se joignant aux investigations du ministère public, les preuves ne seront soustraites que bien difficilement aux recherches incessantes du plaignant, du procureur impérial, de ses auxiliaires et du magistrat instructeur.

Art. 3. — Néanmoins, les vagabonds, les repris de justice et les individus qui auraient précédemment désobéi aux injonctions de la présente loi, pourront être, dans tous les cas, exclus du bénéfice de la liberté provisoire.

Les articles 115 et 126 du Code d'instruction criminelle disposent, au contraire, que les vagabonds, les repris de justice et les individus qui auraient laissé contraindre leurs cautions au payement, ne pourront être, en aucun cas, mis en liberté provisoire. Ces dispositions sont un peu absolues, notamment pour certains repris de justice. Mieux vaut confier au juge d'instruction le soin de discerner s'il y a danger à accorder la liberté provisoire, qui ne sera, du reste, concédée qu'exceptionnellement. Quant aux individus qui auraient précédemment désobéi aux injonctions de la présente loi, on comprend qu'ils se sont rendus indignes d'une nouvelle faveur; leur parole est suspecte. Si le juge d'instruction consent, toutefois, à les mettre provisoirement en liberté, ce ne sera que dans le cas où l'inculpation sera légère et après leur avoir imposé un cautionnement très-élevé.

La loi belge ne contient aucune disposition sur les vagabonds, les repris de justice et les individus qui ont

précédemment laissé contraindre leurs cautions au payement ; elle garde le silence à leur égard. Il est évident
qu'elle les a abandonnés aussi au pouvoir discrétionnaire
du magistrat instructeur, qui est maître d'accorder ou de
refuser le cautionnement dans les circonstances graves;
elle a rangé au nombre des circonstances graves les antécédents des prévenus. Nous avons préféré nous expliquer
ouvertement sur ce sujet, en atténuant un peu la rigueur
des articles 115 et 126.

Art. 4. — La demande en liberté provisoire sera notifiée à la partie civile à son domicile ou à celui qu'elle
aura élu, si elle s'est constituée. Lorsqu'elle ne se sera
pas constituée, elle ne sera cependant pas déchue du droit
d'adresser ses observations sur le cautionnement à exiger
de l'inculpé, soit au juge d'instruction, soit à la juridiction compétente.

La partie civile est autorisée, par l'article 67 du Code
d'instruction criminelle, à intervenir en tout état de cause
jusqu'à la clôture des débats; il lui est permis de ne
se constituer qu'au dernier moment, quelques minutes
avant la prononciation du jugement. Néanmoins, le procureur impérial et le juge d'instruction n'ont pas les
mains liées par son abstention; ils peuvent spontané-
ment sauvegarder ses intérêts. Il n'est pas nécessaire,
non plus, qu'il y ait constitution de la partie civile pour
légitimer son intervention; il suffit qu'elle adresse ses
observations au juge d'instruction ou à la juridiction
compétente sur le cautionnement à exiger de l'inculpé.
Le cautionnement, en effet, a pour but de garantir deux

intérêts distincts, celui de la partie publique et celui de la partie lésée. Mais il est évident que les intérêts de la partie civile seront mieux défendus, si elle intervient elle-même.

Art. 5. — Le montant du cautionnement sera fixé eu égard à la nature de l'inculpation, aux antécédents et à la situation de fortune de l'inculpé. Il pourra être divisé entre l'inculpé et un ou plusieurs garants qui s'engageront pour lui. — S'il est résulté du délit un dommage appréciable en argent, le maximum du cautionnement destiné à garantir ce dommage sera triple de la valeur de l'objet soustrait ou du préjudice causé.

Nous supprimons ainsi le premier paragraphe de l'article 149, et nous rendons le cautionnement efficace.

Il y aura trois bases d'évaluation : 1° la nature de l'inculpation; 2° les antécédents, la réputation, la moralité de l'inculpé, la position qu'il occupe dans le monde par sa famille et par lui-même; 3° sa situation de fortune.

La nature de l'inculpation vient en première ligne. Plus elle sera grave, plus le cautionnement devra être élevé. S'il s'agit, par exemple, d'un crime pouvant entraîner les travaux forcés à temps, la détention ou la réclusion, ou d'un délit comportant une peine de plusieurs années d'emprisonnement, le juge d'instruction ne se contentera pas de sommes insignifiantes.

Il n'est possible de déterminer ni un maximum, ni un minimum; nous l'avons prouvé précédemment.

Suivant que les antécédents et la réputation de l'inculpé seront bons ou mauvais, le cautionnement sera élevé ou abaissé; il en est de même relativement à sa situation de fortune.

Nous avons introduit dans notre article 5 la méthode anglaise de la division et du fractionnement des cautions sur plusieurs têtes. Le juge d'instruction aura la faculté de s'en servir; elle ne lui est pas imposée dans tous les cas : il appréciera s'il est convenable de l'appliquer, pour ajouter de nouvelles garanties à celles qu'offre le prévenu personnellement.

Enfin, en matière de dommage civil, le maximum est fixé au triple du préjudice causé; c'est le chiffre de l'article 119. Nous l'avons conservé, parce qu'il nous a paru parfaitement réparateur. Il est évident que le juge a le droit de ne pas l'atteindre; il est évident aussi qu'il y a cumul entre le cautionnement exigé au nom de l'intérêt public et le cautionnement destiné à sauver les intérêts privés. Une simple déclaration suffit sur ce point.

Art. 6. — Le cautionnement garantit : 1° la représentation de l'inculpé à tous les actes de la procédure et pour l'exécution du jugement, aussitôt qu'il en sera requis; 2° le payement des frais, des amendes et des réparations dues à la partie civile. L'ordonnance du juge d'instruction déterminera spécialement la somme affectée à chacune de ces garanties.

Art. 7. — Si l'inculpé reste en défaut de se présenter à un ou à plusieurs actes de la procédure, ou s'il se soustrait à l'exécution du jugement, dès qu'il en est requis, la première partie du cautionnement sera acquise à l'État. En cas de renvoi des poursuites ou d'acquittement, l'ordonnance du juge d'instruction, le jugement ou l'arrêt pourront ordonner la restitution de tout ou partie de cette première moitié du cautionnement, sauf prélèvement, dans tous les cas, des frais extraordinaires auxquels le défaut de se présenter aura donné lieu.

Art. 8. — La deuxième partie du cautionnement, en cas de condamnation, sera affectée au payement des frais, des amendes et des réparations civiles. Le surplus sera restitué si le condamné exécute volontairement la peine qui a été prononcée contre lui.

Les articles 6, 7 et 8, sont tirés en substance des articles 13, 23 et 24, de la loi belge. Nous les avons réunis ensemble, parce qu'ils ont tous les trois le même objet : l'affectation du cautionnement à certaines garanties.

Le cautionnement garantit, en premier lieu, la représentation de l'inculpé à tous les actes de la procédure et l'exécution corporelle, effective, du jugement ou de l'arrêt; il garantit, en second lieu, le payement des frais du procès, de l'amende et des réparations civiles. Chacune de ces garanties sera spécialement déterminée. En général, la première sera plus importante que la seconde, à moins que le dommage causé à la partie civile ne soit très-grave et que les frais de la procédure ne doivent être considérables; le juge d'instruction fera des calculs approximatifs, qui ne sont pas difficiles à établir.

Supposez un délit d'escroquerie commis par un négociant au préjudice d'un autre négociant : le dommage causé a été, par exemple, de 5,000 francs. Les faits n'étant pas d'une gravité exceptionnelle, le juge d'instruction n'a pas cru opportun de refuser la mise en liberté provisoire; mais il a admis l'inculpé à caution. Quels chiffres fixera-t-il?

D'abord, le délit d'escroquerie emporte une double peine de un à cinq ans d'emprisonnement et de 50 francs à 3,000 francs d'amende, sans compter la privation des droits civiques et la surveillance de la haute police. Ensuite, nous admettons que les antécédents de l'inculpé ne sont pas tout à fait irréprochables; enfin sa fortune est importante.

Pour garantir sa comparution à tous les actes de la procédure et l'exécution effective du jugement à intervenir, le magistrat instructeur est fondé ici à fixer un chiffre très-élevé : inculpation emportant la plus forte peine que prononcent les tribunaux correctionnels, antécédents suspects, fortune considérable, tout est réuni pour justifier l'élévation de ce chiffre. Admettons qu'il sera de 50,000 francs. Voilà pour la première partie du cautionnement.

Pour la seconde partie, le magistrat instructeur évalue approximativement, mais largement toutefois, le montant des frais que coûtera la procédure, 500 francs, par exemple; il y ajoute l'amende, qui est ici de 50 francs à 3,000 francs; et, comme il est probable que l'inculpé sera condamné au maximum plutôt qu'au minimum de cette amende, il prend le chiffre de 3,000 francs; enfin, le dommage causé au plaignant et appréciable en argent étant de 5,000 francs dans notre hypothèse, et devant entrer pour le triple de sa valeur dans l'évaluation générale, d'après le troisième paragraphe de l'article 5, ce sera encore une somme de 15,000 francs qu'il faudra additionner avec les précédentes. La seconde partie du cautionnement sera donc de 18,500 francs.

Le cautionnement intégral sera de 68,500 francs. Ces chiffres sont imaginaires, bien entendu. Ce n'est que dans des circonstances extraordinaires que l'on ira jusqu'à des sommes aussi considérables et qu'on les dépassera même. On les dépasserait, si, conformément au deuxième paragraphe de l'article 5, on adjoignait encore au cautionnement de l'inculpé les cautionnements d'un ou de plusieurs répondants, qui s'engageraient en même temps que lui.

Nous estimons que les cautionnements devront être, en général, assez élevés, surtout dans les premiers temps de l'introduction du nouveau système en France, afin d'habituer et de contraindre les inculpés à l'obéissance à la loi et de rendre moins fréquente l'inexécution des jugements, c'est-à-dire l'impunité des coupables. On y arriverait bien vite, nous en avons la conviction.

Veut-on une autre hypothèse qui contienne des chiffres moins exagérés? Supposons un délit de coups et blessures n'ayant pas occasionné une maladie ou une incapacité de travail pendant plus de vingt jours, et commis par un ouvrier sur un ouvrier, dans une rixe de cabaret. L'article 311 du Code pénal frappe ce délit d'un emprisonnement de six jours à deux ans et d'une amende de 16 à 200 francs, ou de l'une de ces deux peines seulement. S'il y a eu préméditation ou guet-apens, l'emprisonnement est de deux à cinq ans, et l'amende de 50 à 500 francs.

Le magistrat instructeur n'a pas jugé convenable de mettre provisoirement l'inculpé en liberté sans caution. Quel sera le montant du cautionnement? Le délit n'a qu'une gravité relative; car, s'il s'agissait de coups et blessures portés avec préméditation ou guet-apens, il n'y aurait pas lieu, le plus ordinairement, à accorder la liberté provisoire. Eh bien! ce qui conviendra le mieux dans cette circonstance, ce sera de fractionner le cautionnement en cinq ou six divisions : 100 francs pour l'inculpé, 100 francs pour chacun des quatre ou cinq garants qui prendront fait et cause pour lui; en tout, 5 ou 600 francs, sur lesquels le juge d'instruction déterminera ce qui revient à la première ou à la seconde partie du cautionnement. Il est bien peu de petits commerçants, de petits rentiers et même d'ouvriers qui ne puissent trouver, soit par eux-mêmes, soit par leurs parents et leurs amis, des sommes aussi minimes.

Il en sera du fractionnement des cautions comme de la diffusion des valeurs publiques, rentes sur l'État, émissions d'emprunts nationaux ou étrangers, qui s'est produite par la création des petits coupons et par la participation des petits capitaux aux grandes entreprises.

L'association accomplit partout des merveilles, et elle exécute sans peine ce qui, avant elle, avait toujours paru irréalisable.

Demander un cautionnement de 500 francs à un ouvrier dont le salaire, dans les villes de province et surtout dans les campagnes, est si faible qu'il le laisse dans une gène constante, le faisant vivre sans doute, mais ne lui permettant pas d'amasser des économies et de les verser à la caisse d'épargne, c'est une plaisanterie cruelle, suivant les adversaires des modifications que nous défendons; autant vaudrait, ajoutent-ils, leur refuser péremptoirement la liberté provisoire, sans leur donner de vaines espérances trop promptement suivies de regrets; il serait plus loyal de ne pas les appeler à profiter d'une faveur qui ne leur sera jamais concédée.

Ces reproches ne sont pas fondés. Dans les plus petites villes de province, dans les campagnes les plus reculées, dans les pays d'agriculture les plus retardataires, le bien-être, l'aisance, l'argent et l'or, autrefois inconnus, ont pénétré peu à peu. L'ouvrier et le cultivateur s'enrichissent tous les jours. Suivez les mutations de la propriété foncière, que M. Jules Favre nomme citoyenne, et vous verrez combien elle mérite cette qualification. Des mains de l'ancien seigneur, elle est passée dans les mains de la bourgeoisie, et, des mains de la bourgeoisie, elle passe, en ce moment, dans celles du paysan; car elle coûte si cher que le paysan seul peut s'en charger. Pour la classe moyenne, elle est un luxe ou une cause de ruine; pour le paysan, elle est une nourrice féconde et une fortune.

« La vraie propriété est celle du sol; c'est par elle que l'homme est véritablement libre, assuré et souverain[1]. » Cela est inexact pour les classes moyennes, depuis que,

---

[1] Proudhon, *Théorie de l'impôt*, pag. 233.

en vertu des opérations immenses qui se traitent à la Bourse, la propriété foncière a été détrônée, déchue du rang qu'elle occupait dans l'économie politique, dépouillée de tout son prestige, et que sa rivale, la propriété mobilière, a été ennoblie et est devenue la reine du jour; cela est très-exact, au contraire, pour le paysan, aux yeux duquel la possession des meubles est restée vile, *vilis mobilium possessio*, comme l'appelaient nos anciens légistes, qui professaient pour elle un trop profond dédain. Vous ne trouverez, par conséquent, que bien peu d'ouvriers et de cultivateurs, dans les petites villes et les campagnes, qui ne puissent, s'ils sont honnêtes, laborieux, économes, s'ils ont des amis et s'ils sont dignes que leurs amis viennent à leur secours, se mettre en mesure de fournir les cautionnements modérés que vous réclamez d'eux.

Des petites villes et des campagnes, si nous remontons dans les grands centres industriels, où règne l'abondance, où les salaires sont vraiment rémunérateurs des pénibles travaux que l'on impose à l'ouvrier, les cautionnements se trouveront plus facilement encore : pour les ouvriers des champs, ils seront fournis en immeubles plutôt qu'en espèces : pour les ouvriers des centres industriels, ils seront fournis en espèces plutôt qu'en immeubles.

Grâce aussi à la touchante solidarité qui s'établira entre l'inculpé et ses amis, le fractionnement des cautions est appelé à rendre d'immenses services à la société. Il sera un puissant instrument de moralisation.

L'inculpé aura pour premiers juges ses pairs, ses compagnons de travail, ses amis, ses parents. Soutenu, protégé par eux, il se présentera devant la justice avec plus d'assurance. Si sa cause, au contraire, est désertée, c'est une condamnation anticipée qui le couvrira de honte et de confusion.

Le prévenu est peut-être coupable; il sera peut-être sévèrement puni par les magistrats. Est-il fâcheux que ses parents et ses amis se soient intéressés à lui? Banniriez-vous la pitié de toutes les relations sociales. Le prévenu a cédé, sans doute, à des entraînements qui semblaient excusables en certains points; c'était sa première défaillance; et puis, on avait longtemps vécu avec lui, on l'aimait. Non, il n'est pas fâcheux qu'il ait été assisté de ses parents et de ses amis : cela prouve qu'il a su faire naître en eux une affection solide, et celui qui est l'objet de tels dévouements n'est pas toujours entièrement perverti.

Le prévenu sera peut-être acquitté, et alors quelle douce satisfaction pour chacun des répondants qui lui ont prêté un concours généreux et qui ne l'ont pas abandonné alors que le malheur s'abattait sur sa maison!

Nous tromperions-nous? Nous laisserions-nous séduire par les décevantes rêveries d'une sensibilité surannée?

«Comme la politique, disait M. Michaud, la morale a ses rubans et sa broderie : ce sont les illusions, et je n'entends par illusion que la manière d'envisager les choses sous leurs formes les plus attrayantes.»

Non, ce ne sont point là de pures et vaines illusions; croyez-le bien.

Dans les deux cas, qu'il y ait condamnation ou qu'il y ait acquittement, que d'enseignements salutaires! Vous fondez en quelque sorte la participation de l'homme du peuple aux devoirs austères de la justice ; vous l'obligez à apprécier les actes de son voisin et à les réprouver lui-même, s'ils sont contraires aux notions du bien et du mal qui sont gravées dans son cœur. Il était hostile à l'autorité à la loi, à la magistrature; il en deviendra le serviteur fidèle et volontaire. Garant de la représentation du prévenu à tous les actes de la procédure et de sa soumission au jugement, il veillera à ce qu'il ne prenne pas la fuite ; il lui donnera des conseils; il lui prouvera qu'il est plus sage d'obéir à la loi que de s'y soustraire violemment, parce qu'il serait mis alors au ban de la société et traqué comme une bête fauve.

Plus on examine ce beau côté du fractionnement des cautions, et plus on y découvre d'avantages. Quant à nous, nous appelons de tous nos vœux les plus ardents une loi nouvelle sur la liberté provisoire, et, ne dût-elle amener que les résultats dont nous parlons et qui sont incontestables, il faudrait, nous semble-t-il, se féliciter à jamais de les avoir obtenus !

Le choix des garants appartient-il au juge d'instruction? Non, à proprement parler. L'inculpé les lui présente. Le juge les accepte ou les refuse, sans doute: il les discute, il examine et leur solvabilité et leur moralité; mais c'est plutôt un contrôle qu'un véritable choix.

Ne conviendrait-il pas de lui donner le droit de les

désigner et de les imposer? Nous ne le pensons pas. Il
suffit qu'il puisse les contrôler.

Supposons que le prévenu présente comme garant
un individu mal famé, qui a peut-être participé indirectement au délit, ou qui, s'il n'y a point participé, ni
moralement ni matériellement, a été déjà poursuivi
lui-même pour des actes d'improbité du même genre. Un
tel garant ne sera pas admis à fournir caution : son cautionnement, en effet, n'aurait pour but que d'enlever le
prévenu à l'action de la justice ; ce serait une fourberie
dont le magistrat instructeur doit éviter d'être dupe.

Plus l'honorabilité des garants sera bien établie, et
plus sera forte et morale la protection qu'ils accorderont
à l'inculpé.

L'intervention d'un maître en faveur de son domestique,
d'un patron en faveur de son ouvrier, d'un commerçant
en faveur de son commis, du directeur d'une administration publique ou d'une entreprise industrielle en faveur
de ses employés, voilà la meilleure caution que le domestique, l'ouvrier, le commis et l'employé, s'efforceront de
mériter et de produire ; il n'en est pas de préférable. La
considération du protecteur rejaillira sur le protégé ;
l'honneur de l'un garantira l'honneur de l'autre : tels
patrons, telles gens... L'inculpé qui se placera sous le
patronage d'un citoyen que sa probité, ses vertus et sa
haute position sociale recommandent au respect de tous,
sera accueilli avec plus d'indulgence par le juge d'instruction, et, s'il se trouve dans les conditions requises
par la loi pour l'obtention de la mise en liberté provisoire,

il sera exempté de la détention préventive sous le bénéfice d'un cautionnement qui s'élèvera quelquefois jusqu'à la hauteur d'une présomption d'innocence.

En face de ce patronage, le juge d'instruction ne pourrait-il pas être autorisé à laisser provisoirement l'inculpé en liberté sur la seule parole de son garant? Nous n'allons point jusque là, et nous devons expliquer pourquoi.

Nous n'admettons que deux correctifs à la détention préventive : ou bien la mise en liberté pure et simple, sans caution, ou bien la liberté sous caution ; la liberté pure et simple pour les affaires sans gravité ; la liberté sous caution pour celles dont l'importance exige que la justice ne demeure jamais désarmée.

Si l'on se contentait d'un cautionnement purement moral et non pécuniaire, l'inculpé ne serait retenu que bien faiblement par des liens qu'il lui serait si commode de rompre, et l'objet de la loi, qui est de substituer des entraves équivalentes à celles de l'emprisonnement préalable, ne serait plus assuré. Il faut toujours tout prévoir. Sans contredit, les prévenus ne doivent pas être traités comme des coupables ; mais ils ne doivent pas être, non plus, traités tout à fait comme des innocents. Ils sont soupçonnés, voilà la véritable qualification qui leur revient. Or, à titre de soupçonnés, ils inspirent facilement une grande défiance : il est bon de se mettre en garde contre leur mauvaise foi et leur perfidie.

Du reste, il est permis de différer d'avis sur quelques points qui, comme celui-ci, ne nuisent pas à l'ensemble du système.

18

Nous recommandons les cautionnements exclusivement pécuniaires, parce qu'ils nous paraissent indispensables contre les surprises des manquements à la foi jurée. Ce que nous voulons surtout, c'est que la charge du cautionnement tombe principalement sur l'inculpé et que chacun de ses garants connaisse bien la valeur des engagements qu'il va contracter. L'équilibre ne sera point observé, quand on ne s'en rapportera qu'à la parole d'un seul garant, sans lui assigner de bases matérielles et précises. Il importe que les engagements ne soient pas vagues et indéfinis, parce qu'ils sont irrévocables. Mais nous ne verrions pourtant aucun inconvénient à ce que le maître en faveur de son domestique, et le patron en faveur de son ouvrier, pussent n'être astreints qu'à un cautionnement dont le chiffre serait déterminé plus tard, après l'issue du procès. Il suffirait au maître de dire : Je me porte fort pour un tel. En cas de non-représentation du prévenu et d'inexécution des condamnations prononcées, le maître serait tenu de payer les frais du procès et le montant des indemnités dues à la partie civile. Néanmoins, il faudrait toujours que l'ouvrier et le domestique fussent assujettis eux-mêmes à fournir une certaine caution de leurs propres deniers, pour garantir leur représentation aux divers actes de la procédure, sinon ils auraient trop beau jeu pour échapper à la répression. — Ce sont là des questions accessoires, que l'expérience résoudra mieux que la théorie, et sur lesquelles les divergences d'opinions seront promptement ramenées à une bien désirable unité de doctrine et d'application.

L'article 6 pose le principe de l'affectation du cautionnement à deux garanties, qui doivent être spécialement déterminées dans l'ordonnance du juge d'instruction. Les articles 7 et 8 renferment la sanction de cette double garantie.

Si l'inculpé manque à se représenter soit à un seul, soit à plusieurs ou à tous les actes de la procédure, et s'il se soustrait à l'exécution du jugement, la première partie du cautionnement est acquise à l'État. Le fait seul de la désobéissance à la loi, sans excuse légitime, entraîne la perte des sommes d'argent déposées. Néanmoins, il était nécessaire d'assigner quelques limites à une règle aussi dure. En cas de condamnation, si l'inculpé n'a manqué à se représenter qu'à un seul acte de la procédure, il pourra être relevé de la déchéance qui l'avait atteint. En cas de renvoi des poursuites ou d'acquittement, il en sera de même, à plus forte raison. La restitution du cautionnement sera ordonnée en totalité ou en partie, selon que l'inculpé aura mérité qu'on le traite avec indulgence ou avec sévérité.

En cas de condamnation, la deuxième partie du cautionnement est affectée au payement des frais, des amendes et des réparations dues à la partie civile. S'il y a un excédant, il est restitué, à moins que le condamné ne se représente pas volontairement pour l'exécution du jugement; car alors il est confisqué, à titre de sanction pénale, avec la première partie du cautionnement dont nous venons de parler.

Le mot de confiscation est banni du langage juridique,

depuis bien longtemps; mais n'allons-nous pas le faire revivre, en attribuant à l'État le droit de s'emparer ainsi de toutes les sommes versées par les inculpés dans les caisses de l'enregistrement et des domaines? Non. Cette confiscation partielle n'a rien que de très-légitime; elle découle d'un contrat formé entre le juge d'instruction et l'inculpé. Elle n'enrichit pas l'État; elle ne sera pour lui qu'une compensation bien faible des frais que lui coûte l'administration de la justice criminelle.

La confiscation générale, autrefois édictée par les articles 37, 38 et 39 du Code pénal, a été abrogée par la charte de 1814; l'abrogation en a été confirmée par celle de 1830 et par l'article 56 de la constitution du 14 janvier 1852. Autant la confiscation générale était odieuse, autant la confiscation spéciale est une peine légitime, qui est prononcée dans un grand nombre d'articles du Code pénal et de lois particulières. Jamais on n'a confondu l'une avec l'autre. En matière d'infraction à la loi concernant la mise en liberté provisoire, la confiscation du cautionnement ne touche en rien aux principes inviolables du respect dû par l'État à la propriété des citoyens et consacré en 1814, en 1830 et en 1852; c'est une peine ordinaire, depuis longtemps établie, ce n'est pas une innovation.

Art. 9. — La solvabilité du prévenu et celle de ses cautions seront discutées par le procureur impérial et la partie civile, dûment appelée, quand elle s'est constituée. Elles devront être justifiées par des immeubles libres pour le montant du cautionnement et une moitié en sus, si mieux n'aiment le prévenu et ses cautions déposer dans la caisse des dépôts et consignations le montant du cautionnement en espèces.

Art 10. — Lorsque le cautionnement sera fourni en immeubles, le prévenu et ses cautions feront au greffe du Tribunal leur soumission d'en verser le montant entre les mains du receveur de l'enregistrement, dans le cas où le prévenu serait constitué en demeure de se représenter. Cette soumission entraînera la contrainte par corps. Lorsque le cautionnement sera fourni en espèces, il en sera, sur la production du récépissé de la caisse des dépôts et consignations ou de ses préposés, dressé procès-verbal par le juge d'instruction, lequel procès-verbal, signé par le procureur impérial, la partie civile, le prévenu et ses répondants, sera annexé au dossier de la procédure. — Sera également annexée au dossier de la procédure une expédition de la soumission faite au greffe.

On se rappelle qu'en Angleterre il n'existe pas tant de complications. Une simple cédule est présentée au prévenu et à ses garants, qui la signent et se trouvent engagés désormais. Leur solvabilité n'est pas discutée; on ne les interroge pas, on ne leur fait subir aucun retard, aucun contrôle. La cédule est imprimée et préparée d'avance. La tâche du magistrat se borne à la remplir avec les noms de toutes les parties et à y insérer le montant des cautionnements. Pourquoi n'avons-nous pas adopté une méthode dont l'application serait si commodément et si vite opérée?

Il nous a paru qu'elle n'offrait pas des garanties assez complètes à la justice. En définitive, la liberté provisoire ne doit être accordée qu'à ceux qui en sont dignes. Que de supercheries et de fraudes n'engendrerait pas le système anglais! Le procureur impérial et le juge d'instruction ne discutant ni la solvabilité du prévenu, ni celle de ses répondants, on souscrirait à tous les cautionnements qu'ils exigeraient, quelle qu'en fût l'élévation; mais, lorsque serait venu le jour du payement, le receveur de l'enregistrement n'adresserait que de vaines sommations à des débiteurs insaisissables qui, comme le joueur de Régnard, le défieraient d'en tirer le moindre remboursement [1].

Du reste, les lenteurs et les complications ne sont pas aussi gênantes qu'on le croirait à première vue. Supposez que le cautionnement soit fourni en espèces, et dans la pratique ce sera le cas le plus fréquent, parce que les juges d'instruction ne descendront au cautionnement en immeubles que si le cautionnement en espèces est impossible, les formalités se réduiront au versement de la somme stipulée à la caisse des dépôts et consignations, qui délivrera quittance ou récépissé. Sur la production de ce récépissé, le juge d'instruction dressera son procès-verbal et rendra l'ordonnance de mise en liberté provisoire. En réalité, il ne sera pas besoin de discuter la solvabilité du prévenu et de ses cautions, puisqu'ils

[1] Tu peux me faire perdre, ô fortune ennemie;
Mais me faire payer, vraiment, je t'en défie!
(Régnard, le *Joueur*.)

sont prêts à fournir les fonds que l'on réclame. En quelques heures, toutes les formalités seront accomplies. Sans
aucun doute, c'est toujours moins simple qu'en Angleterre; mais, avec la cédule imprimée, toutes les garanties
disparaissent. En Angleterre, le cautionnement n'est
jamais payé qu'après la clôture de l'instruction et la prononciation du jugement; en France, le cautionnement
sera toujours en quelque sorte payé d'avance. Il n'y a
pas de payement, à proprement parler, puisque les
espèces ne sont déposées dans la caisse des dépôts et
consignations, et l'hypothèque n'est prise sur les immeubles qu'à titre provisoire; mais le payement est
assuré. Chez nos voisins, au contraire, il ne l'est pas.
Or il importe que le cautionnement soit effectif. Substitué à la détention préventive, il serait beaucoup plus
nuisible qu'utile, s'il n'enchaînait pas solidement les
inculpés qui en ont sollicité la concession.

Art. 11.—Le ministère public et la partie civile pourront prendre inscription hypothécaire, sans attendre le
jugement définitif. L'inscription prise à la requête de
l'un ou de l'autre profitera à tous les deux.

Lorsque le cautionnement est fourni en immeubles,
les formalités ne sont pas beaucoup plus longues que
lorsqu'il est fourni en espèces. Il faut justifier d'immeubles libres pour le montant du cautionnement et une
moitié en sus; si les immeubles sont situés dans l'arrondissement, en quelques minutes le conservateur des
hypothèques délivrera un bordereau des inscriptions
existantes; s'ils sont très-éloignés du lieu où le délit a

été commis et où se fait l'instruction, ne sait-on pas qu'une lettre parvient, en vingt-quatre heures, d'une extrémité de la France à l'autre? Si le prévenu est impatient, ne peut-on pas recourir à la voie du télégraphe? En un mot, aujourd'hui, avec la facilité des communications et la rapidité de la poste ou du télégraphe, les renseignements arriveront en bien peu de temps, et l'on ne comprend pas, dès lors, pourquoi le législateur priverait la justice de garanties qu'il est si commode de lui procurer.

Notre article 11 dispose que le procureur impérial et la partie civile sont autorisés à prendre inscription, avant l'issue du procès, avant que le jugement soit définitif; c'est la reproduction textuelle du second paragraphe de l'article 121.

Sans attendre le jugement définitif, cela signifie qu'ils ont le droit de prendre inscription, soit dès que la soumission a été faite au greffe, soit pendant l'instruction de la procédure, soit après le jugement du tribunal, mais pendant les délais de l'appel. Il est possible qu'il y ait urgence à requérir inscription immédiatement; car les immeubles pourraient être grevés, dans l'intervalle, d'autres hypothèques qui en absorberaient la valeur.

Art. 12. — Les espèces déposées et les immeubles servant de cautionnement seront affectés par privilége: 1° au Trésor impérial, à raison des frais faits par la partie publique; 2° aux amendes; 3° au payement des frais avancés par la partie civile et des réparations qui lui auront été accordées. En cas d'acquittement, en cas de renvoi des poursuites, ou lorsque l'inculpé se sera représenté fidèlement à toutes les réquisitions qui lui ont été adressées, les espèces déposées porteront intérêt à 3 pour 100, conformément à l'article 5 de l'ordonnance du 3 juillet 1816, pourvu qu'elles soient restées trente jours à la caisse des dépôts et consignations. Si la restitution des sommes déposées n'est ordonnée que partiellement, cette partie seulement du cautionnement donnera lieu à la production de l'intérêt.

Nous plaçons en premier lieu les frais avancés par le Trésor impérial, puis les amendes, et enfin les réparations dues à la partie civile. D'ailleurs, lorsqu'une partie civile s'est constituée, une portion du cautionnement, triple de la valeur du dommage causé appréciable en argent, lui sera le plus souvent affectée, et par conséquent ses intérêts seront toujours intacts.

D'après l'article 110 de la loi du 28 avril 1816, et l'article 2 de l'ordonnance royale du 3 juillet de la même année, c'est à la caisse des dépôts et consignations et non dans celle de l'enregistrement et des domaines que doit être versé le montant des cautionnements en espèces. La loi belge de 1852 s'est conformée à la loi et à l'ordonnance de 1816; mais les éditions les plus récentes du Code d'instruction criminelle ne contiennent aucun changement au texte primitif. Nous avons sous les yeux les Codes criminels de M. Rolland de Villargues, imprimés en 1864 : ils font mention de cette loi et de cette ordonnance; mais la caisse de l'enregistrement et des domaines n'y est pas remplacée par celle des dépôts et consignations, dans les articles 117 et suivants. Il y a là un oubli manifeste.

Nous l'avons réparé dans notre projet. L'article 9 porte que le cautionnement en espèces sera versé à la caisse des dépôts et consignations, et, suivant l'article 10, sur le récépissé de cette caisse, le juge d'instruction dressera son procès-verbal d'admission à caution, qu'il annexera à la procédure.

Il n'en est pas de même, on le comprendra sans peine, lorque le cautionrement est en immeubles. Le prévenu et ses cautions doivent alors faire au greffe leur soumission d'en verser le montant entre les mains du receveur de l'enregistrement, dans le cas où le prévenu serait constitué en demeure de se représenter. Dans ce cas, en effet, il s'agit d'un acte d'exécution qui regarde la caisse de l'enregistrement et non celle des consignations. L'article 10 concorde avec l'article 15, qui est relatif au recouvrement des cautionnements, recouvrement effectué à la requête du procureur impérial et à la diligence du directeur de l'enregistrement.

Conformément à l'article 14 de l'ordonnance du 3 juillet 1616, la caisse des dépôts et consignations paye l'intérêt de toute somme consignée, à raison de 3 pour 100, à compter du soixante et unième jour à partir de la date de la consignation, jusques et non compris celui du remboursement. Les sommes qui restent moins de soixante jours en état de consignation ne portent aucun intérêt; lorsque les sommes consignées sont retirées partiellement, l'intérêt des portions restantes continue seul de courir sans interruption.

Une autre ordonnance, à la date du même jour 3 juillet 1816, et relative aux dépôts volontaires des particuliers, dispose, dans son article 5, que les sommes déposées porteront intérêt à 3 pour 100, pourvu qu'elles soient restées trente jours à la caisse; que, si elles sont retirées avant ce temps, la caisse ne devra aucun intérêt.

Une troisième ordonnance, en date du 19 janvier 1835, et relative également aux sommes volontairement versées à la caisse des dépôts et consignations, dispose que l'intérêt sera réduit à 2 pour 100 par an, et que cet intérêt ne commencera à courir qu'après un délai de soixante jours.

Mais un arrêté des 26 mai, 14 juin 1849, a rapporté l'ordonnance du 19 janvier 1835 et ordonné que les dépôts volontairement effectués par les particuliers seraient régis par les articles 5 et 6 de l'ordonnance du 3 juillet 1816.

Un décret du 24 mai 1851 a confirmé l'arrêté du 14 juin 1849, en décidant que la caisse des dépôts et consignations bonifiera l'intérêt à 3 pour 100 sur les sommes déposées volontairement par les particuliers, à partir du trente et unième jour qui suivra le versement.

Bonifier, en terme de finance, signifie suppléer ou combler un *déficit*.

En matière de cautionnements pécuniaires, ne serait-il pas convenable de repousser l'application de l'article 14 de la première ordonnance du 3 juillet 1816, qui les régit actuellement? Nous venons de dire que les cautionnements immobiliers restent en dehors des attributions de la caisse des dépôts et consignations. Mais est-il juste que les cautionnements fournis en espèces ne produisent qu'un intérêt de 3 pour 100, à partir du soixante et unième jour de la consignation? N'est-ce pas déclarer tacitement qu'ils ne produisent jamais ou presque jamais d'intérêt, la célérité des instructions criminelles étant devenue très-grande, sous l'impulsion du ministère de la justice et des parquets des cours impériales, de telle sorte que les procédures qui ont une durée supérieure à deux mois sont en très-petit nombre?

On répondra que c'est le droit commun et qu'il en est ainsi pour tous les cautionnements qui ne sont pas volontairement effectués par les particuliers.

Nous pourrions donc nous en rapporter au droit commun, aux usages et aux règlements de la caisse des dépôts et consignations.

Cependant il y aurait peut-être là quelque chose à faire.

Lorsque les cautionnements seront immobiliers, l'inscription hypothécaire qui grèvera les propriétés des inculpés et de leurs répondants ne sera qu'une charge momentanée, nuisant aux mutations, aléatoirement il est vrai, susceptible de gêner et d'entraver pour quelque temps la circulation et l'aliénation, mais ne causant pas toujours un préjudice bien grave.

Lorsque les cautionnements seront fournis en espèces, au contraire (et ces cautionnements méritent d'être favorisés autant que possible dans la pratique, parce qu'ils assurent le recouvrement immédiat et facile des créances du

Trésor impérial et de la partie civile, soit en cas de désobéissance aux injonctions de la justice pour la première
partie de leur objet, la représentation des inculpés, soit
en cas de condamnation pour la seconde partie de leur
objet, l'exécution effective des sentences judiciaires),
priver les inculpés et leurs répondants des intérêts des
sommes par eux versées, c'est leur causer un préjudice
certain, qui, en cas d'acquittement, ne peut vraiment pas
se justifier.

Les cautionnements en espèces méritent d'être favorisés plus que les autres, non-seulement parce qu'ils faci-
litent le recouvrement immédiat des créances de l'État et
de la partie civile, mais encore parce qu'ils permettent
à l'administration de l'enregistrement de ne pas recourir
aux voies extrêmes, aux rigueurs si pénibles et si dures
des poursuites en expropriation.

Il y a là, en effet, une considération de la plus haute
importance.

Le système anglais n'a pas hésité devant ces voies
extrêmes, devant ces rigueurs qui sont légitimes, sans
doute, à l'égard des condamnés, mais qui sont cruelles à
l'égard des cautions. C'est la conséquence du système
lui-même. On n'exige des inculpés et de leurs cautions
qu'une simple signature; on ne discute pas leur solvabilité : toutes les complications, toutes les formalités sont
proscrites; l'engagement est contracté séance tenante,
sur la cédule du cautionnement. Il en résulte que, si les
conventions stipulées ne sont pas tenues de part et d'autre,
les clercs des comtés, sur la réquisition du magistrat qui

a reçu les signatures, poursuivent le recouvrement des sommes fixées dans la cédule sur les biens de chacune des parties, et que, si les biens sont insuffisants, la contrainte par corps et un long emprisonnement sont employés sans pitié contre les débiteurs de la couronne, comme mesures de répression et de réparation due aux manquements à la foi jurée. Ce sont là de bien graves mesures, qu'il est bon d'éviter autant que possible. Or elles seront évitées d'abord par la discussion préalable de la solvabilité des cautions qui fourniront un cautionnement immobilier, et ensuite, et surtout, par le versement à la caisse des dépôts et consignations du cautionnement fourni en espèces.

Nous insistons par conséquent sur la nécessité de faciliter et de propager l'usage de cette sorte de cautionnement. Mais ne sera-ce point les rendre en quelque sorte impraticables que de les soumettre aux prescriptions de l'article 14 de l'ordonnance du 3 juillet 1816?

Le taux de l'intérêt que sert la caisse des dépôts et consignations a été, depuis 1816, bien des fois l'objet de réglementations différentes; il n'y a aucun danger à y toucher de nouveau.

Ne pourrait-on pas appliquer, par dérogation spéciale à l'article 14, l'article 5 de la seconde ordonnance de 1816 à nos cautionnements en espèces? Au bout d'un mois, ils produiraient un intérêt de 3 pour 100, tout comme s'ils avaient été volontairement effectués. C'est ce que décide le second paragraphe de l'article 12 de notre projet. Tout le monde y gagnera : les prévenus, leurs garants, l'administration de la justice et la caisse des dépôts et des consignations elle-même, par l'affluence des capitaux qui lui seront confiés.

Art. 13. — Les actes auxquels le cautionnement donnera lieu seront enregistrés et visés pour timbre en débet. Les droits d'enregistrement et de timbre ne seront dus par l'inculpé que lorsqu'il aura été frappé d'une condamnation définitive.

Cet article, qui forme l'article 19 de la loi belge, n'a pas besoin de commentaire.

Art. 14. — Le prévenu ne sera mis en liberté provisoire sous caution qu'après avoir élu domicile dans le lieu où siège le Tribunal correctionnel, par un acte reçu au greffe de ce Tribunal. En cas d'appel, l'élection de domicile sera faite dans le lieu où siège la Cour impériale. En cas de pourvoi en cassation, dans le lieu où siège le Tribunal ou la Cour impériale qui a ordonné la mise en liberté provisoire.

Art. 15. — Le recouvrement des cautionnements sera poursuivi à la requête du procureur impérial et à la diligence du directeur de l'enregistrement. Les sommes recouvrées seront versées dans la caisse de l'enregistrement, sans préjudice des poursuites et des droits de la partie civile.

Art. 16. — Si, après la mise en liberté provisoire de l'inculpé, les circonstances exigent qu'il soit remis en état de détention, le juge d'instruction, sur les réquisitions du procureur impérial, délivrera un nouveau mandat de dépôt. Le procureur impérial pourra requérir et le juge d'instruction décerner ce mandat, si le prévenu est en défaut de se représenter à l'un ou à plusieurs des actes de la procédure. Enfin, le cautionnement pourra toujours, s'il y a lieu, être augmenté dans le cours de la procédure.

Nous passons rapidement sur ces derniers articles, qui ne donnent lieu à aucune difficulté. L'article 16 mérite seul une mention spéciale. Il ne faut pas que le cautionnement dégénère en abus scandaleux. Si l'accusation, qui d'abord ne paraissait emporter qu'une peine correctionnelle, a changé de caractère et de titre pendant le cours de la procédure, le juge d'instruction n'aura pas les mains liées; il restera toujours libre de délivrer un mandat d'amener, de dépôt ou d'arrêt. Il est évident qu'alors le cautionnement sera restitué de plein droit. Mais, en admettant même que l'accusation soit restée telle qu'elle avait été qualifiée à l'origine, si l'inculpé n'obéit pas aux injonctions de la justice, soit à une seule, soit à plusieurs de ces injonctions, comme il est présumable que son intention est de se soustraire par la suite à l'exécution du jugement à intervenir, le juge d'instruction est encore maître de décerner un mandat, malgré la mise en liberté provisoirement concédée.

Enfin l'article 17 est ainsi conçu : La durée de la détention préalable sera toujours calculée dans l'exécution des peines temporaires.

Nous donnons par là pleine satisfaction aux vœux tant de fois exprimés par les adversaires de la détention préventive. C'est une réparation accordée à ceux qui ont souffert d'un emprisonnement auquel ils n'ont été assujettis que par des raisons de nécessité sociale.

Ne sera-ce point placer quelquefois la justice dans une situation équivoque? Supposez qu'un individu, qui a été détenu préventivement pendant trois mois, pendant un espace de temps plus long encore, ne soit condamné qu'à quelques jours de prison. Il n'aura évidemment, en vertu de l'article 17, aucune peine à subir. C'est une anomalie singulière, c'est un fait bien regrettable. La prison préventive aura eu plus de durée que la peine correctionnelle.

Nous répondrons, d'abord, qu'un fait semblable se produira bien rarement, lorsque l'on appliquera largement la mise en liberté provisoire avec ou sans caution. Une inculpation qui n'aboutit qu'à quelques jours d'emprisonnement correctionnel est trop légère pour motiver le refus de la liberté provisoire. Ensuite, s'il est vrai qu'il y ait anomalie, situation équivoque, des anomalies et des situations de ce genre ne se rencontrent-elles pas en plus grand nombre dans le système actuel? L'article 17 est, avant tout, une mesure d'humanité et d'équité. Il consacre un principe de réparation auquel on ne saurait qu'applaudir.

Pourquoi le repousserait-on? Parce qu'il obligerait trop souvent la magistrature à se déjuger et à se contredire? Non, certes; on tombe toujours dans la même confusion. Le rôle et la portée de l'instruction préparatoire sont bien différents du rôle et de la portée de l'instruction définitive. La première ne se prononce que sur des présomptions de culpabilité; la seconde ne se prononce que sur des preuves. Ce sont deux voies parallèles, qu'il faut savoir parfaitement distinguer l'une de l'autre. Qu'on ne se laisse donc pas égarer par de fausses illusions. L'instruction a traduit à la barre du Tribunal ou de la Cour un individu contre lequel elle a rassemblé des charges qu'elle croyait invincibles, et cependant il est acquitté par la Cour ou par le Tribunal. Pourquoi le crédit de la justice en serait-il ébranlé? Que voyez-vous là de contraire à la loi, à la raison et au bons sens? Cela se passe ainsi tous les jours, et dès lors pourquoi craindriez-vous d'inscrire dans un texte de loi la consécration d'un principe qui s'impose de lui-même et qui est ardemment réclamé par l'opinion publique.

La loi belge du 18 février 1852 contient encore deux articles relatifs au droit d'appel qui peut être intenté contre les décisions rendues en matière de liberté provisoire. Nous ne les avons pas reproduits dans notre projet de loi, parce que l'article 135 du Code d'instruction criminelle subsistera dans toute sa force.

En vertu de cet article, le procureur impérial, la partie civile et le prévenu ont le droit de former opposition aux ordonnances rendues en matière de liberté provisoire. L'opposition doit être formée dans un délai de vingt-quatre heures, qui court contre le procureur impérial à compter du jour de l'ordonnance, contre la partie civile et contre le prévenu non détenu à compter de la signification qui leur est faite de l'ordonnance, au domicile qu'ils ont élu dans le lieu où siége le Tribunal ; enfin contre le prévenu détenu à compter de la communication qui lui est donnée de l'ordonnance par le greffier.

La signification à la partie civile et au prévenu non détenu , ainsi que la communication au prévenu détenu, se fait dans les vingt-quatre heures de la date de l'ordonnance.

L'article 135 dispose encore que le prévenu détenu gardera prison jusqu'à ce qu'il ait été statué sur l'opposition , et, dans tous les cas, jusqu'à l'expiration des délais d'opposition ; quant à l'ordonnance qui accorde la liberté , elle sera exécutée provisoirement. Nous n'avons rien à changer au texte de l'article 135 , révisé par la loi du 17 juillet 1856, que nous avons eu l'occasion d'approuver précédemment et de défendre contre les critiques qu'elle a fait naître.

Ce qui importe le plus aux inculpés , c'est que leur requête en liberté provisoire, l'ordonnance du juge d'instruction et l'opposition qui peut frapper cette ordonnance , ne soient pas arrêtées par des lenteurs et des formalités interminables. Nous avons montré déjà que les complications de l'enquête à laquelle donne lieu la discussion de la solvabilité des cautions et du prévenu sont plus apparentes que réelles. En quelques heures, la liberté provisoire peut être demandée et accordée , après l'accomplissement ponctuel et minutieux de toutes les formalités qui sont prescrites. Pareillement pour la voie de l'opposition, les délais sont fort abrégés, et la décision interviendra promptement.

« Si vous examinez les formalités de la justice par rapport à la peine qu'a un citoyen à se faire rendre son bien ou à obtenir satisfaction de quelque outrage, vous en trouverez sans doute trop. Si vous les regardez dans le rapport qu'elles ont avec la liberté et la sécurité des citoyens, vous en trouverez sans doute ... peu, et vous verrez que les peines, les dépenses, les longueurs, les dangers même de la justice, sont le prix que chaque citoyen donne pour sa liberté. »

C'est Montesquieu qui parle ainsi. A côté de la liberté individuelle, en effet, se place l'intérêt public. Si la liberté individuelle, intérêt privé, doit être pourvue d'une protection efficace, la sécurité générale des citoyens, intérêt public, ne mérite pas moins de sollicitude. Une trop grande précipitation ne serait pas moins funeste qu'une trop grande inertie. Laissez donc à la magistrature le temps de se prononcer sciemment sur la demande de liberté provisoire qui a été adressée au juge d'instruction par l'inculpé.

En Angleterre, toutes les formalités sont supprimées, et nous avons vu que l'on ne s'y livre à aucune enquête préparatoire sur la solvabilité des inculpés et de leurs cautions. Mais, lorsque les inculpés et leurs cautions sont insolvables, ils sont passibles d'un emprisonnement qui est proportionné à l'importance des sommes à payer, et qui constitue un châtiment particulier et tout au moins exorbitant pour les cautions. Que les prévenus insolvables soient assujettis à la peine corporelle, rien de plus légitime ; mais que les cautions subissent un emprisonnement proportionné à l'importance des sommes à payer, c'est l'inévitable conséquence des lois sur la contrainte par corps ; cependant il est préférable qu'il en soit autrement, et que nos prisons ne soient pas encombrées d'une armée de débiteurs du Trésor impérial qui, par mauvaise foi ou par légèreté, auraient contracté des engagements excédant leurs ressources. Les duretés de la contrainte par corps sont toujours fâcheuses. C'est pourquoi nous avons repoussé le système anglais, qui néglige les enquêtes préparatoires sur la solvabilité des prévenus et des cautions. Dans notre projet de loi, de semblables inconvénients ne se produisent jamais. Le payement est assuré, soit par le dépôt du cautionnement en espèces, soit par l'inscription hypothécaire sur des immeubles libres pour le montant du cautionnement et une moitié en sus. On ne sera pas obligé plus tard, comme en Angleterre, de recourir à des poursuites regrettables et à des emprisonnements qui auraient un caractère odieux.

Une autre différence de notre système avec le système anglais consiste dans la durée de l'engagement souscrit par l'inculpé et ses garants. Dans notre projet de loi, le cautionnement est fourni au début de l'instruction ou bien au moment de la demande en liberté ; une fois fourni, il subsiste jusqu'à l'issue du procès, à moins que le magistrat instructeur ne décerne un nouveau mandat de dépôt, lorsque l'affaire a pris une tournure plus grave qu'à l'origine, ou lorsque l'inculpé s'est abstenu de comparaître dans son cabinet après en avoir été légalement requis. Il est même énoncé dans l'article 16 qu'il est susceptible d'être augmenté si les circonstances l'exigent; mais cela ne change rien à sa durée ordinaire. Sauf dans le cas de retrait de la liberté provisoire par la délivrance d'un nouveau mandat de dépôt, le cautionnement subsiste jusqu'à l'issue du procès. Ses effets sont permanents; ils ne cessent qu'avec l'acquittement ou l'exécution du jugement de condamnation. Nous savons qu'il n'en est pas ainsi en Angleterre : la cédule de cautionnement est renouvelée à chaque acte de la procédure.

« On a vu que l'acte du cautionnement indique le juge ou le Tribunal devant lequel doit comparaître l'accusé, et le lieu, le jour et l'heure de la comparution; l'extrait de cet acte qui est délivré à l'inculpé porte la signature du magistrat comme l'acte lui-même, et il reproduit les mêmes indications. Il résulte de là que, toutes les fois que la mise en liberté sous caution est accordée, il devient inutile d'assigner l'inculpé; il est suffisamment mis en demeure de se présenter par l'acte de cautionnement lui-même; et, comme l'acte et l'extrait se délivrent sans frais, c'est un moyen d'ajournement simple et économique. C'est peut-être cette utilité pratique qui a contribué à multiplier en Angleterre l'usage de l'acte de cautionnement (*bail of recognizance*). On s'y sert du *bail* à toutes les phases de la procédure, depuis l'arrestation jusqu'au jugement; on l'impose même aux témoins, dont on assure ainsi la comparution devant les cours supérieures et le jury en même temps que celle de l'accusé[1]. »

[1] M. Ernest Bertrand, *de la Détention préventive en France et en Angleterre*, p. 22 et 23.

La cédule de cautionnement est un moyen d'ajournement simple et économique pour les Anglais ; mais elle ne pouvait être introduite dans notre législation, précisément parce qu'elle est délivrée sans contrôle. D'ailleurs, il faudrait modifier toute notre procédure criminelle, et l'esprit d'imitation nous conduirait alors beaucoup trop loin. Le magistrat anglais instruit l'affaire qui lui est soumise à l'audience, sans quitter son fauteuil. Si elle n'est pas prête à recevoir le jugement, il la renvoie à un autre jour, et il délivre indéfiniment d'autres cédules. Tantôt il continue le cautionnement, tantôt il laisse l'inculpé en liberté sans caution, tantôt il procède à son arrestation séance tenante. Nos affaires criminelles s'instruisent tout autrement, et nous avons prouvé qu'elles n'en marchaient que plus vite et plus sûrement à la manifestation de la vérité. Il est utile, dès lors, de conserver nos formes ordinaires de citation et d'assignation : elles sont plus coûteuses, mais plus sûres.

XI

CONCLUSION

Nous avons arrêté notre choix sur la loi belge du 18 février 1852, et nous l'avons prise pour modèle des innovations que nous soumettons à la bienveillante appréciation du lecteur.

Notre projet de loi est une œuvre de bonne foi, dont l'unique mérite réside dans la loyauté et la sincérité de nos convictions.

Nous n'avons rien inventé, rien découvert : les dix-sept articles que nous livrons à l'examen et aux controverses des jurisconsultes ne nous appartiennent pas en propre ; ils sont le fruit de notre étude comparée des législations anglaise, américaine et belge, dont nous reproduisons les dispositions fondamentales.

En réalité, ce ne sont pas là des idées nouvelles ; elles sont, au contraire, bien anciennes pour l'Angleterre et l'Amérique ; il y a douze ans qu'elles sont appliquées en Belgique ; avant la Belgique, la Suisse les avait importées chez elle. Peut-on appeler idées nouvelles celles qui jouissent d'un passé déjà si vieux et qui ont acquis droit de cité à Bruxelles, à Genève, comme à Londres et à New-York ?

Et pourtant ce sont des idées nouvelles, ou tout au moins elles conduiront à des innovations en France.

Notre Code d'instruction criminelle est resté en arrière de plusieurs législations étrangères, et, aujourd'hui encore, la mise en liberté provisoire sous caution a peut-être, chez nous, plus d'adversaires que de partisans.

Tandis qu'elle est regardée, chez plusieurs peuples, comme la sauvegarde la plus forte de la liberté individuelle et comme un adoucissement nécessaire aux rigueurs si souvent inutiles de l'emprisonnement préventif; tandis qu'elle est inscrite dans le préambule même de leurs constitutions comme un des droits inviolables de l'humanité, comme une des garanties de même rang que la liberté des cultes ou le respect dû à la propriété, elle est rejetée, chez nous, au nombre des institutions qui portent dans leurs conséquences essentielles plus de mal que de bien : on en a peur; on n'est frappé que des inconvénients qu'elle peut amener; loin de la regarder comme le support de la liberté individuelle, on s'écrie qu'elle ne profite qu'aux malfaiteurs et que, s'il est jamais question de lui donner une place plus importante dans notre Code d'instruction criminelle, on devra veiller à ce qu'on y insère en même temps certaines restrictions qui auront pour but de la diminuer autant que possible.

Toutes les innovations ne peuvent triompher que lentement, nous le savons; il en est bien peu qui jouissent du privilége de s'imposer sans lutte et sans souffrances : leur fortune ne s'établit pas en un jour.

« Chaque fois qu'apparaît une doctrine nouvelle, les représentants les plus accrédités des doctrines en vogue l'accueillent avec incrédulité, raillerie et dédain... Il ne faut pas s'indigner de cette résistance, ni en prendre occasion de mépriser les savants, souvent dignes de respect, qui en donnent le signal. L'esprit humain, même chez les meilleurs, n'a qu'une force limitée d'assimilation. Arrive le moment où l'on n'a plus la puissance de se recommencer, de se renouveler; c'est un héroïsme intellectuel donné à peu, de s'arrêter dans les années finissantes pour devenir de maître écolier; la plupart pratiquent ce que Fouquet, le fondateur des études cliniques en France, disait des idées nouvelles de son temps : Ce sont de jeunes personnes, je suis trop vieux, ce n'est pas la peine de faire connaissance avec elles... Ceux qui poursuivent le progrès doivent être indulgents pour ceux qui défendent la tradition même avec intolérance, ne serait-ce que pour obtenir de leurs successeurs des égards semblables à ceux qu'ils auront eus pour leurs devanciers. La résistance, d'ailleurs, est sans danger; elle ne peut rien contre la toute-puissance de la vérité. Elle est utile, car elle force la doctrine nouvelle à conserver son élan, à fortifier ses preuves, à préciser ses formules, à agrandir ses conceptions[1]....»

Certes, la doctrine de la mise en liberté provisoire sous caution n'est pas neuve, même chez nous. Nous avons raconté son histoire, dont les enseignements doivent nous servir maintenant, non pour augmenter ou laisser stationnaire, mais pour diminuer la détention

[1] Fragment de la très-remarquable plaidoirie de M. Émile Ollivier pour l'homœopathie contre la médecine traditionnelle, rapportée par la *Tribune judiciaire*, t. VII.

préventive; nous l'avons suivie pas à pas, depuis son
origine jusqu'au Code d'instruction criminelle de 1808
et jusqu'au décret de 1848 : combien peu de chemin
elle a parcouru en France ! combien sa fortune a été
mesquine ! Elle n'a joui que d'une prospérité bien éphémère en 1791; ensuite, son étoile a pâli, et elle est
encore couverte de nuages épais qui l'obscurcissent et
la dérobent à nos regards.

En 1848, le législateur n'a pas osé supprimer le minimum du cautionnement; il n'a touché à l'article 119
que pour en retrancher le premier paragraphe, et toute
sa sollicitude, aussi timide qu'impolitique, s'est concen-
trée sur une réforme qui a été hautement vantée, mais
qui était un expédient destiné à tromper ou à calmer
l'opinion publique, plutôt qu'un véritable bienfait. Pour
qu'elle devint un bienfait, il fallait asseoir plus solidement les bases de la liberté individuelle, en modifiant
tout le système du Code de 1808, et non pas seulement en
abrogeant le premier paragraphe de l'article 119. Puisqu'il touchait à cet article, dont la principale disposition
est si déplorable, le décret de 1848 ne devait pas s'en
tenir là et se contenter de donner une satisfaction puérile
aux idées du temps sur la protection due aux classes pauvres. Il faut que cette protection soit effective et non pas
seulement verbale. Que fait à l'ouvrier, à l'homme du
peuple, l'abolition de l'ancien premier paragraphe de
l'article 119, si cet article reste forcément inappliqué?
Lorsqu'une loi est mauvaise, ne la corrigez pas sur un
seul point: réformez-la dans tout son ensemble. Un re-

mède partiel n'est qu'un faux-fuyant, un subterfuge; en un mot, l'ajournement indéfini de la guérison du malade.

Nous ne prétendons pas, toutefois, qu'il était réservé uniquement à la République de 1848 d'accomplir la réforme que nous sollicitons. Nous pensons avec M. Artaud que « les principes libéraux ne sont pas le partage d'une époque particulière : ils n'appartiennent pas exclusivement à telle forme spéciale de gouvernement; ils peuvent fleurir dans tous les temps et dans tous les lieux. » Mais nous constatons que la République de 1848 a été impuissante à l'accomplir.

Il ne faut pas trop l'en accuser. Il n'y a peut-être, en effet, qu'un gouvernement aussi solidement établi que celui qui préside aujourd'hui aux destinées glorieuses de la France, qui soit capable de prendre, sans danger et sans secousse, les mesures radicales que nous proposons.

Dans les temps d'agitation et de bouleversement, le législateur redoute les effets de l'effervescence universelle; il est plus disposé à diminuer qu'à augmenter les franchises publiques : il se montre avare des concessions qui pourraient nuire à la sécurité de l'État en répandant dans la nation de désastreux ferments de désordre. Dans les temps de calme et de paix, au contraire, le vrai libéralisme, celui qui s'inspire de la foi à la liberté humaine et de la foi au progrès, se fait jour peu à peu dans toutes les consciences et dans tous les cœurs. Quelle époque d'apaisement et de prospérité nationale fut jamais plus favorable que la nôtre au développement des franchises publiques? Déjà, en matière commerciale et industrielle, que d'anciennes entraves ont été détruites! Combien de barrières féodales ont été renversées! En politique, également, l'heure des réformes est venue, et la constitution reçoit d'importantes modifications. Lorsque tout s'agite, s'améliore et se perfectionne autour de nous, il serait étrange que seuls, jurisconsultes et magistrats, nous ne voulussions point participer au mouvement général qui nous entraîne. C'est surtout au sein de la magistrature que l'on rencontre l'opposition la plus vive à la doctrine de l'extension de la liberté individuelle, qui devrait être pourtant un terrain neutre, puisqu'il est situé en dehors de toute thèse politique. Mais pour les magistrats qui ont fourni une longue carrière et qui sont habitués de longue date à l'application de l'emprisonnement préventif, soit que dans leurs années finissantes ils n'aient pas l'héroïsme de devenir de maîtres écoliers, soit que les licences et certaines extravagances de l'organisation judiciaire en Angleterre et en Amérique les aveuglent sur le mérite d'institutions qui choquent trop ouvertement leurs traditions les plus respectables et leurs convictions les plus fermes, la liberté provisoire sous caution ne peut engendrer que des abus qui seraient toujours plus fâcheux que le peu de bien qu'elle produirait.

Nous n'en espérons pas moins que leur résistance aura un terme, qu'ils s'inclineront devant l'ensemble des preuves, la précision des formules et l'agrandissement des conceptions de la doctrine dont ils ont si longtemps retardé le triomphe; pour rappeler le beau lan-

gage de M. Émile Ollivier, cette résistance finira par
se briser prochainement contre la toute-puissance de la
vérité.

Cette intolérance et cette incrédulité de la magistrature ne se trouvent pas seulement chez les anciens : les
jeunes n'en sont pas exempts. Il est certain que les
sentiments professionnels et les mœurs judiciaires, qui
se transmettent fidèlement d'une génération à l'autre,
ne sont pas favorables aux brusques changements et aux
perturbations profondes que la pratique du cautionnement apportera dans l'instruction criminelle. Que l'on
veuille bien, cependant, ne pas donner à nos paroles
une portée qu'elles n'ont pas. Nous n'entendons condamner ni cette intolérance, ni cette incrédulité : de la
part des anciens, nos maîtres, elles sont bien légitimes ;
de la part des jeunes, nos collègues, elles s'expliquent
par une partialité honnête et cent fois excusable, qui
provient d'un généreux dévouement à leurs fonctions.
Pour tous, la prison préventive est une mesure très-
regrettable ; mais la liberté individuelle, qui en souffre,
n'est sacrifiée qu'à l'intérêt public. Trop étendue, la
liberté individuelle dégénère promptement en liberté
de tout faire, comme la liberté de la presse en liberté
de tout dire et de tout écrire ; quand elle n'est contenue
par rien, elle crée des personnalités inattaquables et
arrogantes, qui se mettent en dehors du pacte social et
s'élèvent au-dessus de toutes les lois.

Journellement en contact avec les malfaiteurs, ils
savent mieux que les publicistes envisager la question

de la liberté provisoire sous toutes ses faces; ils en aperçoivent tous les défauts ; la somme des inconvénients est plus considérable, à leurs yeux, que celle des avantages: fuite et impunité des coupables, ménagements et indulgence poussés jusqu'à la faiblesse envers des hommes qui compromettent la paix publique, impuissance de la procédure, stérilité des investigations de la justice, abandon imprévoyant des armes défensives dont la société a le droit de se servir contre ceux qui l'attaquent et qui sont prêts à la renverser, voilà les inconvénients ; amélioration du sort des inculpés de crimes ou de délits d'une gravité secondaire et sauvegarde des intérêts de quelques innocents, voilà les avantages ; ceux-ci ne compensent point ceux-là.

Leur opposition est donc respectable, et, quant à nous, nous tenons à honneur de la traiter avec toute la déférence qui lui est due.

C'est en pensant à la magistrature que l'un de ses plus illustres ancêtres, le président Montesquieu, a écrit que « quand il n'y aurait pas de Dieu, nous devrions toujours aimer la justice, c'est-à-dire faire nos efforts pour ressembler à cet Être dont nous avons une si belle idée, et qui, s'il existait, serait nécessairement juste. Libres que nous serions du joug de la religion, nous ne devrions pas l'être de celui de l'équité! » La magistrature n'a jamais secoué le joug de l'équité; et si elle s'est trompée jusqu'ici sur la question de la liberté provisoire, ce n'est pas tant sa faute que celle du siècle même et du législateur.

Nous n'avons pas besoin de réfuter de nouveau et

longuement les critiques que M. Laboulaye dirige contre
la magistrature; nous y avons déjà répondu dans la
dernière partie de notre chapitre III. Les magistrats
anglais et américains sont plus paternels, plus populaires,
nous en convenons; mais aucune de leurs corporations
judiciaires ne jouit du prestige, de l'autorité et de la
grandeur qui distinguent nos cours impériales de toutes
les juridictions du monde entier; aucune d'elles surtout
ne peut être assimilée à notre Cour de cassation, la
plus admirable création que nous devions au génie de
Napoléon Ier: composée d'hommes éminents par le caractère, la réputation, le savoir, l'âge même et les services
qu'ils ont rendus à l'État dans les fonctions qu'ils ont
précédemment occupées, elle est, sans contredit, l'une
des gloires les plus belles et les plus pures de notre pays;
et, si l'on remonte la chaîne des temps pour la comparer
aux institutions qui ont jeté l'éclat le plus vif dans notre
histoire, on reconnaîtra que jamais nos anciens Parlements, à l'époque de leur plus brillante splendeur, n'ont
égalé ni sa majesté, ni la noblesse de ses attributions,
ni l'imposante réunion que forment les hautes personnalités de chacun de ses membres: corporation vraiment
exceptionnelle, qui commande la vénération de tous et
qui constitue la représentation la plus auguste de la justice humaine !

Mais, dans son charmant livre de *Paris en Amérique*,
sorte de *Lettres persanes* de notre siècle, M. Laboulaye
ne prend à partie que les présidents des cours d'assises
et les officiers du ministère public.

Il veut que le président soit toujours le protecteur de l'accusé, et que la parole du ministère public n'ait rien d'acrimonieux ni d'agressif. En face du jury qui l'écoute, soutenu par son défenseur, encouragé par la bienveillance inaltérable du président, qui le met sans cesse en garde contre les périls que court son innocence, dont la présomption domine les débats, l'accusé ne succomberait que sous la puissance irrésistible des faits, qui seraient exposés simplement, impartialement, dans un récit très-court et dépouillé de toute amplification oratoire, par l'avocat général.

Oui, le président doit toujours rester le protecteur de l'accusé, et la vivacité de la lutte entre le ministère public et le défenseur est blâmable, quand elle n'est pas courtoise de part et d'autre.

Cependant, pour remplir toutes les conditions de calme, de modération, de bienveillance et de froide patience que vante M. Laboulaye; pour bannir du siège de l'avocat général tout emportement, toute indignation, toute passion, même légitime, il faudrait que le magistrat n'eût qu'à traiter des questions de droit et non des questions de fait : or est-il possible à un esprit élevé et à un cœur généreux de demeurer insensibles devant l'affligeante perversité de certains criminels et l'horrible déroulement de certains crimes ?

Oui, il faut que l'accusé succombe sous la puissance irrésistible des faits; mais qui osera prétendre qu'en France il ne succombe que sous les coups de l'avocat général, sous la seule puissance et l'éloquence de ses

20

réquisitoires? Ce n'est ni le réquisitoire qui motive la condamnation, ni la plaidoirie qui motive l'acquittement : l'acquittement et la condamnation ne résultent que de la preuve, faite par les témoins, de l'innocence ou de la culpabilité; le réquisitoire et la plaidoirie ne servent qu'à mettre en lumière cette double preuve qu'ils puisent dans les débats.

Oui, il faut que la parole du ministère public soit impartiale : mais lui interdirez-vous d'exprimer chaleureusement ses convictions? L'obligerez-vous à se renfermer dans un résumé, dans un commentaire aride et sec des divers chefs de l'accusation? Dans le procès Müller, le président des assises disait au jury anglais : Il existe de nombreuses charges contre l'accusé; il existe aussi d'importantes présomptions en faveur de son innocence; examinez mûrement les unes et les autres, pesez-les ensemble, et appréciez cette affaire, qui offre de grandes difficultés, avec la rectitude d'esprit, la pénétration et le soin que vous vous efforceriez de réunir s'il s'agissait de l'affaire la plus grave, intéressant votre commerce ou votre fortune, qu'il vous fût donné de conclure en votre vie! Tel est le sens exact, sinon le texte même de cette singulière recommandation.

Combien est différente, combien est plus philosophique et plus belle l'invitation que le législateur, dans l'article 342 du Code d'instruction criminelle, adresse aux jurés français : « La loi ne demande pas compte aux jurés des moyens par lesquels ils se sont convaincus; elle ne leur prescrit point de règles desquelles ils doivent

faire particulièrement dépendre la plénitude et la suffi-
sance d'une preuve : elle leur prescrit de s'interroger
eux-mêmes dans le silence et le recueillement, et de
chercher, dans la sincérité de leur conscience, quelle
impression ont fait sur leur raison les preuves rap-
portées contre l'accusé et les moyens de sa défense !..... »
Combien il y a loin de ces magnifiques déclarations à
celles qui prennent pour base les aptitudes commerciales
des jurés anglais, et qui leur proposent de n'apporter
au jugement d'une affaire criminelle que le soin, la rectitude et la pénétration d'esprit qu'ils apporteraient à
une affaire intéressant le plus gravement leur négoce,
leur industrie ou leur fortune !

C'est là que se trouve le véritable critérium des deux
systèmes : en France, les procès criminels mettent en
jeu les problèmes les plus considérables de la morale,
de la religion et des devoirs sociaux ; en Angleterre et
en Amérique, ils descendent jusqu'au rang des choses
les plus vulgaires de la vie privée, et cette vulgarité,
conforme peut-être aux mœurs de ces deux peuples,
serait profondément antipathique aux nôtres, qui sont
plus généreuses, moins adonnées à la contemplation
exclusive des intérêts matériels, plus chevaleresques et
plus instinctivement portées vers les nobles conceptions
du beau et du bien, de la vertu et de l'honneur.

Quant aux amères récriminations que nous avons rap-
portées dans le même chapitre[1], et qui concernent le

---

[1] Chapitre III.

secret des instructions criminelles, l'inégalité de l'accusation et de la défense, l'interdiction faite au défenseur de pénétrer dans le cabinet du juge d'instruction pour en surveiller tous les actes, le suivre pas à pas dans toutes ses investigations : visites domiciliaires, dépositions des témoins, confrontations, expertises, interrogatoires; enfin la pénible situation des inculpés, qui se présenteraient à l'audience abimés sous le poids irrésistible des charges que le ministère public, investi d'une dictature suprême, a rassemblées laborieusement, sans contrôle, sans contre-poids (on se souvient que ce fut là un des principaux griefs qui fût invoqué dans l'affaire Mirès), et dont le triste sort exciterait forcément la commisération publique, il est bien certain qu'elles ne tiennent pas compte des nécessités de la répression, et que, dans le zèle, très-louable assurément, que les partisans de la publicité de la procédure déploient en faveur de leurs imprudentes convictions, ils vont au delà de ce qui est rationnel et légitime. La vivacité de leur langage le démontre. Nous n'avons pas voulu l'affaiblir, parce que nous pensons que les questions sociales n'ont rien à perdre pour être envisagées de face et de front.

Est-ce bien, en effet, une dictature que celle du ministère public, et, si cette qualification doit lui être conservée, en est-il qui soit soumise plus directement à toutes les controverses, à toutes les attaques, à tous les contrôles, lorsqu'arrive le grand jour de l'audience? Est-il un pouvoir plus parlementaire et plus constitutionnel? En est-il un qui supporte plus essentiellement la discussion?

Indépendamment de la discussion et du contrôle qu'ils supportent à l'audience, les officiers du ministère public n'engagent leurs poursuites qu'après de longues réflexions et de nombreux ménagements.

Il n'y a plus de ces magistrats, dont parle M. Michelet, qui vont tout droit devant eux, comme d'aveugles sangliers, dans le grand chemin de la loi, sans voir ni distinguer les personnes.

Reste donc la périlleuse réforme de la publicité des actes des juges d'instruction, qui aurait, évidemment, pour conséquence immédiate de fonder une égalité complète entre l'accusation et la défense et d'enlever aux inculpés le bénéfice de la commisération publique, qui s'égare bien fréquemment sur leur douteuse innocence.

En exemptant les inculpés des souffrances de l'emprisonnement préventif et en leur permettant de préparer leur défense librement, d'en réunir tous les éléments d'un commun accord avec leur avocat, et de s'entendre avec leurs amis ou avec leurs parents, en dehors de toute surveillance administrative ou judiciaire semblable à celle qui a lieu dans les maisons d'arrêt, pour combattre les investigations, les enquêtes du juge d'instruction, pour détruire les résultats des visites domiciliaires qu'il a opérées, des expertises qu'il a ordonnées, enfin pour se mettre en mesure de répondre d'une manière satisfaisante à toutes les charges de la prévention, la mise en liberté provisoire sous caution aura pour premier effet de détourner la commisération publique et de lui ôter tout prétexte à s'égarer. Les douleurs de la détention préventive et l'isolement prolongé des inculpés étaient des thèmes fertiles en plaintes fondées peut-être : ces plaintes ne s'exhaleront plus désormais.

Sans doute, l'égalité ne sera pas complète entre l'accusation et la défense, tant que l'instruction ne sera pas publique ; mais nous aurons déjà accompli un progrès considérable lorsque nous aurons obtenu la mise en liberté provisoire sous caution, et nous devons nous en contenter au moins momentanément, jusqu'au jour où le législateur, descendant au cœur même du Code d'instruction criminelle de 1808, sera bien persuadé qu'il n'y a pas de danger à supprimer le secret des procédures.

Nous croyons que ce jour ne peut pas être fixé encore.

Nous avouons, d'ailleurs, que certaines extravagances, ou plutôt, pour nous servir d'une expression plus exacte, certaines excentricités de la justice anglaise, sont de nature à effaroucher notre puritanisme et à blesser notre amour des convenances judiciaires. Pour peu que l'on suive, dans les journaux, le compte rendu des audiences des justiciers de police ou juges de paix de Londres, on y trouvera une foule d'usages si contraires aux nôtres, un tel sans-gêne, un tel mépris des cérémonies et des solennités, une telle confusion de rangs, de personnes et de choses, enfin des jugements si bizarres, que l'on aura hâte de revenir au spectacle plus décent des audiences de nos tribunaux correctionnels. Il n'est pas suffisant de lire ces comptes rendus ; il faut encore, paraît-il, assister aux audiences elles-mêmes des justiciers de police. Il y règne un désordre trop souvent exclusif de toute bienséance et de toute dignité. Les interpellations des avocats, des témoins, des prévenus et du président, s'entre-croisent sans but, sans méthode, sans direction unique, et à tous ces cris assourdissants, qui partent de tous les côtés du tribunal et de la barre, viennent s'ajouter les réflexions à haute voix, les cris et le tumulte de l'auditoire.

Ce sont là les aspects comiques et excentriques de la justice anglaise; mais il en est de bien beaux et de bien nobles.

Nous avons avancé, dans les observations préliminaires de cet essai, et nous soutenons encore que, depuis Montesquieu et Voltaire, qui ont mis à la mode, en France, le goût des institutions de la Grande-Bretagne, leur réputation a été quelquefois surfaite et imméritée. Plus loin, lorsqu'il s'est agi de la publicité de la procédure, nous avons déclaré que le système français de l'instruction secrète est le seul qui soit praticable pour prémunir la société contre les attaques de plus en plus inquiétantes et audacieuses des malfaiteurs.

Néanmoins, il est bien difficile de se soustraire entièrement à l'émotion et aux sentiments d'admiration que provoque le spectacle de la justice anglaise dans les circonstances graves et extraordinaires.

Ces jours-ci, la presse entière de Paris et de Londres donnait le récit de l'arrestation de l'assassin Müller, poursuivi à travers l'Océan et saisi à son arrivée en Amérique. Ramené en Angleterre, il est traité par les agents de la police avec une bienveillance et une douceur qui ne se

démentent pas un seul instant. Un avocat lui a été
désigné d'office par une société de prévoyance et de
charité, qui l'a pris sous sa protection. Il comparait
devant le juge; il est interrogé publiquement, dans une
salle d'audience où une foule nombreuse a été admise,
et parmi laquelle on signale la présense d'un jeune
prince italien[1], qui assiste à ces débats solennels, bien
dignes d'exciter son intérêt et de fixer ses méditations.

Si Müller était coupable (et comment ne l'eût-il pas
été lorsque tant de preuves accablantes s'élevaient contre
lui), tous ces témoignages de sympathie et de bienveillance n'étaient-ils pas déplacés? Ce crime qu'il a commis
n'est-il pas horrible et n'a-t-il pas soulevé la consternation
et l'indignation des honnêtes gens? Cet interrogatoire,
qui a lieu publiquement, ne va-t-il pas faciliter à ses
complices, s'il en a, ou tout au moins à ses parents et
à ses amis, les moyens de faire disparaître les pièces
de conviction et les charges qui l'accusent? Quand on
sait combien la magistrature française déploie de zèle
et d'efforts pour rassembler les preuves d'un crime, et
combien de fois ces preuves lui échappent, alors même
que l'accusé est dans les chaines de l'emprisonnement
préventif, alors même aussi que la procédure se poursuit
secrètement dans le cabinet du juge d'instruction, qui
reste toujours inaccessible à un auditoire ou à un défenseur quelconque, on frémit de voir la magistrature
anglaise s'engager dans une voie si funeste. Quelle sera

[1] Le prince Humbert.

l'issue du procès? Est-il possible que l'on aboutisse à un résultat satisfaisant? De quel côté sont dirigées toutes les préoccupations? Où sont les garanties dont la société a besoin pour elle-même? Les garanties, elles existent nombreuses, puissantes, immodérées, en faveur de l'accusé; pour la société, il n'y en a aucune : elle n'est pas défendue. Si l'accusé est intelligent, rusé, savant comédien; s'il est assisté d'un avocat habile, s'il a eu la précaution de s'entendre avec les témoins et de les suborner, ce qui ne doit pas être bien rare, comment le jury pourra-t-il prononcer contre lui un verdict de condamnation ?

Oui, toutes ces objections sont fondées, et cependant, tout en regrettant que la société ne soit pas suffisamment défendue, tout en déplorant que tant de sympathies généreuses, mais inconsidérées, viennent se réunir sur la tête d'un misérable qui n'a droit, le plus ordinairement, à aucun intérêt et à aucune pitié, on se surprend à applaudir, dans le for intérieur de la conscience, à ces démonstrations énergiques en faveur de la liberté individuelle.

La loi est imprudente peut-être, mais elle est magnanime et superbe. Elle protège l'accusé avec une sorte de tendresse maternelle, qui est vraiment morale et chrétienne. La société n'est-elle pas assez forte pour se défendre elle même? Le sort de l'accusé n'est-il pas le seul qui appelle l'intervention vigilante et active de l'opinion publique, de la magistrature et du jury?

Nous n'avons pas cédé, pourtant, à un enthousiasme

trop prompt à s'enflammer, et nous avons persisté à repousser l'introduction, dans notre législation, de la publicité de l'instruction préliminaire en usage chez nos voisins. « La liberté est un aliment de bon suc, mais de difficile digestion; il faut donc y préparer longtemps les hommes avant que de la leur donner[1]. » Cette pensée est aussi juste peut-être en matière criminelle qu'en matière politique, et nous sommes convaincu que l'application immédiate du système anglais parmi nous, sans transition et sans préparation, n'aboutirait qu'à de désastreuses expériences qui nous dégoûteraient bien vite d'un régime pour lequel nos mœurs ne sont pas encore réglées. Est-ce à dire qu'il n'y ait rien à faire de ce côté et que les prescriptions de notre Code d'instruction criminelle, sur la procédure secrète, contiennent le dernier mot de la science? Non, certes, et là comme ailleurs l'avenir appartient à la tolérance, à la liberté, à l'égalité complète entre l'accusation et la défense Dans un temps qui n'est pas bien éloigné, notre Code d'instruction criminelle et notre Code pénal ne seront plus, pour ainsi parler, armés sur un pied de guerre aussi formidable qu'ils le sont aujourd'hui. « Les supplices cruels de l'antiquité, selon Bernardin de Saint-Pierre, étaient bien moins des punitions d'une justice équitable que des vengeances d'une politique féroce. » Aux supplices cruels de l'antiquité ont succédé les supplices rationnels des sociétés modernes; aux supplices rationnels des sociétés

[1] J.-J. Rousseau.

modernes succéderont des punitions affaiblies et pleines
de miséricorde chrétienne, poursuivant un double but
de répression et d'amendement. Mais ce sont des réformes qui ne pourront être accomplies que le jour où elles
seront bien mûres : or il y a maintenant trop d'hésitations
et de perplexités dans l'esprit des jurisconsultes et des
législateurs pour que l'on doive s'attendre à la réalisation
instantanée de si profondes innovations.

La réforme de la mise en liberté provisoire avec ou
sans caution sera la première pierre de l'édifice à con-
struire ; hâtons-nous de la poser, afin qu'elle devienne
le fondement d'une ère de progrès social et de révolution pacifique accomplie sans violences et sans déchire-
ments.

Il y a bien longtemps que sa fortune est tenue en
échec ; il est à souhaiter que rien ne s'oppose plus à ce
qu'elle prenne l'essor qui lui convient.

Deux modes d'application s'offraient à nous : l'un nous
venait d'Amérique et d'Angleterre, et l'autre de Belgique. Le premier pouvait alarmer quelques esprits, par
sa rudesse et l'exagération de plusieurs de ses principes ;
le second, au contraire, issu du premier, en avait corrigé et adouci les aspérités les plus saillantes.

Nous avons renoncé au premier, nous avons adopté
le second, et nous l'avons reproduit en y apportant des
modifications partielles qui n'en changent pas la substance.

La loi belge du 18 février 1852 a d'autant plus d'intérêt pour nous qu'elle contient la mise en œuvre des

institutions anglaises et américaines dans le cadre de la législation française. Les lois belges, en effet, n'ont pas de personnalité, d'identité et de caractère qui leur soient propres : elles sont la copie de nos lois civiles et criminelles ; mais elles ne sont pas immuables, et elles vont partout chercher et emprunter des éléments nouveaux de progrès qui les transforment. Comme elles ne sont pas nationales, l'esprit de résistance et de tradition ne les entrave point ; elles se composent, pour la plupart, de textes français, auxquels peu à peu ont été ajoutés et juxtaposés des textes étrangers. Il en résulte quelquefois des dissonances et des contradictions regrettables ; mais la loi de 1852 a évité ces écueils.

Elle a su faire pénétrer dans notre Code d'instruction criminelle la liberté provisoire et le cautionnement aussi largement entendus qu'ils le sont en Angleterre ; elle n'y a mis que des restrictions bien naturelles, que nous conservons presque toutes, et il semble que, si cette loi émanait d'un législateur français, il lui eût été difficile de mieux concilier les exigences de notre organisation judiciaire, l'intervention du procureur impérial et du juge d'instruction au nom de la société, avec les franchises publiques de la nation. Elle est empreinte d'une véritable modération et d'une sagesse que personne ne méconnaît ; elle fait la part de l'État et de l'individu ; elle protége également l'un et l'autre.

Il y a donc là pour nous un antécédent bien précieux, qui nous prouve que notre Code d'instruction criminelle n'est pas incompatible avec la liberté provisoire. Profitons des enseignements qui nous sont donnés par la Belgique : nos hésitations ont eu une durée trop longue; aujourd'hui, devant une expérience aussi concluante, elles n'ont plus de raison d'être.

Pourquoi nous serait-il interdit de prendre chez d'autres peuples des institutions meilleures que les nôtres? Tous les peuples ne sont-ils pas maintenant solidaires les uns des autres, et les progrès réalisés par ceux-ci n'appartiennent-ils pas de plein droit à ceux-là, en vertu de cette solidarité elle-même?

« De même que le travailleur rustique ne retourne en moyenne qu'une surface bien petite du sol, ne cultive qu'un coin de terre, ne produit, en un mot, que son pain quotidien ; de même le travailleur de la pensée pure ne saisit la vérité que lentement, à travers mille erreurs, et cette vérité, en tant qu'il peut se vanter de l'avoir le premier découverte et marquée de son sceau, n'est qu'une étincelle qui brille un instant, et demain sera éteinte devant le soleil toujours croissant de la raison générale [1]. »

Emparons-nous de la vérité que d'autres ont marquée de leur sceau, il est vrai, mais qui se confond dans les richesses universelles de la civilisation et les trésors communs de la science humaine.

En résumé, l'emprisonnement préventif peut-il être, sinon entièrement supprimé, du moins limité par les véritables et absolues nécessités du maintien de la paix

[1] Proudhon, les *Majorats littéraires*, p. 25.

publique, de l'issue des instructions criminelles et de l'exécution des sentences judiciaires? Oui.

Le titre, le seul titre de l'emprisonnement préventif, c'est la raison d'État, c'est la nécessité.

Il en résulte qu'il doit cesser dès que la nécessité cesse elle-même.

Or la nécessité disparaît dès que ni la paix publique, ni la marche régulière de la procédure, ni l'exécution des jugements ou des arrêts de condamnation, ne sont en péril.

Quant à la paix publique, elle n'est menacée et troublée que dans les circonstances exceptionnelles.

Quant à la procédure, elle sera suffisamment sauvegardée par le secret de l'instruction et par tous les moyens énergiques dont la magistrature dispose pour assurer la célérité et l'efficacité de chacun de ses actes.

Quant à l'exécution des sentences de condamnation, elle n'est pas moins certaine.

La solution de la question réside tout entière dans la substitution de la garantie du cautionnement à la garantie de la détention préventive. Quoique de natures diamétralement contraires, ces deux garanties peuvent-elles se suppléer mutuellement? Oui, c'est encore incontestable. Il y aura égalité, corrélation aussi parfaite que possible entre les liens du cautionnement et ceux de la détention préventive, si l'on détermine, dans des proportions variables pour chaque affaire, mais assujetties à des règles tracées à l'avance par le bon sens et par l'équité, le montant des cautionnements à fournir suivant la gravité des inculpations et la situation de fortune des inculpés : le magistrat instructeur imposera des cautionnements élevés aux riches et des cautionnements réduits aux pauvres; il s'étudiera à les mesurer impartialement, de telle sorte qu'ils ne soient jamais ni trop élevés, ni trop abaissés. Trop élevés, ils ne pourraient pas être fournis, et ce serait un refus déguisé de la mise en liberté provisoire : si le magistrat instructeur n'est pas d'avis de l'accorder, il n'a pas besoin de recourir à un semblable expédient : il exerce un pouvoir discrétionnaire, mais à la condition que son ordonnance, appuyée sur des motifs plausibles et valables, sera revêtue de la consécration de la juridiction supérieure en cas d'appel. Trop abaissés, ils enlèveraient à la justice le gage qu'ils ont pour but de lui attribuer : les inculpés peuvent être mis provisoirement en liberté avec ou sans caution, avec une caution considérable, avec une caution minime, ou, enfin, sans aucune caution; mais, pour qu'ils soient mis en liberté sans caution ou avec une caution très-faible, il faudra que l'inculpation soit bien légère ou que les garanties morales de l'inculpé soient bien grandes.

Tel est le dernier mot du problème : juste pondération des sommes à répartir entre l'inculpé et ses garants. Trop forte, l'évaluation du magistrat instructeur sera déférée à la censure de la Chambre d'accusation par l'inculpé; trop faible, par le procureur impérial ou la partie civile.

Ainsi, l'équilibre sera toujours conservé; car, s'il était détruit par le magistrat instructeur, il serait rétabli par la Cour.

Quelle considération s'opposerait donc encore à l'abrogation du chapitre VIII du livre Ier du Code d'instruction criminelle ?

Si l'on pouvait établir que les quatorze articles qui le composent réglementent assez sagement la mise en liberté provisoire sous caution pour réduire à néant toutes les critiques qui sont dirigées contre lui, l'on comprendrait et l'on devrait approuver les résistances prolongées que nous blâmons ici. Mais la réglementation actuelle de la mise en liberté provisoire sous caution est notoirement défectueuse ; elle produit des résultats négatifs, personne ne le conteste. Chaque année, le Compte général de l'administration de la justice criminelle constate officiellement et solennellement, en quelque sorte, ces résultats négatifs. Pourquoi, dès lors, ne pas remédier à un état de choses aussi fâcheux ?

Le projet de loi que nous proposons ne réunira peut-être pas tous les suffrages que nous serions heureux de recueillir ; notre seule ambition a été de montrer qu'une réforme est non-seulement désirable, mais possible. Que d'autres, plus expérimentés, réalisent le perfectionnement que notre faiblesse n'aura pas su trouver ; c'est notre vœu le plus vif et le plus sincère, et notre dernier mot sera encore emprunté à Montesquieu, dont nous avons tant de fois invoqué la puissante autorité, et qui avait coutume de dire : « J'ai toujours senti une joie secrète lorsqu'on a fait quelque règlement qui *allait au bien commun !* »

FIN

TABLE DES MATIÈRES

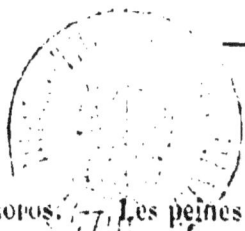

21

Montpellier, impr. Grès.

BERTIN, avocat. Chambre du Conseil en matière civile et disciplinaire. Jurisprudence du tribunal civil de la Seine, et introduction de M. De Belleyme. 2ᵉ édition, revue, augmentée. 1856, 2 vol. in-8...... 16 »
— De la Répression pénale et des circonstances atténuantes, 1859, in-8. 1 »
— Des Réformes de l'instruction criminelle (Observations générales. — Instruction préparatoire. — Détention préventive. — Secret. — Mise en liberté sous caution. — Prise à partie. — Juge unique. — Juge d'accusation — Conclusion). 1863, in-8 .... 3 »

BONNIER ....

.... Conseiller à la Cour Imp. de Lyon. Traité ... ... de la Prescription en matière criminelle. 1863, 1 beau ....

.... (Ambroise), substitut. Étude historique sur les origines du ... in-8 .... 2 »
.... ice criminelle en France et en Angleterre. 1860, in-8... 2 »

.... AL PRUSSIEN du 14 avril 1851, avec la loi sur la mise en ... de ce Code, et les lois rendues jusqu'à ce jour pour le complé... modifier, le tout précédé d'une introduction, et traduit pour la ... ois en français, par J.-S.-G. Nypels. 1862, in-12 ...... 3 »

.... Th.), docteur en droit, procureur Impérial à Quimper, etc. — ... ations sur la loi relative à l'instruction des flagrants délits ... trib. correct : étude théorique et prat., etc. 1861, in-8. 3 »

.... substitut du procureur Impérial à Louviers. — Code d'audience ... al avec toutes les lois qui en ont modifié le texte, et disposi... islatives spéciales sur la répression des crimes, délits et contra... toute nature. 1865, in-8.......................

.... professeur de littérature française à la Faculté des lettres de ... Les Procès de Mirabeau en Provence, d'après des documents ... 63, in-8 .... 3 50
.... de cachet en province au XVIIIᵉ siècle, d'après des documents ... ... in-8 ....

.... Origine du Droit. Essai historique sur les Preuves, sous ... ... juive, égyptienne, indienne, grecque et romaine, avec ... ... ouchant les lois barbares et le vieux droit français. 1865, ... imé avec luxe ....
.... petit nombre.

.... DU SAULLE (le Dᵣ), médecin expert près le tribunal civil ... La Folie devant les tribunaux. 1864, in-8 ....

.... S.-G.). Le Droit pénal français, progressif et comparé ... 0, accompagné des sources, des discussions au Conseil d'... ... des motifs et des rapports faits au Corps législatif, ... ives rendues en France, en Belgique et dans les Pays-Bas ... jusqu'à ce jour (30 octob. 1863) 2ᵉ de la traduction française ... du Code pénal prussien de 1815 et du Code pénal du ... ... mb. 1859; précédé d'une bibliothèque choisie du droit criminel ... et procédure criminelle). 1864, gr. in-8 ....
.... ne choisie du droit criminel. 1864, gr. in-8 ....

.... (bert), docteur en droit, substitut du procureur Impérial ... ... mentaire de la loi des 13 avril-13 mai 1863, portant ... ... oixante-cinq articles du Code pénal. 1863, in-8 ....

.... avocat. Code pénal du royaume de Bavière, traduit de l'... ... es explications tirées du commentaire officiel, et d'un ... ... ail : 1ᵒ des notes historiques ; 2ᵒ la traduction d'après ... ... Code de Bavière, par MM. Rosshirt et Mittermaier ... ... raité du droit pénal de Feuerbach. 185 ....

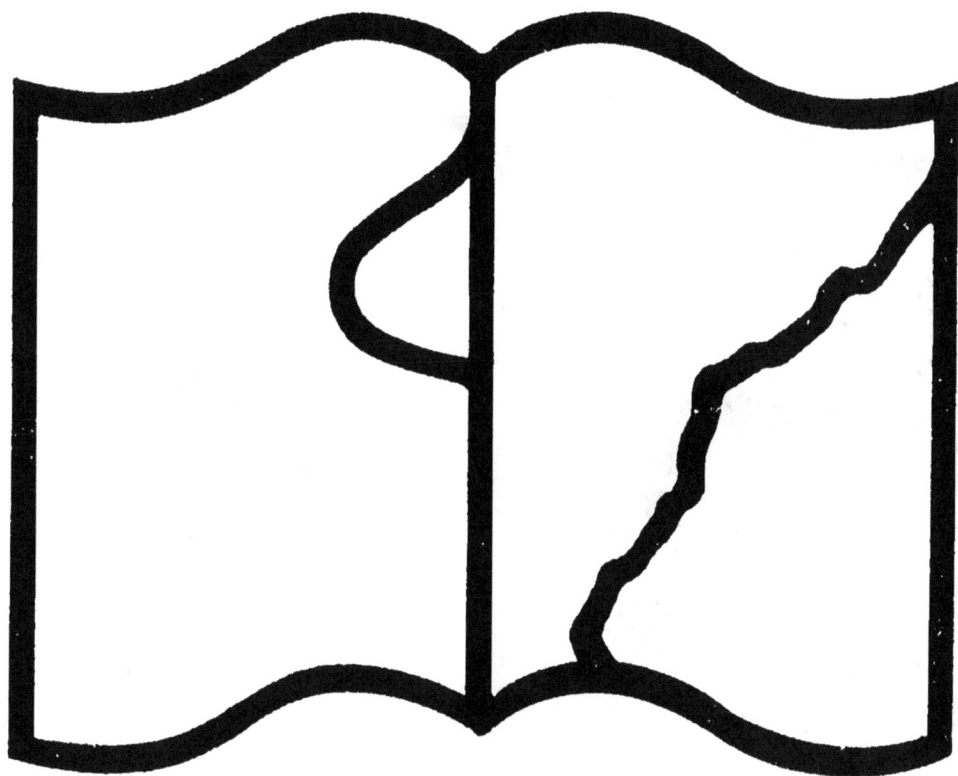

Texte détérioré — reliure défectueuse

NF Z 43-120-11

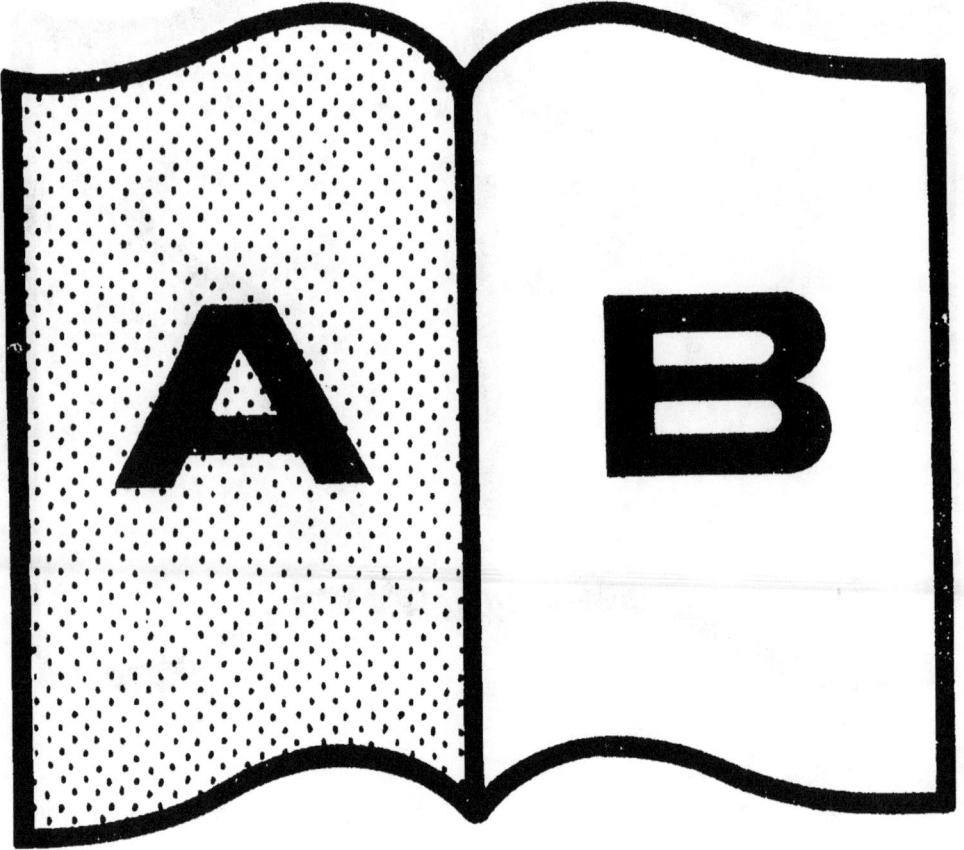

Contraste insuffisant

www.ingramcontent.com/pod-product-compliance
Lightning Source LLC
Chambersburg PA
CBHW060118200326
41518CB00008B/866